KB113411

두 세계 사이의 아이

두 세 계
사이의 아이

조사이아 하틀리 · 어맨다 프라우즈 **지음**
권진아 **옮김**

살림

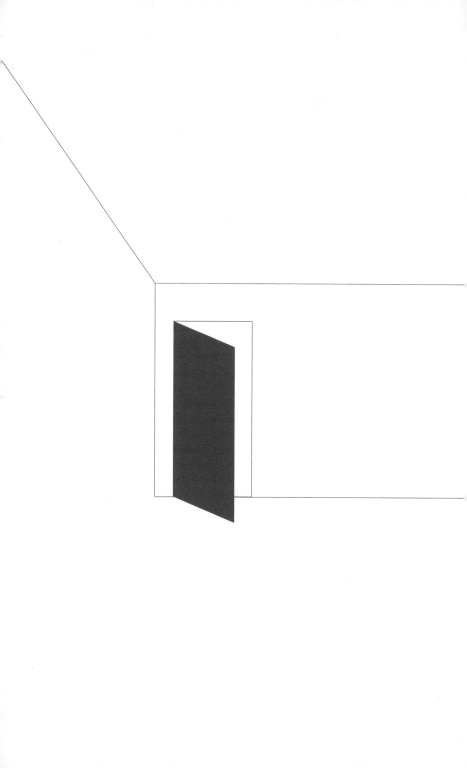

우울증을 안고 살아가는 모든 사람들, 그냥 다 끝내버리는 게 최선이 아닐까 하는 생각을 품고 있거나 해본 적 있는 모든 사람들에게 이 책을 바칩니다. 사람은 우울증을 겪은후에도, 우울증을 겪으면서도 살아갈 수 있다는 것을 제가 증명하고 있어요. 포기하지 마세요. 터놓고 이야기하고, 글로 쓰고, 달리고, 춤추고, 책을 읽고, 그림을 그리고, 잠을 자고, 운동을 하고, 요가를 하고, 의자에 앉고, 공원을 산책해요! 뭐든 하면서 그 악마가 떨어져나가고 어둠이 물러나기를 기다려요. 심호흡을 해요. 잠시 멈추어봐요. 제가 말씀드리는데, 상황은 좋아질 수 있고 실제로 종종 좋아져요. 자신을 없애지 말아요.

그러지 말아요.

당신이 없애버리는 미래가 환상적인 날들이 될 수도 있어요. 세상은 넓어요. 무한한 가능성이 있어요. 기억해요, 세상은 당신이 있을 때 더 멋져요. 이 싸움은 죽을 듯이 힘들고, 어쩌면 가장 힘든 일일 수도 있지만, 그래도 당신은 할 수 있어요.

제가 해냈으니까요.

제가 하고 있으니까요.

당신도 할 수 있다는 걸 알아요.

조시

우울증이나 정신질환 환자를 보살피고 애정을 쏟는 모든 사람에게 이 책을 바치고 싶습니다. 당신의 길은 훨씬 어렵고 다른 길이겠지요. 분명 응원이나 도움도 별로 받지 못하는 길이죠. 하지만 기억해요. 좌절의 눈물을 흘릴 때, 어디로 가야 할지 몰라 달을 향해 비명을 토해낼 때, 수두룩한 질문들 앞에서 해답을 찾지 못할 때, 긴장되고 힘든 하루 끝에 온몸이 쑤시고 아플 때, 당신은 혼자가 아니라는 걸요. 이런 고통을 겪는 사람을 사랑하는 게 세상에서 가장 외로운 일처럼 느껴질 수도 있겠지만, 우린 혼자가 아니에요. 가끔은 세상 누구도 우리를 이해해주지 않는 것 같지만, 그래도 우린 혼자가 아니에요.

아무도 신경 쓰지 않는 것 같을 때도 혼자가 아니에요.

당신은 혼자가 아니에요!

챌리스트 파블로 카잘스가 이런 말을 한 적 있어요.
'세상이 보기에 당신은 그저 한 사람에 불과하지만,
어느 한 사람에게는 당신이 세상 전체일 수도 있습니다.'
마치 우리에게 하는 말 같지 않나요? 우리가 사랑하고 돌보는 사람들도 가끔은 정말 동감할 거예요. 이 얼마나 큰 책임인가요! 하지만 세상에, 또한 얼마나 큰 특권인지요 ….

어맨다

우리는 이 책을 지난 일들에 대한 기억을 바탕으로 썼다. 몇몇 사건은 압축시켰고, 몇몇 대화는 기억을 통해 다시 창조해냈다. 모든 것을 진실하게 이야기하려고 했지만, 기억에 오류가 있을 수도 있음을 인정한다.

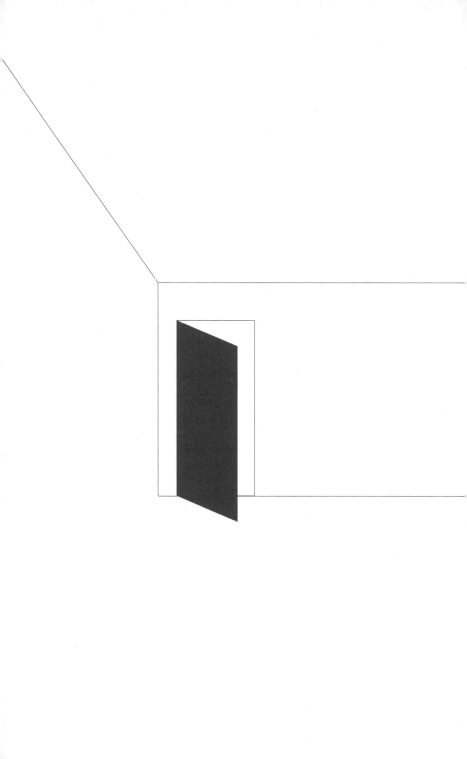

차례

조시

삶을 끝내자고 결심하기는 쉬웠다. 그런 최종적인 결론을 놓고 머리를 쥐어짜며 논쟁한다거나 하는, 여러분이 상상할 법한 일은 없었다. 전혀. 이 존재에서 벗어나는 것이 최선이라는 결론에 도달했을 무렵, 나는 이미 무엇에 대해서건 깊은 생각을 할 수 있는 능력을 잃어버린 상태였다. 현실이 비틀어지니 이성적인 사고가 불가능했다. 슬프지도 않았다. 나는 마비되어 있었다. 이 상황이 끝도 없어 보였다. 나는 탈진했고, 남은 날들을 이렇게 끝도 없이 공허한 절망의 쳇바퀴를 돌며 보내야 한다는 가능성은 생각만 해도 끔찍했다. 그게 무슨 소용이란 말인가?

그날 나는 이미 익숙해진 몽롱한 정신으로 잠에서 깼다. 모든 생각이 굼뜨고 흐릿해서 이성적인 사고를 할 수가 없었다. 늘 내려놓은 블라인드 사이를 비집고 들어오는 햇살을 보니 낮이 분명했다. 몇 주 전만 해도 파란 하늘을 내다보는 것이 그나마 특별한 일 같았지만, 지금은 그 단계도 지났다. 시간은 의미가 사라졌다. 그 방에 있는것이 5일인지 3주인지 알 수도 없었다. 낮에는 열여덟 시간씩 자고 나머지 여섯 시간은 혼수상태에라도 빠진 것처럼 몽롱한 상태로 천장을 쳐다보며 지내고 있었으니까. 내 침대는 섬이었다. 침대는 영국의 중소도시에 있었지만, 외롭고 고립되기로 치자면 남태평양 어디에 있는 거나 다름없었다. 가끔은 그 섬에서 나와 물을 마시고 음식을 먹고 화장실에 갔지만, 최근에는 갈증조차 느껴지지 않았다. 침대의 마력이 어찌나 강한지 거기서 나오는 게 마치 블랙홀에서 탈출하려는 것 같았다. 블랙홀 안에 빨려 들어간 기분이었고, 세상 그 어떤 대단한 초대장을 받아도 이 세로 185센티미터 가로 125센티미터짜리 세상에서 나가고 싶지 않았다.

그땐 주변 환경 같은 건 눈에 들어오지도 않았지만, 돌이켜 보면 내 방은 완전히 돼지우리나 다름없었다. 내가 우울증에 완전히 빠져 살았던 그 아파트는 학생들이라면 모두 부러워할 만한 곳이었다. 혼자 살기 충분한 공간에 새 가전제품들과 먹을 것들도 갖춰져 있는 멋진 곳이었다. 하지만 마룻바닥에는 지저분한 옷들과 오래된 포장 용기들이 널려 있었다. 이불은 몇 달째 빨지도 않았고, 마지막으로 샤워한 게 언제였는지 기억할 수 없었다. 하지만 상관없었다. 아무래도 상관없었다. 온 세상의 색이 사라지고 오직 회색빛만 남았다.

얼마 동안인지도 모르는 사이에 내 감정은 나날이 나도 알아차리지 못할 정도로 미묘하게 조금씩 조금씩 부서져갔다. 나는 감정이 사라져버린 텅 빈 껍데기였다. 더 이상 슬프지도 않았다. 아무것도 느껴지지 않았다. 슬픔을 느낀다면 차라리 뭔가 진전이 있었을 것이다. 뭔가를 느끼는 능력 자체가 사라진 지 오래였다.

알약들이 든 상자를 열었다. 황 냄새가 확 풍겨 왔다. 이것들은 해결책, 그러므로 뭔가 명확한 것, 뿌리를 잃어버린 삶의 이정표였다.

나는 종종 손바닥에 알약을 올려놓은 채 침대 끝에 앉아 있는 그 소년을 생각한다. 어둠과 빛 사이의 공간에서 살고 있던 소년. 그날 그 소년의 이야기가 어떻게 거의 끝날 뻔했는지 생각한다. 가족들을 당황시켜 어쩔줄 모르게 했던 삶, 이제는 가족의 역사 속에서 각주 하나에 불과해진 삶의 이야기를 한다. 내가 그 소년이었다. 그리고 그날은 내 마지막 날은 아니었지만, 거의 마지막이 될 뻔했다.

어맨다

우울증과 극단적 선택, 그리고 그 둘에 수반되는 온갖 불쾌한 진실들에 대해 솔직하게 글을 쓰기란, 그리고 긍정과 희망을 찾기란 어려운 일이다. 이건 암울한 화제이고, 우리도 이야기하고 싶지 않은 일이니까. 그래도 노력해볼 작정이다. 조시와 나는 평범한 가족인 우리집에 정신병이라는 불청객이 찾아와 기거하게 되면서 생긴 일들을 이야기하려고 한다. 나는 두렵고, 헤아릴 수도 없고, 받아들이기는 더 힘든 정신병 같은 것은 다른 사람들에게나 일어나는 일이라고 생각했었다. 그런데 알고 보니 우리가 그 다른 사람들이었다. 이것이 우리의 이야기이다.

『두 세계 사이의 아이』는 조시가 삶을 끝낼 생각을 했을 뿐만 아니라, 언제, 어떻게 끝낼지 계획을 세우고 거의 성공할 뻔했던 순간까지 조시의 우울증을 기록한 이야기다. 조시가 짊어진 악마에 대해 공개적으로 이야기하는 것은 조시도 나도 이번이 처음이다. 이건 지금까지 우리 가족이 겪은 일 중 가장 힘든 일이었다. 무엇보다 시므온과 내가 부모로서 그 상황에 어떻게 대처해야 할지 애석할 정도로 몰랐기 때문이지만, 정신병에는 사람들에게 위안을 주는 깔끔하고 예상 가능하고 희망적인 결론이 늘 존재하는 게 아니기 때문이기도 하다. 우리가 어떤 일에 대처할 수 있는 것은 그 상황이 영원히 지속되지는 않을 거라는 믿음 때문이다. 하지만 만약 그게 아니라면? 사실 많은 위로의 말들은 이런 주제를 담고 있다. '시간이 약이다' '시간이 모든 상처를 치유한다' 심지어 '이 또한 지나가리라…'까지. 하지만 아들의 우울증을 겪는 중이다 보니 그 어떤 말들도 사실이 아니라는 것을 받아들여야만 하는 순간이 왔다. 그건 우리에게도, 아들에게도 망연자실할 만한 일이었다. 조시가 언제든 우울증에 빠져들 수도 있다는 생각, 그럭저럭 버텨나가고 있는 '괜찮은' 날들이 사실은 최선일 수 있다는 생각. 아무리 시간이 지나도 적응이 되지 않는다.

이 책은 우리가 바닥을 쳤을 때, 세상이 한없이 외로운 곳처럼 느껴지고 소중하게 여겼던 모든 것을 진심으로 의문시했던 때에 읽었더라면 좋았을 그런 책이다. 아이들 걱정 때문에 옥죄는 심정으로 잠자리에 드는 나 같은 사람들 생각을 종종 해본다. 나는 상상한다, 매듭처럼 옥죄어오는 이 고통은 우리 모두를 함께 엮고 있는 보이지 않는 실로 만들어져 있다고. 그런 생각을 하면 위안이 된다. 함께하면 더 강해지고, 이야기를 하면 사는 게 조금은 더 나아지고 쉬워지니까. 한밤중이면 내가 보통 당연하게 생각하는 모든 것들, 내 삶을 지탱하는 기둥들에 회의가 든다. 내 육아 방식, 사람들을 대하는 태도, 직업 선택, 심지어 결혼까지도. 난 무능력한 엄마일까? 나도 모르게 또 다른 아들 벤이 조시의 병에 영향을 받은 게 아닐까? 내가 무슨 잘못을 했기에 조시가 이렇게 된 걸까?

정신이 온통 딴 데 가 있는 나를 남편이 언제까지 받아들여줄까? 조시의 우울증이 우리의 모든 대화 한가운데 언제나 커다란 돌덩어리처럼 버티고 앉아 호시탐탐 우리 발을 걸어 넘어뜨리려고 하고 있는데, 부부로서 우리는 어떻게 되는 걸까? 이렇게 상황이 걷잡을 수 없는 방향으로 치닫는 와중에 소설을 쓰겠다고 내 세계에만 틀어박히면 이기적인 걸까? 내가 방심했던 걸까? 가족으로서 어떻게 이런 식으로 살아갈 수 있을까, 어떻게 제 기능을 할 수 있을까? 그리고 무엇보다도, 왜? 생각지도 못한 우리 막내아들이 이렇게 된 것일까?

자랑스럽게 말하는데, 우리 가족은 저녁 식사 자리에서 어떤 일이고 자유롭게 터놓고 이야기하는 그런 가족이다. 우린 조시와 벤을 데리고 휴가를 가고, 아들의 친구들과 사귀는 사람들, 자식들의 하루 일과를 잘 알고 있는 그런 부모다. 난 제대로 했다고 생각했다. 누군가 질문을 했다면, 난 자신만만하게, 심지어 약간 잘난 척하며, 누구보다 내 아이들에 대해 잘 안다고, 아이들이 어떻게 생활하고 있는지 안다고 대답했을 것이다. 알고 보니 아니었다. 전혀. 그게 정말이지 받아들이기 힘든 점이다.

이런 책을 읽었다면 두 가지로 도움이 됐을 것이다. 우선, 내가 혼자가 아니라는 것, 다른 가족들도 이 끔찍한 상황을 더듬거리고 비틀거리며 겪어내고 있다는 것을 알았을 테고, 두 번째로, 같은 고통을 겪고 있는 누군가에게서 정보를 얻었을 테니까. 나는 세상 그 무엇보다 조시를 도울 방법을 알고 싶었다. 그들은 어떻게 했고, 그래서 상황이 어떻게 나아졌는지 누가 말해줬으면 싶었다.

조시의 병은 우리가 당연하다고 여겼던 모든 것들을 강타해서 모든 생각과 즐거운 일들을 앗아갔다. 그 자리에 남은 것은 만약 조시가 목숨을 끊는다면 우리는 어떻게 되는 걸까 하는 근심뿐이었다. 종종 그 외에는 아무 생각도 할 수가 없다.

그건 무자비한 일이다.

진이 빠지는 일이다.

모든 일을 낱낱이 적으며 우리는 그 끔찍한 일들, 잊고 싶었던 일들을 되새겨야만 했고, 나는 내 아들이 삶을 끝내고 싶었다는 사실을 다시 직시해야 했다. 어떤 일들을 자세히 이야기하는 것은 분명 가슴 아픈 일이었지만, 죽을 수도 있었던 그 순간 조시가 어떤 기분이었는지 알고 나니 이상하게도 큰 위안이 되었다.

나는 극단적 선택이 최선책이라고 생각하며 홀로 있던 순간 조시가 느꼈을 고뇌를 상상하려 애쓰고 스스로를 비난하며 앞이 보이지 않는 절망에 빠져 수많은 시간을 보냈다. 여러 가지 모습의 조시를 상상해봤지만, 늘 외롭고 우울하게 울고 있는 어른 조시의 모습과, 안아주고 비스킷 하나만 주면 세상만사 행복해하며 커다란 눈으로 나를 쳐다보던 아기가 겹쳐 보인다. 그리고 그 순간 내가 옆에 없었다는, 조시가 홀로 있었다는 생각을 하면…. 그건 부모로서 차마 할 수 없는 끔찍한 상상이고, 그럴 때면 정말 내가 실패자처럼 느껴진다.

하지만 문제의 그 날 이야기를 조시에게 들은 후, 나는 상상 속 인물을 없애고 미어지는 슬픔을 가라앉힐 수 있었다. 정말로 큰 위안이 됐다. 조시는 그 순간 뭐라도 느꼈다면 그건 내가 상상했던 절박한 슬픔이 아니라 안도감이었다고 했다. 무엇보다도 안도감이 자신을 갑옷처럼 둘러싸고 있던 무감각을 뚫고 들어왔다는 것이다. 그 말을 듣자, 비교도 안 되는 축소판이기는 하지만, 우는 조시를 어린이집에 내려놓고 겨우 한 시간 뒤에 "이제 완전히 괜찮아요! 레고를 가지고 잘 놀고 있고 슬퍼하지도 않아요! 조금도 걱정하지 마세요…."라는 전화를 받았을 때 느꼈던 안도감이 생각났다.

시므온을 만나기 8년쯤 전 싱글 맘으로 혼자 조시를 키우고 있던 나는 그제야 타들어가던 걱정을 벗어던지고 안도하며 짐을 덜어놓은 심정으로, 행복한 마음으로 일에 집중하며 하루를 보낼 수 있었다. 이때도 마찬가지였지만, 안도감과 짐을 던 기분, 행복감은 물론 훨씬, 훨씬 더 컸다.

작가로서 얻는 예상치 않은 특권 중 하나는 사람들이 내게 찾아와 자신의 이야기를 나눈다는 것이다. 그중 많은 사람은 종종 너무 오랜 세월 동안 가슴속에 꼭꼭 숨겨놓았던 비밀을 털어놓고, 그중 많은 이야기는 사랑하는 사람들의 극단적 선택에 관한 이야기들이다. 그 이야기들은 종종 놀라울 정도로 비슷하다. 어떤 남자는 사랑하던 여자가 그의 부엌을 엉망으로 만들어놓은 채 자기가 제일 좋아하는 요리를 만들어 홀로 마지막 식사를 했다는 이야기를 하면서, 이제는 그녀가 얼굴에 미소를 띠고 한 입 한 입을 음미하며 잔을 드는 모습을 상상한다고, 그런 상상을 하면 말할 수 없을 정도로 큰 위안이 된다고 했다. 한 어머니는 하이킹을 갔다가 휘파람을 불며 돌아와 자신의 뺨에 키스해줬던 아들 이야기를 자세하게 들려줬다. 그녀는 아들이 자신에게 마지막 키스를 해준 게 큰 위로가 되었다고 말했다. 자기가 아들에게 최초의 키스를 해줬으니 그게 당연한 일인 것 같다는 것이다.

비밀로 해달라며 털어놓은 극단적 선택 이야기들도 있지만, 모두의 이야기에서 발견되는 공통점은 이 세상을 떠나기로 선택한 사람들이 기분과 표정이 고양되어 있거나 적어도 평온히 감수하는 태도를 보였다는 것이다. 이 사람들, 혹은 그들이 사랑했던 사람들이 어떤 일들을 겪었는지 이해할 수 있을 것도 같다는 어리석기 짝이 없는 소리를 하려는 생각은 전혀 없다. 나는 이해하지 못한다. 당연히 모른다. 다만 내가 할 수 있는 말은 최악의 일이 벌어지려던 순간 조시의 마음이 평온했다는 사실이 내게 큰 위안이 된다는 것이다.

평온.

그건 힘든 일이다. 왜냐하면 난 내 숨이 붙어 있는 한 아들을 옆에 붙들어놓기 위해, 계속 살게 하기 위해 싸울 작정이니까. 조시가 없는 세상은 상상조차 할 수 없지만, 그 생각은 종이에 베어 생긴 손가락 끝 조그만 상처처럼 남아 내게 끊임없이 질문을 던진다. 행복과 평화야말로 내가 늘 조시를 위해 바라던 것 아니냐고. 하지만 그 대가는?

아름답고, 완벽하게 불완전한 내 아들이 손바닥에 극단적 선택을 위한 알약들을 올려놓고 앉아서 우리에게 작별을 고할 준비를, 이 땅에서 사라질 준비를 했었다.

그 애는 열아홉 살이었다.

이 책을 쓰면서 나는 조시가 마음속으로 어떤 생각들을 어떻게 했는지 생각지도 못할 만큼 많이 알게 되었다. 가장 힘든 일들을 분명하게 말하는 조시의 능력과 가감 없는 정직과 용기에 진심으로 감탄하지만, 한편 조시가 매일 치르고 있는 싸움도 조금 더 이해하게 되었다. 조시가 그렇게 지친 것도 당연하다. 또 조시의 이야기와 회상을 통해 내 양육방식에 대해서도 많은 것을 깨닫게 되었다. 그중 어떤 부분들은 정말이지 듣기 힘들었지만, 아무리 힘들어도 꼭 필요한 일이었다. 특히 미래를 조금이라도 바꿀 가능성을 얻기 위해서는. 우리는 조금 더 터놓고, 조금 더 정직하게 대화를 나눈다. 그건 단단히 들러붙은 반창고를 떼어내는 것과도 조금 비슷하다. 오래전, 아주 오래전에 빨리, 즉시 그랬다면 좋았을 텐데.

조시가 여전히 살아 있는 것은 두 가지, 귀중한 시간을 벌어준 몇 가지 간단한 행동들과 어마어마한 행운 덕분일 것이다.

이 회고록은 비록 가끔 실패할지라도 옳은 말과 행동을 하려고 최선을 다하고 있는 조시의 부족한 엄마인 나, 어맨다가 아들이 계속 살아갈 수 있도록, 또 행복할 수 있도록 남편과 함께 애쓰며 기록한 것이다. 그리고 아주 오랜 시간 동안 안개처럼 내려앉은 우울증을 통해서만 세상을 볼 수 있었던, 그래서 그 끝없는 공허한 고통이 끝나기만을 바라던 내 아들 조시가 기록한 것이다.

우리 둘의 목소리는 서로 다르지만, 우린 롤러코스터 같은 조시의 삶을 바라보는 서로 나른 시각들을 가슴을 터놓고 솔직하게 기록해나갔다. 아마도 이쯤에서 달갑지 않은 손님이 여전히 우리 집에 있다고 고백해야 할 것 같다. 그래도 지금은, 적어도 오늘은 다락방에 내몰려 갇혀 있다. 또 이 이야기에는 조시가 행복이라는 곳에 도달한다거나, 시므온과 내가 손에 잔을 들고 느긋이 기대앉아 힘들었던 시간들을 돌아보는 영광스러운 자축의 순간이 없다는 것도 말해둬야겠다.

조시의 우울증은 또한 나의 주인이 되어 공포로 나를 지배하고 있다. 조용할 때면 갇힌 문 뒤에서 놈이 사슬을 철컹철컹 흔들며

문을 차대는 소리를 듣는다. 내 두려움은 조금 가라앉았지만, 그래도 여전히 남아 있다. 난 여전히 잘못된 행동이나 말을 할까봐 두렵다. '그 잘못된 것'이 조시를 무너뜨리는 마지막 도화선이 될까봐, 그 행동이나 말 때문에 조시가 목숨을 끊고 싶어 하게 될까봐 두렵다. 마치 양쪽에 깊은 구렁이 있는 칼날 위에서 사는 느낌이다. 게다가 칼은 불타고 있고, 나는 맨발이고, 총알이 빗발치듯이 쏟아진다. 숨을 쉴 수가 없다. 머리 위에는 성난 용이 빙빙 돌며 날고 있고, 아무도 내가 도와달라고 절박하게 외치는 소리를 듣지 못한다.

내 아름다운 아들, 이제는 어른이 된 사랑하는 내 자식이 정신병으로 고통받고 있다는 사실, 그리고 가끔은 살고 싶어 하지 않는다는 뜻이라고 쓰기란 정말 힘들다. 하물며 소리 내어 말하기는 더 힘들다.

심지어 종이 위에 적은 말들을 보는 것조차 기괴하게 느껴진다.

살고 싶지 않다….

어떻게 이런 생각을 품을 수가 있을까? 어떻게 자기 목숨을 끊으려는 지경까지 갔을까?

조시는 내가 가장 사랑하는 아들이고, 앞으로도 언제나 그럴 것이다. 끔찍하고, 기운 빠지고, 혼이 나가고, 기진맥진한 시간들이었다. 부정적인 형용사를 나열하자면 끝이 없다. 하지만 그렇다고 해서 조시의 엄마라는 사실을 바꾸고 싶은 생각은 조금도 없다. 절대로.

찌그러진 코에 토마토처럼 빨간 얼굴을 하고 처음 내 품에 안긴 순간부터 조시는 나의 가장 큰 기쁨이었고 지금도 그렇다. 조시가 태어났던 그 날 조시를 위해 여러 가지 소원을 빌었지만, 내 아름다운 아들이 스스로 목숨을 끊지 않게 해달라고 빌게 되리라고는 정말이지 꿈에도 생각하지 못했다.

하지만 그게 지금 우리의 현실이다. 이건 진짜 인생이다. 내 소설에서는 등장인물들에게 가장 독창적이고 기분 좋은 상황들을 만들어줄 수 있지만, 인생은 그런 식으로 흘러가는 것 같지 않다. 물론 우리는 아직 끝까지 가지 않았고, 아직은 시간이 있다. 그렇다면 지금 당장은 어떻게 해야 할까?

가장 솔직하게 할 수 있는 말은 인생은… 예측할 수 없다는 말 같다.

문제는 여기에는 지도나 설명서나 안내서도 없다는 것이다. 그런 것들이 있으면 얼마나 좋을까? 누군가 내 아들을 고칠 방법을 말해줬으면 좋겠다. 무엇을 해야 하는지 말해줬으면 좋겠다. 모든 것을 좋아지게 만드는 마법의 알약을 찾으면 좋겠다. 하지만 나는 어둠 속을 더듬어나가야 하고, 종종 비틀거리고 넘어진다. 정말이지 인생이 던지는 그 어떤 시련도 자식의 고통을 지켜보는 것보다 더 힘든 것은 없다. 그건 가장 잔인한 고통이다. 조시와 사는 것은 롤러코스터를 타는 것 같았지만, 지난 몇 년 동안 극에 달한 고통은 좀 나아졌고 깊은 수렁의 늪에서는 조금 탈출한 것 같았다. 종종 외롭고 깜깜한 한밤중에 온통 헝클어진 머리에 구겨진 잠옷 차림으로 남편 품에 안겨 울 때, 온갖 생각에 머리가 복잡하고 잠도 오지 않을 때면, 가족으로서 우리가 아무리 힘들다 해도 조시 본인이 훨씬 더 힘들 거라고 되뇌곤 했다.

잊는 게 쉬워서가 아니다. 어떤 날에는 조시의 얼굴이 유령처럼 이 방 저 방을 떠돌지만, 그런 나쁜 날들은 생각하지 않으려고 애쓴다. 조시가 웃는 날들, 커다랗게 웃는 드문 날들도 있다! 그 웃음소리는 감미롭기 이를 데 없는 음악 같다. 그건 안도이자 기쁨이고, 무엇보다도 희망의 소리다. 그렇게 간간이 터져 나오는 희망을 나는 부목처럼 잡고 매달린다.

정말로 너무나 힘들다. 부모라면, 사실 사랑을 해본 사람들이라면 모두 공감하겠지만, 조시의 아픔은 내 아픔이다. 조시의 기쁨이 내 기쁨이다. 만약 조시가 영원한 평화를 찾아 지상에서 불쑥 떠나고 싶어 한다면, 확실한 한 가지는 아들이 내 심장과 영혼도 함께 가져갈 거라는 것이다. 그러고 나면 뭐가 남을까? 빈 껍질, 상실로 고통스러워하는 텅 빈 공간뿐이다.

고백하지만, 내 머릿속에는 어떻게 하면 조시가 스스로 목숨을 끊는 일을 막을 수 있을까 하는 생각뿐이다. 우리는 서서히 조심스레 반대편으로 나오기 시작했고, 무슨 일이 벌어졌고, 어떻게 거기에 도달했으며, 여기서 어디로 가야 하는지 여전히 이해하려고 애쓰는 중이다.

지난 6년을 돌이켜 보면, 마치 어마어마한 위력으로 강타한 토네이도에 휘말려 심호흡을 하거나 계획을 짤 틈도 없이 하늘 높이 끌려 올라갔던 것만 같다. 토네이도는 쉴 새 없이 몰아쳤다. 그 모질고 거센 바람 속에서 우린 그저 바로 옆의 뭔가를 꼭 잡고 버티면서 혹시나 운이 좋아서 무사히 땅에 내려가게 된다면 우리가 헤매고 다녔던 그 풍경을 어렴풋이 기억할 수 있기를 바랄 수밖에 없었다.

여기가 우리가 도달한 곳이다. 우리는 거의 무사히 땅에 내려왔고, 얼떨떨하고 약간 어리둥절한 상태로 피해 상황을 살피고 건질 만한 물건들이 있는지 확인하며 이리저리 돌아다니는 중이다. 사실 잃어버린 것들이 있다고 해서 슬프지도 않다. 단단한 땅 위에 다시 돌아와 숨 쉴 수 있다는 게 그저 말할 수 없이 감사할 뿐이다. 조시와 함께 이 땅 위에서 보내는 매일 매일이 너무나 행복하고 감사하다. 조시가 아직 여기 있는 동안은 시간이 있다.

내 이름은 어맨다, 그냥 맨디라고 불러도 좋다. 나는 두 세계 사이의 아이, 인생이 얼마나 찬란할 수 있는지 보려고 발버둥 친 아이의 엄마이고, 이것이 나의 이야기다.

1장

어맨다

내 평생의 사랑을 처음 만난 날

"당신 생각을 할 때마다 꽃 한 송이가 생긴다면 … 난 영원히 꽃밭 속
을 걷겠지요."

앨프리드 테니슨

혼자 조시를 키우던 시절을 돌이켜 보면 그때 무엇을 다르게 했
어야 지금의 결과가 달라질 수 있었을까 수없이 생각한다. 특히 기
억에 남는 날이 하나 있다. 나는 브리스톨의 넓은 녹지대인 다운
스를 가로질러 차를 몰고 있었다. 이른 아침이었고, 우린 어린이집
으로 가는 길이었다. 조시는 무릎 양말과 여름 샌들, 연회색 반바
지, 명문 학교의 문장이 그려진 스웨터 차림으로 가방을 꼭 쥔 채
조수석에 앉아 있었다. 우린 언제나처럼 누텔라와 꿀 중에 뭐가 더
맛있나, 〈벅스 라이프〉 등장인물들 중 누가, 왜 제일 좋은가에 이
르는 다양한 주제로 이야기를 나누고 있었다. 나는 조시에게 커서
뭐가 되고 싶으냐고 아주 가볍게 물었다. 아이가 약간 당혹스러워
하며 창밖을 빤히 쳐다보는 걸 보고, 나는 몇 가지 제안들을 내놓
았다. 지금 돌이켜 보면 정말 부끄럽지만, 그 씨앗 중 하나가 싹을

틔울 거라는 기대를 품고 말이다. 영광스러운 미래의 길을 닦고 있는 거라고 나는 생각했다.

"의사가 될 수도 있지 않겠니? 아니면 화가라거나 음악가라거나?"

아이는 잠시 아무 말 없이 차창 밖을 스쳐 지나가는 청명한 날의 풍경들만 뚫어져라 쳐다보다가 마침내 내 쪽으로 고개를 돌리더니 말했다. "어른이 되면 다운스에서 잔디를 깎고 싶어요."

나는 커다랗게 웃음을 터뜨렸다.

"성발로, 조시? 넌 원하는 거라면 뭐든 될 수 있어. 멋진 인생을 살게 될 거야! 뭐든 될 수 있어. 극작가도, 우주를 탐험하는 우주비행사도! 생각해봐, 산을 오르거나 외과의사가 되거나 음악을 하고 싶지 않니?"

아이는 고개를 젓고는 생각에 잠긴 듯한, 하지만 단호한 목소리로 말했다. "아니, 엄마. 난 다운스에서 잔디를 깎고 싶어요."

"왜? 왜 그러고 싶어, 아가?" 난 어른이 된 미래에 대해 말도 안 되는 온갖 상상을 펼치지 않는 세 살짜리 아이를 본 적이 없었다. 그 나이는 꿈이 현실에 짓밟히지 않은 근사한 시간, 그렇기 때문에 사자 조련사이면서 케이크 가게에서 일한다거나 선장이면서 동시에 록밴드의 유명 드러머가 되는 것도 모두 가능해 보이는 그런 때가 아닌가. 안 될 게 뭐 있어? 사실 나는 흥미로워하면서도 약간 당황했고, 지금은 몹시 부끄럽게 생각하지만 아이의 현실적인 대답에 다소 실망했다. 이제는 그게 내가 머릿속에서 조시의 미래를 살고 있었기 때문이라는 것을 안다. 그 미래는 찬란해 보였다. 내 눈에 비친 조시는 키가 크고, 성공했고, 주어지는 모든 것들을 양

팔 가득 벌려 붙잡을 준비를 한 채 활기차게 살아가고 있었다. 진짜 삶을 살고 있었다.

조시는 다시 창을 향해, 얼굴이 새까맣게 탄 채 잔디 깎는 기계를 몰며 웃고 있는 남자들을 향해 시선을 돌렸다.

"다들 행복해 보여서요, 엄마."

나는 그 대답이 귀엽고 재미있다고 생각했지만, 슬픔이 가득 담긴 표정으로 나를 쳐다보는 아이를 본 순간 울고 싶어졌다. 그 순간 깨달았다. 조시는 우주 탐험가 같은 것보다 훨씬 더 잡기 어려운 무엇, 행복을 추구하고 있다는 것을.

"그래, 맞아, 조시." 나는 인정하지 않을 수 없었다. "정말 행복해 보이네."

내 멋진 아들은 그 어린 나이에 내가 수십 년 걸려서야 파악한 것, 행복이 목표라는 것을 이해하고 있었다. 바로 그거다, 행복! 행복을 가지면 다른 것들은 다 문제될 게 없고 사실 중요하지도 않다. 나는 조시가 고귀한 가치를 추구하는 것을 도와주겠다고 결연히 결심했다.

엄마가 되기 전에는 엄마로 산다는 것이 무엇인지 알지 못했다. 누가 알겠는가? 그러니까, 개념상으로는 알았고 우리 엄마를 포함한 여러 사람을 보면서 안다고 생각했지만, 그건 거의 상상하기 불가능한 일이다. 내가 보기에 그것은 다이빙에 대해 읽는 것과 실제로 하는 것 사이의 차이와 약간 비슷하다. 물론 무엇을 기대해야 할지 알 테고, 사진을 볼 수도 있고, 기술과 안전문제, 다른 사람들의 경험에 대해서도 읽을 수 있겠지만, 실제로 몸이 물속에 잠기고, 피부가 떨리고, 심장이 뛰고, 머리카락이 주변에서 떠다니는 순간의 그 엄청난 느낌… 어떤 감각들은 숨을 죽이고 다른 감각들은 고조되고 소리가 메아리치고 빛이 새어 들어오는 경험, 전혀 다른 세상에 들어온 것 같은 느낌, 그건 오직 느낄 수밖에 없다.

엄마로 산다는 것은 그와 비슷하다.

자연은 거스를 수 없다. 아들이 태어나자마자—바로 그 순간—난 그 아이 없는 인생은 거의 상상조차 할 수 없다는 것을 알았다. 다른 많은 사람도 내 말에 동감할 것이다. 사람들 말대로 그건 첫눈에 반하는 사랑, 혹여 사랑이 아니라 해도 사랑과 아주 비슷한 헌신으로 맺기긴 유내었나. 그 사랑과 함께 본능이, 무슨 희생을 치르더라도 내 아이를 보호하고 키우겠다는 열정이 찾아온다. '태평스러운 맨디'는 자신의 새로운 면을 발견했다. 평생 처음으로 나는 내 아이에게 해가 닥치는 것을 막기 위해서라면 죽을 수도 있다는 것을 알았다. 해가 닥칠지도 모른다는 생각만 해도 심장이 미친 듯이 뛰고 속이 뒤집히는 것 같았다.

내 자궁 속에 아기를 안전하고 아늑하게 품고 달콤한 몽상에 빠져 있던 시절, 이 새로운 존재가 깨어 있는 시간 동안 내 모든 생각을 다 장악하고 향후 내 모든 결정의 중심을 차지한다는 걸 전혀 알지 못한 채 모든 것이 가능해 보였던 철없던 시절, 굳이 예측을 해봤다면 아기와의 생활이 갭 광고 같으리라고 생각했을 것이다. 따뜻한 오트밀 색조의 풍경 속에서 예쁜 아들을 데리고 공원을 고요히 산책하는 그런 광고 말이다. 물론 우린 똑같은 디자인의 청바지를 입었을 테고, 아들은 목에 깔끔한 줄무늬 스카프를 둘렀을 것이다. 우린 걸음을 멈추고 오리에게 먹이를 주고, 파란 겨울 하늘 빛나는 태양 아래서 나는 순식간에 다시 스키니진으로 돌아온 몸

매를 즐겁게 과시하고 윤기 나는 머리를 휘날리며 미소를 지은 채 아이의 그네를 밀어줄 것이다. 그러고 나서 함께 집에 돌아오면 내가 미리 오븐에 넣어둔 뭔가 건강하고 맛있는 식사가 기다리고 있을 테고, 아이를 씻겨서 캐스 키드슨 이불을 덮어주고 동화를 읽어주면 아이는 12시간 동안 깨지 않고 잠이 들 것이다. 그러고 나면 우린 미소 지으며 잠에서 깨어나 이 모든 것을 다시 되풀이하고⋯ 아이는 행복하고 예쁘고 성공적으로 성장할 테고, 나를 굉장히 사랑할 테고, 인생은 멋질 것이다.

그랬으면 얼마나 좋을까⋯.

유아기 시절은 힘들었다. 기차역에 비유하자면, 완행열차를 타고 기진맥진 시(市)와 망연자실 마을 사이의 철로에 있던 기억뿐이다. 내가 꿈꾸던 갭 광고 판타지는⋯ 갭에서 한 달째 못 감은 떡 진 머리에 수면 부족으로 좀비처럼 초췌해진 얼굴을 한 모델이 늘어진 레깅스에 어깨에 아기 토사물을 묻힌 지저분한 가운을 입고 있는 광고를 혹시라도 내보낸다면 모를까 어림도 없는 일이다. 호르몬이 미쳐 날뛰며 온몸의 구멍에서 거품을 일으키며 새어 나올 지경이라 욕실에서 울음을 터뜨리는가 하면, 힘든 임신과 출산을 거친 덕분에 웃거나 기침을 하거나 딸꾹질을 하거나 방귀를 뀔 때마다 오줌을 찔끔 지리는 그런 모델 말이다. 모든 일이 쉬울 거라고 생각했다. 그저 규칙대로 하기만 하면 된다고 확신했다. 힘들어봤자 얼마나 힘들겠나? 난 기본을 잘 알고 있었다. 아이를 낳고, 따뜻하게 입히고, 잘 먹이고, 많이 사랑해주고, 좋은 모범을 보이고, 이야기를 경청하고, 자신감과 날아갈 자유를 주되 혹시라도 추락할 경우를 대비해 그 아래에 언제나 안전망을 준비해놓을 것⋯.

아이가 자주 추락하리라고는, 날개가 부러지리라고는, 심지어 나는 것은 고사하고 눈을 뜨고 있게 하는 게 세상에서 제일 힘든 일이 되리라고는 생각지도 못했다.

아이가 갓 태어났을 때는 수많은 꿈을 꿨지만, 지금은 가슴에 손을 얹고 말할 수 있다. 직업이나 지위, 천직, 빌어먹을 시험지 위의 점수 따위에는 신경도 쓰지 않는다. 조시가 마음의 평화를 찾는 것 외엔 어떤 바람도 없다. '행복'이라는 말조차 가끔은 너무 지나친 욕심 같다. 수많은 밤을 잠 못 이루며 조시가 계속 이곳에 있게 할 방법을 고민하게 되리라고는 상상조차 하지 못했다. 가끔 걷잡을 수 없이 눈물을 흘리고 있는 나에게 사람들은 버티다 보면 '상황이 좋아질' 거라고 말한다. 내 아이는 지금 스물셋이고, 난 여전히 기다리고 있는데도!

난 농담을 한다.

그것도 많이. 영혼을 도려내는 듯한 일들에 대해 웃기도 하고 가볍게 말하기도 한다. 달리 뭘 할 수 있단 말인가?

2장

조시

나는 두 세계 사이의 아이

내 이름은 조사이어 그냥 조시라고 불린다. 난 스물세 살이고,
살고 싶지 않은 사람이다. 적어도 한동안은 그랬다.

나의 가장 내밀한 생각들을 담은 이 책을 읽고 있는 당신이 누구
인지는 모르지만, 아주 오랫동안 혼자서 간직하려고 애쓰던 일들
을 이렇게 말하려니 기분이 이상하다.

굉장히 큰일처럼 느껴진다.

사실 큰일이긴 하다.

긴장이 되지만, 이 이야기를 하지 않으면 문제가 더 커진다는 것
을 잘 알고 있다. 이 병을 만드는 것은 비밀과 낙인, 금기, 치욕, 비
판이다. 진짜로 필요한 것은 이런 문제가 사실은 얼마나 흔한지 드
러내고, 이 병으로 고통받는 사람들에게 혼자가 아니라고 말해주
는 것이다.

언젠가는 사람들이 길거리나 직장 휴게실에서 감기나 독감 이야기를 하는 것과 다를 바 없이 "나 우울해. 우울증이야"라며 잡담을 나눌 수 있었으면 좋겠다. 독감과는 달리 우울증은 전염되지 않으니 말이다.

내 이야기가 이런 변화를 만드는 데 조금이라도 도움이 되기를 바란다.

이 지구상에서 사는 사람 중 내가 만나는 거의 모든 사람은 나와 다른 시각을 가지고 있는 것 같다. 참 놀라운 일이다. 아니 아마도 흥미롭다는 게 더 정확한 표현이다. 이건 의식적으로 하는 생각이 아니다. 그냥 늘 그랬다. 나는 내 시각에 의문을 제기하지 않았지만, 결국에는 그럴 수밖에 없었다. 결국 그것이 시각 그 이상으로 변해 파괴적인 정신상태가 되었으니까.

나는 다른 사람들이 다른 견해를 가지고 있다고 비난하지 않는다. 그들도 나를 비난하지 않으리라 생각한다. 난 그저 그 사람들이 되거나 그 사람들처럼 사는 것을 상상할 수 없을 뿐이다. 환한 햇살처럼 유쾌한 사람, 확고한 믿음을 가지고 있는 사람, 결국에는 모든 것이 다 잘 되리라는 확신으로 희망과 낙관주의를 마구 발산하는 사람들도 마찬가지다. 그들은 내게 수수께끼와 같은 존재들이다.

하지만 난 침울한 게 아니라 그저 생각이 많은 것이다. 내성적이라기보다 신중해서이다.

다른 사람들이 '존재'한다는 것만으로도 환희에 차 있는 모습을 보고 있으면 나의 삶은 왜 이렇게 죽을 듯이 피곤할까 의문이 든다. 그 사람들은 어떻게 이 한 가지 진실, 즉 우리 누구도 여기서 살아서 나가지는 못한다는 사실을 회피하거나 부정할 수 있을까.

분명히 말하지만, 나는 슬픔에 잠겨 있는 게 아니다. 우는 일도 거의 없다. 하지만 가끔은 감정을 터뜨리기라도 하면 좀 더 편하지 않을까 싶기도 하다. 하지만 오해는 하지 않기를. 아침마다 슬픔을 짊어지고 잠에서 깨는 것은 아니니까. 최근에는 가끔 기쁠 때도, 아주 많이 기쁠 때도 있지만, 기쁨이 내 인생이라는 정원에 난 풀이라 치면, 조금만 파봐도 그 아래 철저한 절망이라는 단단한 암반이 버티고 있는 것을 볼 수 있을 것이다.

이런 식으로 산다는 것은 두려운 일이다. 그건 마치 언젠가, 아마도 전혀 생각지도 못한 순간에 당신과 당신 세상을 구성하는 모든 것, 당신이 소중히 여기는 모든 것이 입을 쩍 벌린 텅 빈 공간 속으로 굴러떨어질 수 있다는 것을 알면서도 단층선 위에 집을 짓는 것과 같다. 그래서 아무리 모든 게 다 좋아 보여도, 심지어 가장 찬란한 날들에도 이 끔찍한 가능성, 절망이라는 암반이 마음 한구석에 늘 자리하고 있다. 이 절망은 최근 나를 감싸고 집어삼키겠다고 협박해왔고, 나는 그 절망에 거의 굴복했다.

우울이 살금살금 잠식해 들어와 나 자신을 앗아갔고, 내게 무슨 일이 벌어지고 있는지 완전히 깨달았을 무렵에는 이미 너무 늦었다. 난 이미 그 손아귀에 붙들려 있었다.

그것이 굉장한 힘으로 나를 단단히 거머쥐고 내 눈과 입을 막았다. 지옥 같은 것을 믿는다면, 이것이 내가 생각하는 지옥에 거의 가까운 모습일 것이다.

아주 오랫동안 나는 우울증이라는 안개를 통해서만 삶을 바라볼 수 있었고, 이 끝도 없는 공허한 고통이 끝나는 것 외에는 아무것도 바라는 게 없었다.

웃기지 않은가? 우울증은 사방에 널렸다. 우린 매일 그런 이야기를 듣는다. 트럭 운전사부터 영화배우, 매장 점원에서 요리사에 이르기까지 누구도 예외는 없지만, 이 병의 진짜 못된 점은 이런 고통을 겪는 사람이 세상에서 자기 하나밖에 없는 것처럼 느끼게 한다는 것이다. 철저히 혼자라고 느끼게 될 뿐만 아니라, 말조차 할 수 없게 되어 아무에게도 그 기분을 털어놓을 수가 없다. 그 느낌을 제대로 묘사할 수 있다 해도 말이다.

적어도 내 느낌은 그랬다.

우울증은 외롭고, 모질고, 나 같은 사람에게서 인생 최고의 시기를 앗아가 버리는 끔찍하게 부당한 병이다. 이 병은 수많은 기회를 빼앗고 사람들을 죄수로 수감해둔다. 감사하게도 드디어 우울증에 대한 대화가 시작되고 있다. 정신병에 대한 논의는 더 활발해지고 있고, 최근 몇몇 대규모 캠페인은 변화를 만들어내고 있다. 특히 '동반자가 되어주자'는 캠페인을 펼치는 CALM(Campaign Against Living Miserably: 비참하게 살지 않기 캠페인)은 동반자가 고통을 겪고 있으면 이야기를 경청해주라고 분명히 말한다. "왜냐하면 누군가를 위해 해줄 수 있는 가장 용감한 일은 다른 모든 것을 제쳐놓고 그저 귀를 기울여주는 것이기 때문이다."[1]

또 ITV(영국 최대의 민영방송—옮긴이)에서 벌이는 정신건강 캠페인은 가족들의 유대를 강화하기 위해서는 대화가 필요하다고 장려한다. 이 캠페인은 "어린이들의 불안증과 우울증이 2004년 이후 48퍼센트 증가했다"는 불편한 진실을 보여주지만, "이야기하고 이야기를 들어줄 때 정신이 건강해질 수 있으니 거실에서 나누는 대화에 주파수를 맞추라"고 격려한다. '이야기합시다, 영국' 캠페인은 '영마인즈YoungMinds'와 '마인드Mind'가 후원하고 있다.[2]

'마인드' 또한 '변화할 시간Time to Change'을 파트너로 삼아 정신건강 증진 캠페인을 벌이고 있다. '변화할 시간'은 "정신건강 문제를 겪는 사람들이 마주하는 낙인과 차별을 없애기 위해 가장 야심적인 캠페인"을 벌이며 "정신병에 대해 다시 생각"해볼 것을 요청하고 있다.[3]

마지막으로, 70년 넘게 계속되어오고 있는 멘탈헬스 아메리카의 '정신건강의 달'이 있다. 그들은 새로운 시각을 보여준다. "우리 일의 상당 부분은 '4단계 이전에(B4Stage4, Befor stage4) 철학'을 따르고 있다. 즉, 정신건강 상태는 병이 아주 심각한 단계에 도달하기 훨씬 전에 치료가 이루어져야 한다는 것이다. 사람들은 암이나 심장병 같은 병들에 대해서는 치료 시기를 기다리지 않는다. 4단계 이전에 시작한다. 예방에서부터 시작하고, 증상을 인지하고, 병의 진전을 되돌리고 멈추기 위한 행동계획을 수립한다. 잠재적으로 심각한 정신병을 앓고 있는 사람들에게는 왜 그렇게 하지 않는가?"[4]

이들 외에도 많은 캠페인이 변화를 만들어내고 있지만, 우울증과 극단적 선택에 관한 이야기가 편견이나 당황스러움, 비난 없이 받아들여지기 위해서는 아직도 갈 길이 멀다. 이 병을 겪어본 사람으로서, 다른 사람을 비난해본 적이 있는 사람으로서 하는 말이다. 사람들은 극단적 선택이 계속 증가하고 있고 45세 이하 남성들의 사망 원인에서 여전히 1위를 차지하고 있는 이 새로운 세상에 적응하면서 여전히 배워나가는 중이다.[5]

나도 여전히 배우는 중이고, 당신들에게 내 이야기를 솔직하게 털어놓음으로써 더 많이 배울 것이다. 최근 나는 아주 미미한 일이 아주 커다란 희망으로 이어질 수 있다는 것, 그리고 그런 순간이 정말 행복처럼 느껴질 수 있다는 귀중한 가르침을 얻었다. 시간의 의미를 상실하는 우울증에 갇혀 있을 때 느끼는 한순간의 안도감, 찰나의 희망에는 생각보다 많은 힘이 있을 수 있다. 그 짧은 순간이 다시 시작하고 서사를 바꿔놓을 기회가 될 수도 있다. 떠날 것인지 남을 것인지를 결정하는 순간이 될 수 있다. 또한 내가 생각보다 강하다는 것도 알게 되었다. 때로는 막다른 곳에 있는 것처럼 느낄 수도 있겠지만, 그렇지 않다. 내가 여전히 여기 있다는 것이 그 증거다.

나는 여전히 여기에 있다.

나는 방향을 바꿔도 괜찮다는 것을 배웠다. 인생의 한 시기에 일어난 일이 남은 평생을 결정하지 않아도 된다는 것, 그래서는 안 된다는 것도 배웠다. 적어도 지금 나는 그런 희망을 품고 있다. 아직 살 날이 많이 남았다는 것을 깨달으니 크게 안도가 된다. 무엇보다 혼자처럼 느껴져도 혼자가 아니라는 것을 이제는 안다. 그때 내 옆에 있어줬던 사람들이 지금도 여전히 내 옆에 있으니까. 그 고립감이 내 우울증의 일부였다는 것을 이제는 알겠다. 아주 못된 속임수다.

또한 너무 멀리 보지 않아야 한다는 것도 배웠다. 그곳에는 미지의 것들이 숨어 있고, 그러면 두려운 생각이 들게 되니까.

자, 이곳이 지금 우리가 있는 곳이다.

난 포기하지 않았고 나를 없애버리지도 않았지만, 거의 그럴 뻔했다.

심연의 가장자리에 서서 영원처럼 느껴지는 고요한 공허를 끝장내겠다는 생각에 사로잡혀 있는 기분을 안다. 살며시 등을 떠미는, 해치워버리라고 격려하는 우울증의 시커먼 손길을 느끼며 그곳에 서 있는 기분을 잘 알고 있다.

역설적으로 탈출과 평화의 가능성이 보인 그 순간, 나는 처음으로 뭉클한 행복감을 느꼈다고 기억한다.

이 이야기를 처음으로 입 밖으로 내어 말했을 때 엄마의 얼굴에 확연히 퍼지던 공포심을 기억한다. 엄마의 두려움이 보였다. 그래서 나는 이건 엄마의 이야기가 아니라고 설명하려 애썼다.

엄마의 싸움이 아니다.

이건 나의 이야기, 나의 싸움이다.

3장

어맨다

목표는 행복

"갑작스럽게 힘겨운 시련이 닥칠 때, 엄마는 우리의 가장 진정한 친구이다. 좋았던 시절이 가고 곤경이 닥치는 암울한 때, 화창한 시절 함께 기뻐하던 친구들이 우리를 떠날 때도, 엄마는 여전히 우리 옆을 지키며 자상한 가르침과 조언으로 어두운 구름을 흩어 쫓아버리고 우리 마음에 평화를 되돌려주기 위해 애쓴다."

워싱턴 어빙

어린 시절 난 한 번도 엄마가 되는 꿈을 꿔본 적이 없다. 인형을 가져본 적도 없고, 사실 가지고 싶어 하지도 않았다. 엄마가 들려준 이야기에 따르면, 좁은 집에 살던 어린 시절 한밤중에 남동생들이 젖을 달라고, 기저귀를 갈아달라고 울어대면 나는 무당벌레가 그려진 나일론 잠옷 차림에 맨발로 침대에서 뛰쳐나와 피곤한 한숨을 내쉬며 부모님 방으로 건너가 아기를 잡아주거나 젖을 먹이는 엄마의 이야기 상대가 되어주곤 했다고 했다. 마치 그게 나의 책임이기도 한 것처럼 말이다. 그러고 나면 엄마는 우리 모두를 다시 재워야만 했다.

또 가족들은 내가 8개월 된 동생을 안고 부모님 침대 발치에 나타나 이렇게 말했다는 일화도 자주 이야기한다. "얘 기저귀 갈아줘야 해요. 귀찮아 죽겠네!"

나는 세 살이었다.

상상이 되나?

한밤중에 아기를 안고 다니는 세 살짜리 아이라니! 물론 이건 건강과 안전문제가 중요해지기 전, 이가 나기 시작하는 아기를 달래려고 고무젖꼭지를 위스키에 담갔다가 주고, 배 불리 먹이겠다고 우유병에 이유식을 넣고, 엄마들에게 아기를 엎드린 자세로 재우라고 하던 시절 이야기다. 긴 여행을 할 때면 남동생 셋과 내가 아빠의 넓은 포드차 트렁크에 교대로 눕거나 순번을 정해 비좁은 조수석에 있는 엄마의 무릎에 앉은 재 신나게 노래를 부르며 다니던 시절 이야기다. 나는 사실 1970년대의 아이이고, 우리가 죽지 않고 무사히 자란 건 기적이다.

이렇게 쉴 새 없이 아기들에게 둘러싸여 살았기 때문에 아마도 아기에게 질렸던 게 아닐까 싶다. 어린 시절 수업 시간에 선생님이 학생들에게 어른이 되면 뭐가 되고 싶으냐고 차례로 물었던 적이 있다. 어떤 아이는 배우가, 어떤 아이는 축구선수가 되고 싶다고 했고, 내 차례가 되었을 때 나는 그냥 책을 쓰고 싶다고 대답했다. 무단결석과 무관심이 넘쳐나고 선생님이고 학생이고 야심이라곤 없는 낙후된 학교에서 그건 크나큰 야심이었다. 뾰족하고 빼빼 마른, 심지어 조그맣고 노란 치아 위로 얇은 입술을 꾹 다무는 것 이상의 미소는 짓지 못했던 선생님이 조롱하는 표정으로 내 쪽을 바라보던 기억이 난다. 네가? 책을 쓴다고? 허!

한 여자아이가 자기는 커서 엄마가 되고 싶다고 말하자 교실 안으로 퍼져 나가던 웃음소리가 아직도 생생하게 들린다. 그건 누구나 다 바라는 것 아니냐는 듯이 놀란 표정을 짓던 그 애 얼굴이 눈에 선하다.

그 반응 때문에, 그렇지 않아, 미셸, 이라고 말해주고 싶다.

아무래도 난 콩깍지 까듯 아기들을 쑥쑥 낳은 엄마의 영향을 받은 것 같다. 한때 엄마에게는 다섯 살도 안 된 아이가 셋이나 있었다. 그 사실을 쓰는 것만으로도 약간 공황 발작이 오면서 남은 나팔관들이 저절로 조여드는 것만 같다. 다섯 살도 안 된 아이가 셋이라니? 우리 부모님은 도대체 무슨 생각이었을까? 물론 우리 집에 중앙난방이 없기는 했지만, 세상에, 뭔가 다른 방법으로도 따뜻하게 지낼 수 있지 않았을까?

시끄럽고 지저분했어도 그 시절은 최고였다. 정말이지 최고였다. 심지어 마법 같았다. 10대를 갓 벗어난 아빠는 전혀 그 상황을 벅차거나 숨 막히게 여기지 않고 지치지도 않고 헌신적으로 일했다. 낮에는 회사에서 승진을 위해 일하고, 밤이면 도로공사 붐을 타고 아스팔트를 깔았고, 주말에는 집 마당에서 포드 콜세어 차를 고쳤다. 아빠는 가족을 부양하고 당신들이 꿈꾸던 삶을 우리에게 주기 위해 뭐든지 가리지 않고 했다. 아빠 못지않게 어렸던 엄마는 런던 동부 롬퍼드의 콜리어로에 자리한, 침실 세 개에 오렌지색 벽돌 테라스가 있는 조그만 우리 집을 안식처로 만들었다. 조그만 부엌에서 통돌이 세탁기가 덜덜거리며 돌아가고 엄마가 좋아하던 모타운 음악이 난장판의 배경음악으로 흐르던 그 집, 장난감으로 온통 뒤덮여 있던 바닥, 가끔 식탁 아래에 만든 이불 텐트 속에서 먹던 식사가 지금도 눈에 선하다. 어깨까지 내려오는 윤기 나는 검은 머리를 한 엄마는 두 손가락 사이에 긴 담배를 높이 쳐든 채 하이웨이스트 나팔 청바지 차림으로 수프림스의 〈회상〉을 따라

46

부르며 춤을 췄다. 우리는 사랑받았고, 난 엄마 아빠를 사랑했지만 그래도 뭔가 다른 것을 원했다. 난 책을 좋아했고 남자아이들에게 는 조금도 관심이 없었다. 웩! 아기들에게도. 그건 더 웩이다!

알고 보니 잘된 일이었다. 난 선천적으로 골반에 문제가 있어서 어린 시절에 열두 번이나 힘든 수술을 치러야 했다. 그건 내가 아이를 낳을 가능성이 희박하다는 뜻이었다. 우리 집에서 내 신체적 결함은 특별한 화젯거리도, 심지어 논의할 일도 아니었다. 모자라는 돈과 더 모자라는 공간, 육아와 일에 지쳐 매일 밤 쓰러지듯 잠드는 엄마 아빠처럼 그냥 그런 거였다. 엄마와 아빠를 본받아 나는 부실한 골반과 다소 불안정한 걸음걸이를 받아들이고 그냥 살았다. 나는 '정상은 네가 정하는 것'이라는 좌우명과 함께 길러졌고, 그 말은 지금도 옳다고 생각한다.

10대에 들어서자, '정상적으로' 걸을 수 있으면 좋겠다는 마음이 점점 더 커졌고 어색한 걸음걸이에서 벗어나는 게 세상 최고의 소원이었다. 한 물리치료사는 내가 말소리가 뻔히 들리는 곳에 있는데도 엄마에게 말했다. "세상에, 애가 새끼 밴 오리처럼 걷네요!" 너무 놀란 나머지 그때 엄마가 보인 반응이 기억도 안 나지만, 그 끝이 "꺼져!"였다는 것만은 분명하다. 난 여러번의 수술로 그저 뒤뚱거리는 걸음이 좀 개선되기를 바랐다. 그 시절 나는 내가 임신 기간 끝까지 태아를 지킬 가능성이 작다는 사실을 어색한 기침을 해가며 재빨리 읊는 사람들에게서는 전혀 스트레스를 받지 않았다. 다소 거만한 태도의 의사와 나를 꼬마 책벌레 정도로만 생각하고 있던 엄마 아빠를 그냥 바라보기만 했던 기억이 난다. 그때는 엄마가 된다는 생각은 너무 이질적이고 너무 먼 미래의 일 같아서 생각해볼 필요조차 느끼지 못했다. 아이를 가지지 못할지도 모른다는 사실보다는 어떻게 하면 밤에 엄마가 읽는 소설 『레이스』를 살짝 가져와 이불 밑에서 회중전등을 비춰가며 몰래 읽어볼까 하는 데 더 정신이 팔렸다. 임신과 출산 같은 일들은 상상할 수 없이 머나먼 어른들의 세계에나 속하는 일처럼 느껴졌다.

웃기지만, 난 이 삶이, 이 찬란한 삶의 모든 것이 더없이 소중하다. 먹고 마시고 킥킥대고 심호흡을 하고 멋진 향기를 맡고 바다에 가고 하늘을 쳐다보는 한순간 한순간이, 언젠가는 잃어버리게 될 사랑하는 사람들과 나누는 모든 것이, 주름 하나하나가, 모든 아픔이, 잠 못 이루는 밤들이 다 소중하다. 내 최고의 소원은 조시에게 삶이 얼마나 멋질 수 있는지 보여주는 것뿐이다. 하지만 너무 조급히 굴지 말자….

형편없는 학교에 다니며 야망을 거의 상실해버린 나는 직업에 대한 어떤 거창한 생각도 없이 학교를 졸업했고, 집세를 내고 먹고 살기 위해 박봉에다 보람도 없는 일들을 전전하며 지냈다. 월세방 벽에 핀 곰팡이를 포스터(궁금한 분이 있을까봐 말하자면 페르소나인 지기Ziggy로 분장한 데이비드 보위의 포스터였다)로 가리며 비유적으로나 물리적으로나 그야말로 겨우 입에 풀칠만 하며 살았다. 얼굴에 미소를 장착하고 딸기향 립글로스를 세 겹 바르고 출근해 일주일에 대부분을 상사들의 추근거리는 손길을 피하고 훗날의 나라면 다른 방식으로 대처했을 달갑잖은 암시와 으름장을 '농담'으로 빠져나가려고 애쓰며 일했다. 대부분의 사람들처럼 나도 그저 시간이 가기를 기다리고 월급을 받고 청구서들을 해결하며 쳇바퀴를 돌리듯이 살았다. 주말이면 싸구려 와인을 마셨고, 사방에 엎질러진 술 때문에 립글로스 칠한 내 입술처럼 끈적끈적한 런던의 클럽 바닥 위에서 담배만 들지 않았을 뿐 엄마처럼 어깨 길이 머리에 나팔바지를 입고 새벽까지 춤을 췄다. 그러고는 알람 없이 일어나, 여행을 즐길 수 있는 삶을 꿈꾸며 심야버스를 타고 집으로 돌아왔다.

20대가 되자 엄마가 되지 못한다는 게 심각하게 걱정되기 시작했다. 나는 내 아이는 없을지 몰라도 미래에 남동생들이 가질 아이들에게 세상 최고의 고모가 되어주는 인생을 그려보기 시작했다. 그거면 됐다. 사이먼과 폴, 니키와 난 늘 사이가 좋았고, 동생들은 기꺼이 내가 자기 아이들과 삶을 함께할 수 있게 해줄 것이다. 아직 태어나지도 않은 조카들을 통해 모성적 갈망을 충족하고 만족하리라 생각했다. 시간이 갈수록 아이가 없을 수도 있다는 생각에 점점 더 서글퍼졌지만, 그래도 그 슬픔과 화해했다. 나는 "선물을 다 가질 수 있는 사람은 아무도 없다!"라고 생각하며 자랐고, 그래서 아기들을 내가 포기할 수밖에 없는 한 가지 선물이라고 생각하기로 했다.

신혼이었던 스물여덟 살 때 나는 아이를 가졌다. 그건 여러분이 상상할 법한 기적은 아니었다. 문제는 아이를 가지는 것이 아니었다. 임신 상태를 유지하는 것이었다. 한 달, 또 한 달이 지나고 배가 불러올수록 나는 반신반의하며 조심스레 지켜봤고, 그에 비례해서 두려움도 커져만 갔다. 이 임신의 끝은 분명 유산일 거라고 예상했다. 그 전에도, 또 그 후에도 많은 유산을 겪었다. 하지만 기쁘고 놀랍게도 나는 이 아기를 끝까지 품어냈다.

나는 임신 상태를 딱히 싫어하지는 않았지만, 그렇다고 불러오는 배를 흐뭇하게 소중히 감싸 안고 미친 듯이 정보를 수집하고 전문서적을 열렬히 탐독하면서 베이비 샤워를 열고 태반 스무디 파티를 계획하는 그런 사람도 아니었다. 난 그 중간쯤 되는 사람이었다. 아기를 가진 게 행복하면서도 약간 두려웠고 집세를 내려고 두 배로 열심히 일하면서 모든 것이 순리대로 되리라고 굳게 믿었다. 생각해보면 인류가 시작된 이래 온 세상 수백만 명의 여자들이 아이를 낳아왔는데, 힘들어봤자 얼마나 힘들겠는가?

그 생각을 하니 웃음이 났다.

몰라도 너무 몰랐다.

눈 내리는 1월, 모든 난관을 이겨내고 조시가 별똥별처럼 내 세상 안으로 돌진해 들어와 내 마음의 벽을 무너뜨리고 내 인생 계획을 산산조각 냈다. 솔직히 말해서 정말 충격이었다! 지금 생각하면 준비할 시간이 9개월이나 있었지만, 그때는 결국 아기를 낳게 될 거라고 확실히 믿지 못했다. 하지만 놀랍게도 그런 일이 일어난 것이다.

이 조그만 아이가 세상으로 기어 올라온 것은 정말 기적이었다. 기어 올라왔다고 한 것은 문자 그대로 사실이다. 제왕절개로 태어난 조시는 팔을 내밀고 머리를 들어 올려가며 내 몸 안에서 넓은 세상 밖으로 서둘러 나왔기 때문이다. 조시를 받은 의사 선생님은 아이를 들어 올리며 말했다. "녀석이 모험하고 싶어서 마음이 급한가보네요!"

나도, 의료진도 모두 웃음을 터뜨렸다.

우리는 조시가 무사히 태어난 안도감에 웃었고, 조시의 익살스러운 행동이 웃겨서 웃었다. 나는 내 운명을 용케 피했기 때문에 웃었다. 엄마가 될 수 없다고 했던 내가 아이를 낳았다. 세상 최고의 선물인 내 아들을. 두려웠다. 이 조그만 아이를 내가 책임져야 한다는 사실이 초현실적으로 느껴졌다. 내가? 기니피그 하나도 제대로 못 돌볼 거라고 부모님이 이야기했던 내가? 기니피그를 사달라고 했다가 거절당하고 20년이 지난 후, 부모님 말씀이 맞았을지도 모른다는 걱정이 슬슬 들기 시작했다. 자신감이 떨어진 나는 기니피그도 돌볼 수 없을 것 같았다. 하물며 아기라니! 무엇을 해야 할지 감조차 잡히지 않았다. 늘 원하던 것을 드디어 손에 넣었는데 실제로 그걸 제대로 다룰 능력이 없을지도 모른다는 사실을 깨달으면, 다들 이런 기분일 것이다.

출산을 치르고 나자, 정신이 하나도 없었다. 기운도 하나도 없고 온몸이 쑤셨다. 뼈는 흐물흐물해진 것 같고, 피부는 당기고, 가슴에는 추라도 달아놓은 것 같았다. 그 시기 내 짧은 결혼생활은 급속도로 끝을 향해 치닫고 있었지만, 내 머릿속에는 잠을 자고 뜨거운 목욕을 하고 싶은 바람밖에 없었다. 나는 갓 태어난 조시를 품에 안고 간호사에게 머뭇거리며 물었다. "얘는 언제쯤 잠이 들까요?" 아기가 졸아야 내게도 그렇게 할 기회가 생길 테니 말이다. 애가 깨어 있는데 잠을 잘 수는 없었다. 자신이 새로 도착한 행성을 처음으로 보는 아기의 모습을 절대 놓치고 싶지 않았다. 게다가 혹시 질문이 있을 수도 있지 않은가.

"아, 금세 졸릴 거예요!" 간호사가 크게 웃었다. "오늘은 아기한테도 아주 힘든 날이었거든요. 굉장히 피곤할 거예요."

그렇고 말고요, 파멜라 간호사님….

안심한 나는 포대기에 싸여 눈을 깜박이며 나를 쳐다보는 아기를 무릎에 올려놓은 채 삐걱거리는 침대 위 베개에 기대앉았다. 물론 아기는 세상에서 제일 예뻤다. 단추같이 조그만 코와 샘이 날 정도로 예쁜 속눈썹에 둘러싸인 크고 파란 눈을 가진 경이로운 존재였다. 윗입술은 큐피드의 완벽한 활 같았고, 조그만 주먹을 턱 아래 괸 채 천사 같은 모습을 하고 있었다. 나는 홀딱 반해버렸다. 조금 두렵기도 했지만 완전히 반했다. 이 새로운 인간을 바라보는 것보다 더 멋진 일은 내 인생에 절대 없을 거라는 확신이 들었다.

"생일 축하해, 아가야⋯." 나는 다정하게 말했다. "사랑해. 너를 만나서 너무 기쁘구나. 난 네 엄마, 맨디이고, 오늘이 네 인생 첫날이야⋯ 넌 아주 근사한 일들을 하게 될 거야⋯. 아주 많이⋯."

내 잡담거리는 곧 떨어졌지만, 아이는 여섯 시간, 그렇다, 여섯 시간이 지나서야 겨우 잠이 들었다.

조시는 내가 기대한 일들을 아무것도 하지 않았다.

그때 나는 이 아이가 자기만의 길을 개척해나가리라는 걸 알았던 것 같다. 솔직히 말해서 그 가능성에 나는 흥분했고 그만큼 두려웠다.

나는 아기를 바라보며 온갖 좋은 것들을 빌었다. 건강, 행복, 그리고 고백하지만, 성공도. 내 인생은 힘들었고, 그 시절 내가 생각한 성공은 멋진 직업과 행복한 집, 그 안을 채우는 온갖 근사한 물건들이었다. 아들에게 물질적인 행복을 빌어줬던 것을 생각하면 지금은 헛웃음이 난다. 웃고 있어도 눈물이 난다. 아, 지난 세월 동안 내 소원은 얼마나 달라졌는지.

우린 사랑하는 나의 할아버지 이름을 따서 아이 이름을 조사이어라고 지었고, 즉시 조시라고 줄여 부르기 시작했다.

내 결혼은 정말로 바닥을 쳤고, 엉망진창이 된 결혼생활에서 겨우 빠져나온 나는 아장아장 걷는 아이를 키우는 한 부모가 되었다. 신이 주신 모든 시간을 일했고, 때로는 사무실 청소와 식당종업원 일을 포함한 서너 가지 직업을 한꺼번에 가졌다. 열심히 일하면 뭐든 이룰 수 있다는 모범을 보여준 부모님을 본받아서 내 아이에게도 최선을 다해 최고의 모범을 보여주겠다고 결심했다. 먼 곳으로 이사 간 남편 대신에 부모님이 육아를 도와주셨고, 매일 조시를 두고 일하러 나갈 때마다 죄의식에 시달리던 나는 아이와 같이 있을 때면 필사적으로 최선을 다해 놀아줬다. 대부분의 일하는 부모들이 그렇겠지만, 저녁 시간과 주말, 휴일에 함께 있는 시간을 최대한 활용했다. 공원에서 벌레를 잡고, 모험을 하고, 소풍을 가고, 숲을 뛰어다니고, 영화들을 봤다. 사실은 함께 본 영화는 딱 한 편, 〈벅스 라이프〉였다. 20년이 지난 지금도 난 그 대사를 다 외운다.

우린 평범하고 소박하게 살았다.

행복한 삶이었다.

어린 시절 조시는 우주여행에서 거미에 이르기까지 세상만사에 호기심이 많았고, 그 다양한 지식에 대한 갈증은 내가 아는 정도로는 전혀 만족시켜줄 수가 없었다. 조시에게는 놀랍고도 매혹적인 통찰력이 있었다. 아이는 쉽게 지루해했고, 슬프지만 나는 먹고살기 위해 늘 일해야 했다. 그래서 나는 아이가 계속해서 머리와 손을 쓰게 만들 수 있는 독창적인 방법을 개발했다. 매일 '빨래집게 분류'를 하게 만드는 것이다. 이런 중요한 방법을 모른다고? 자, 이런 것이다. 다양한 색깔의 빨래집게를 사서 아이스크림 통과 함께 부엌 바닥에 쏟아붓는다. 그러고는 조시에게 나는 다른 집안일을 하느라 너무 바쁘니까 집게들을 색깔별로 좀 분류해줄 수 있겠냐고 도움을 요청한다. 이 간단한 일로 나는 30분 정도 시간을 벌 수 있었고, 그 정도 시간이면 온갖 이메일들을 처리하거나 설거지를 끝내고 부엌을 대충 한 번 정리하기에 충분했다. 아이는 바닥에 앉아 성실하게 빨래집게들을 색깔별로 정리했고, 아이스크림 통 안에 깔끔하게 정리한 집게들을 늘 자랑스럽게 보여줬다.

"와아! 조시, 정말 고맙구나. 덕분에 큰일을 덜었네!"

조시는 그렇게 도움이 되는 것을 늘 즐거워했다. 내 친구들과 식구들도 아주 멋진 아이디어라며 '빨래집게 분류' 일을 시작했다. 놀랍게도 그 작업은 매일 필요한 일이었다. 그놈의 빨래집게들이 어떻게 매일 밤 조시가 잠든 후 다시 뒤섞였는지 난 아직도 모르겠다….

조시는 똑똑해서 아주 어릴 때부터 나보다 한 수 위였다. 하루는 저녁 식사를 준비하고 있는데 조시가 비스킷을 달라고 했다. 나는 곧 저녁을 먹을 테니까 입맛을 버리면 안 된다고 했다. 조시는 아장아장 걸어갔다가 곧 다시 돌아와서 말했다. "엄마는 비스킷 안 먹고 싶어요?"

"응, 난 안 먹을 거야."

내가 어리둥절해하고 있으려니 조시가 말했다. "엄마는 비스킷이 있으면 늘 잘 나눠주니까 그러면 좋을 텐데."

지금도 그 생각을 하면 웃음이 난다.

조시는 거짓말을 못 했다. 그건 좋은 일 아니냐고 생각할지 모르겠다. 진실을 말하는 게 중요하다고 아이들에게 그렇게나 강조하니 말이다. 하지만 진실을 말하지 말길 바랐던 경우도 있었다. 우리 아파트 위층에 살던 할머니에게는 지금도 사과드리고 싶다. 한번은 조시와 내가 쓰레기장 옆에서 할머니를 만났는데 조시가 말했다. "엄마가 할머니 집이 어떻게 생겼는지 궁금하대요. 할머니가 죽고 나면 우리가 천장에 구멍을 내고 사다리를 타고 올라가서 2층을 가지게 될 거예요. 할머니 물건들은 싹 다 버려버리고."

"그렇게 말했어요, 맨디?" 당연히 그녀는 경악하며 대답했다.

"그게…." 나는 심호흡을 하고 아들이 보여준 정직한 모범을 따랐다. "맞아요. 하지만 조시가 말한 것처럼 그렇게 차가운 의도는 아니었어요…."

역설적이게도 우울증이 심해질수록 조시는 거짓말에 능란해졌다.

"별일 없니, 조시?"

"네, 다 좋아요…."

또한 어린 시절 조시는 우리 둘에 대해 매우 방어적이었다. 공원에서 친구의 남자친구를 만난 적이 있는데, 그때 일을 생각하면 아직도 몸 둘 바를 모르겠다. 그 친구가 별생각 없이 질문했다. "넌 주말에 뭐 하는 걸 좋아하니, 조시?"

조시는 그 사람 눈을 똑바로 보며 말했다. "전 엄마랑 우리끼리 노는 게 좋아요. 공원에서 우리 둘이서만 놀거나, 말 걸고 방해하는 사람 없이 둘이서 〈벅스 라이프〉를 보는 게 좋아요."

그 친구는 기분 상한 표정을 감추지 못했다! 주차장까지 그렇게 빨리 도망쳐본 적은 내 평생 처음이었다.

나는 런던 이스트엔드 지역의 대가족 틈에서 자랐다. 우리 집은 아이들이 왕인 집, 아이가 노래하거나 시를 낭송하거나 그날 있었던 자잘한 이야기를 하면 하던 일을 다 멈추고 들어주고 열화 같은 박수로 격려해주는 그런 집이었다. 모두가 조시를 예뻐한다는 점에서는 조시의 환경도 다르지 않았다. 지금도 그건 마찬가지다. 우리 할아버지, 할머니는 조시가 태어나던 날 '사내아이'에게 줄 웨스트햄 유나이티드 축구놀이 세트를 들고 가장 먼저 병원에 나타나셨다. 런던에서 사시다가 잉글랜드 남서부의 웨스트컨트리로 이사 가셨던 우리 부모님은 조시에게 홀딱 빠지셨고, 그 사랑은 지금도 여전하다. 조시가 막대 인간을 끼적끼적 그리면 액자에 넣어 걸었고, 부엌 찬장은 조시의 그림들로 온통 뒤덮였으며, 할아버지, 할머니 외에는 아무도 관심 없는 조시의 일화들은 전화를 통해 친구와 친척에게로, 어쩌다 방문한 운 없는 외판원에게 구구절절 전달되었다.

대가족의 일원이라는 게 든든한 안전망이라고 늘 생각했던 나는 조시가 두 살 때 부모님 집 근처로 이사 갔고, 덕분에 아이는 무럭무럭 잘 자랐다. 조시의 어휘력은 놀라울 정도로 풍부해서 학교에 들어가기도 전에 온갖 주제에 대해 술술 이야기를 했고, 그런 아이를 보며 나는 벅찬 자부심을 느꼈다. 이 아이는 똑똑했다, 아니 타고났다. 뭐든지 될 수 있었다! 솔직히 말하는데, 밤이면 조그만 우리 집 침대에 누워 어린 조시의 잠꼬대를 들으며 온갖 근사한 상상들을 하곤 했다. 죽도록 열심히 일해서 뭐든 조시가 행복해할 수 있는 일을 이루도록 매일매일 격려해주겠노라고 결심했다.

조시가 처음으로 안전한 가족의 품을 벗어나 어린이집에 가면서 상황은 달라졌다. 조시는 어린이집에 잘 적응하지 못했다. 나는 조시의 예리한 말하기 능력과 글쓰기 실력 사이에 차이가 있다는 것을 일찌감치 알아챘다. 주말 동안 콜센터에서 일하고 퇴근해 그동안 뭘 하고 놀았냐고 질문했을 때, 그 차이를 그 어느 때보다 두드러지게 느낄 수 있었다. 아이는 활기차고 열성적으로 이야기를 들려줬다. "엄마! 보트를 탔는데, 내가 삼각돛 올리는 걸 도왔어요. 우리 배가 정말 빨리 달려서 다른 세 척을 따라잡았고, 내가 메달을 땄어요!"

멋진 이야기였다. 다음 월요일에 아이가 가져온 '소식' 기록장에는 비디를 딜리는 배가 거다랗고 조잡하게 그려져 있었고 몇 센티미터는 될 정도로 커다랗게 쓴 단어 두 개가 한 장을 가득 채우고 있었다. "보드 나." 조시에게 이게 뭐냐고 물었더니 조시가 말했다. "그건 '보트에 탄 나'라는 말이에요. 그게 내 소식이에요!" 아이는 화가 나고 실망한 표정이었다. 거의 울음을 터뜨릴 것 같았다. 머릿속에는 온갖 생각과 이미지가 들어 있는데 그걸 종이에 옮겨 적을 수 없다는 게 나로서는 상상하기 힘들었지만, 그래도 이해는 했다.

조시는 읽기와 쓰기를 믿을 수 없이 힘들어했다. 평생 책을 휴식처이자 친구, 선생님으로 생각해왔던 나로서는 이상한 일이었다. 조그만 녹색 카드 케이스에 든 도서관 출입증을 처음 받고 듀이의 십진분류법을 배웠던 날은 아직도 내 인생 최고의 날이다. 그 도서관 출입증과 내가 읽었던 모든 책이 내 인생을 바꿔놓았다. 나는 아이가 아직 굉장히 어리다는 걸 잊지 않았다. 사람들의 발달 속도는 다 다르다고, 아마도 조시에게는 아직 때가 안 왔을 뿐이라고 생각했다. 절대로 과도한 압박 같은 것은 주고 싶지 않았다. 조시가 책을 싫어하는 것은 아니었다. 책은 좋아했다. 아이가 잠들기 전에 나란히 누워서 레모니 스니켓의 『일련의 불운한 사건』을 함께 읽었던 시간은 가장 행복한 기억으로 남아 있다. 이런 책들은 내가 가장 아끼는 보물이다. 장마다 생생한 기억이 빼곡하게 들어차 있어서, 특정 장을 펼치기만 하면 내게 바싹 붙어 누워서 이야기에 열심히 귀를 기울이던 조시의 조그마한 몸이 느껴지는 것만 같다.

불행히도 그때 조시의 선생님 생각은 달랐다. 그녀는 조시가 '집중'하게 하고 '수없이 질문을 퍼부어대지 못하게' 하겠다고 조시에게 다른 학생들과 등지고 앉으라고 명령했다. 나는 그 방법을 듣고 기함했지만 교육 체계에 대해 아는 바가 없었다. 선생님을 믿어야 한다고 생각했다. 그 선생님은 존경받았고, 많은 학부모들이 실력 있다고 격찬하는 사람이었다. 그분은 전문가였다. 그런 줄 알았다.

지금은 후회한다. 어려움을 겪고 있을지도 모르는 아이를 고립시키는 건 최악의 방법이라고 말하는 본능의 목소리를 들었어야 했다. 나는 조시를 돕고 격려해줄 최고의 방법을 알고 싶었고, 확실한 진단을 받는 게 조시에게 맞는 학습방법을 찾을 수 있는 출발점이 되어주리라 생각했다. 그래서 조시를 데리고 여러 전문가를 만나봤고, 그 과정에서 난독증이니 통합운동장애니 하는 수많은 진단을 받았다. 인터넷을 뒤져 갖가지 정의와 개념, 설명을 조사하고 읽어봤지만, 남은 것이라고는 전보다 더한 혼란뿐이었다. 조시의 행동 범위는 온갖 수많은 병증에 다 걸쳐져 있는 것 같았다. 나는 조시가 자폐증일지도 모른다고 생각했지만, 전문가들은 그 가능성을 배제했다. 한 선생님은 말했다. "아뇨, 조사이어는 자폐가 아니에요. 그냥 좀 복잡한 것뿐입니다…." 이게 내가 아는 바다.

조시의 정신건강이 나빠진 것은 어린 시절 교실에서 시작되었다고 본다. 슬프게도 이런 일은 드물지 않다. 「인디펜던트」지에 실린 최근 국민의료보험National Health Service(NHS) 보고서에 따르면 "한 반에 있는 학생 서른 명 중 넷은 행복에 영향을 미치는 우울증이나 불안증, 과잉행동장애 같은 정서장애 문제를 겪고 있으리라 예상된다."[6]

이는 영국만의 문제가 아니다. 미국에서는 "미국 어린이와 10대 청소년 스무 명 중 하나 이상이 불안과 우울증에 시달리고 있다"[7]고 보고된다. 대서양 양안의 이 숫자들은 심각하게 생각해봐야 하는 끔찍한 일이다. 내겐 그 숫자 뒤에 있는 아이들, 내 아들처럼 바로 지금 고통을 겪고 있는 아이들의 얼굴이 저절로 떠오른다.

조시는 친구 사귀기를 힘들어했고, 여럿보다는 한두 명 정도와 어울리기를 좋아했다. 여럿이 있을 때의 소음과 복잡한 상호작용을 좀 버거워했던 것 같다. 아이들이 조시와 같이 앉지 않거나 심지어 상대도 하지 않았던 것은 놀라운 일도 아니었다. 운동하거나 놀 때 조시는 눈에 띄게 고립됐다. 교실에서 친해진 아이들끼리 놀이터에서 신나게 놀고 있을 때 몇몇 아이가 조시를 피하는 걸 직접 본 적이 있다. 가슴이 찢어지는 것 같았다. 지금도 그때 생각만 하면 너무 가슴이 아프다. 조시는 지금과 마찬가지로 그때도 투철한 정의 개념을 가진 착하고 친절한 아이였다. 또래 아이들의 부당한 대우는 조시가 도무지 이해하기 힘든 일이었다. 어떤 아이가 조시에게 아주 끔찍한 소리를 하다 들킨 일이 있었다. 원장 선생님이 나서서 두 아이를 다 원장실로 소환했다. 조시에게 그 친구를 처벌했으면 좋겠냐고 물었더니 조시는 고개를 젓고 이렇게 말했다고 했다. "아뇨, 전 그저 이런 일이 더 이상 없었으면 좋겠어요. 모두 착하게 지낼 수 있으면 좋겠어요." 원장 선생님은 그 가해자는 벌을 받지 않게 되어서 그저 좋아했을 뿐, 반성하는 기색이라고는 전혀 없었다고 했다. 그리고 지금까지도 내가 기억하는 말씀을 해주셨다. "제 눈엔 이 아이들이 어떤 어른이 될지가 보여요. 조시는 아주 훌륭한 시민이 될 거예요. 정말 자랑스러우시겠어요…."

선생님 말씀이 맞았다. 조시는 그런 시민이고, 그런 조시가 자랑스럽다. 하지만 선생님이 지지해줬다고 해서 어린이집 생활이 행복해졌다거나 하는 일은 없었다. 내 인생에서 사무치게 후회되는 일은 세 살 때 또래들 사이에서 그렇게 확고하게 낙인이 찍혔는데도 조시를 그 어린이집에 계속 둔 것이다.

세 살이라니… 정말이지 그냥 아기 아닌가.

지금 생각해보면 열여덟 살에 학교를 떠날 때까지 조시는 평생 자신에게 찍힌 낙인 아래에서 움츠리거나 숨으며 학교생활을 했던 것 같다. 사람들은 조시에게 못되게 굴었고 조시를 실망시켰다. 더 단호하게 행동하지 못한 내게도 책임이 있다. 방문해봤던 다른 학교로 옮겨야 한다고 용기 있게 말하지 않고 아이에게 결정을 맡겼기 때문이다. 내가 고삐를 쥐고 주장했어야 했다. 다른 일들이 자기 뜻대로 되지 않으니 이렇게라도 자율성을 주는 것이 중요하다고 생각했지만, 나도 조시를 힘들게 한 사람이었다는 것을 지금은 알겠다. 그때 조시에게는 전학에 대한 두려움이 전학으로 얻는 득보다 커 보였을 것이다. 조시의 우울증에 대해 내가 느끼는 죄의식의 대부분은 어린 조시를 그런 선생님 밑에 뒀다는 데 있다. 그 선생님이 나를 앉혀놓고 조시는 아마도 영영 자기 이름 하나 제대로 못 쓸 거라고 말했던 날이 선명하게 기억난다. 정말이지 떠올리기조차 힘들다. 오전에 반차를 내고 모임에 참석했던 나는 업무 걱정에 조바심을 쳤고 혼란에 휩싸여 눈물을 흘리며 집으로 걸어왔다. 지금 내가 뭘 하고 있는 거지? 어디에다 도움을 청해야 할까? 자기 이름도 못 쓰는 조시 같은 아이의 인생은 어떤 걸까?

선생님이 보여준 그림은 내가 아이를 위해 그려보았던 인생과 천지 차이로 달랐다. 세상 최고의 변호사/의사/시인/화가 같은 것은 잊어버리자. 이제 나는 나중에 조시가 서류를 작성하거나 서명을 해야 하는 날이 오디면 방법을 놀라서 어쩔 줄 몰라 하며 괴로워하는 일은 없게 해주겠다고 결연히 결심했다.

결국 조시는 선생님이 늘렸다는 것을 증명했다. 사실 우리 모두가 틀렸다고 증명했다. 세상에, 심지어 책 반 권을 써내지 않았나! 조시는 엄청난 기억력과 확고한 의견, 매력으로 난독증을 효과적으로 극복했고, 예의와 날카로운 유머 감각, 호기심을 칭찬하는 탁월한 생활기록부와 높은 성적이 이를 증명했다.

자, 조시의 학교생활 이야기는 이게 거의 다다. 깜짝 성공 이야기랄까. 그러다가 어느 훌륭한 선생님—아니, 위대한 선생님이고, 사실 천사였다. P 박사님이라고 칭하겠다—이 조시가 열한 살 때 생물학에 재능이 있다는 말을 했다. 조시가 원한다면 최고 학위까지 공부할 수 있을 거라고 했다.

그 말이 조시의 마음속 뭔가를 건드렸다. 그런 모습은 처음이었다. 조시는 과학과 함께하는 미래에 흥분했다. 수업을 들을 때마다 마치 이미 잘 알고 있어서 막 이해가 되는 느낌이라고 내게 설명했다. 이후 몇 년 동안 조시는 생물학과 그 비슷한 주제에 관한 것이라면 다큐멘터리든 책이든 뭐든 가리지 않고 집어삼켰다. 조시는 여덟 살 때 이미 『그레이의 해부학』을 사달라고 해서 그 책을 몽땅 다 외운 바 있다. 아주 어린 나이였는데도 인체와 인체가 작동하는 방식, 왜 문제가 생기는지에 대해 자신 있게 이야기할 수 있었다. P 박사님은 조시가 늘 수업영역을 넘어서는 질문들을 하며, 그중에는 생물학에 필요한 통찰과 타고난 호기심을 담은, 대학교 수준이어야 던질 만한 질문들도 있다고 했다. 역설적이지만, 조시는 물질적 존재에 대해서는 속속들이 다 알았지만, 인간 정신이 작동하는 방식은 훨씬 이해하기 힘들어했다.

P 박사님은 처음으로 조시에게 어깨를 당당히 펴고 턱을 치켜들고 걸을 이유를 주셨다. 그녀는 조시에게 뭔가 이룰 수 있다는 믿음을 준 위대한, 정말로 위대한 선생님이었다. P 박사님만 생각하면 늘 울컥하고 목이 멘다. P 박사님이 조시에게 준 그 조그만 자신감은 마법 같은 힘을 발휘했다. 조시는 점점 더 대화에 참여하기 시작했다. 더 오래 웃었고, 자신감 있게 걸었고, 주위 사람들을 전염시키는 새로운 긍정적 에너지를 발산했다. P 박사님은 학교에서 처음으로 조시에게 자존감을 심어준 사람이었다. 그리고 무엇보다 조시에게 희망을 주었다. 나는 그분에게 평생을 걸쳐도 갚을 수 없는 빚을 졌고, 덕분에 우리 인생이 얼마나 달라졌는지 그분이 아셨으면 좋겠다.

조시는 집에 있거나 나와 같이 있을 때는 사물에 대한 코믹한 시각을 거침없이 재미있게 표현했지만, 쾌활하거나 농담을 잘하거나 광대처럼 발랄한 아이는 아니었다. 오히려 그 반대였다. 아주 어렸을 때부터 조시는 매일 사타구니, 무릎, 손목, 팔꿈치, 목이 아프다고 불평했다. 하도 오만 데가 아프다고 불평하기에 처음에는 학교에 가지 않으려고 평계를 대는 게 아닐까 의심했지만, 점점 자라면서 누가 봐도 그런 게 아니라는 것이 분명해졌다. 조시의 부자연스러운 동작과 찡그린 얼굴을 보면 부실한 골반 때문에 수술과 치료를 반복하던 내 어린 시절이 생각났다. "선천적 결함"이라는 애매모호한 진단을 받았던 나는 매일 잠에서 깰 때마다 불타거나 찌르는 듯이 아픈 관절 때문에 고생했다. 조시도 아침을 특히 힘들어했다. 노인처럼 찡그린 얼굴을 하고 뻣뻣한 다리로 천천히 계단을 내려오던 조시가 아직도 눈에 선하다. 조시는 조금만 활동을 해도 관절이 너무 아파서 운동하기가 힘들다고 했다. 내가 해줄 수 있는 치료법이라고는 뜨거운 목욕과 파스, 진통제를 권하고 소파에서 휴식을 취하게 하는 일밖에 없었다. 어떻게 해야 좋을지 몰랐다. 증상이 너무 애매하고 오락가락했다.

"어디가 아프니, 조시?"

"몽땅 다 아파요."

"그래도 어디가 제일 아파?"

"온몸이 다요."

조시를 일반 의사에게 데려갔지만, 아픈 곳이 너무 많다 보니 의사도 나만큼이나 어리둥절해하며 아마도 성장통일 거라고 말했다. 그 말에 나는 적어도 더 자라면 괜찮아지겠지 생각하며 약간 안심했다. 하지만 그건 금방 일어날 수 있는 일은 아니었다. 또 다른 돌덩어리가 조시의 성장을 막고 있는 기분이었다.

돌이켜 보면 어린 시절에 조시는 늘 약간 슬퍼 보였다. 어린이집에 다녔던 시기 이후로 늘 그랬다. 언제나 자세가 구부정했고 내성적이고 자신감이 부족했으며 새로운 것을 시도하거나 함께 하는 일을 주저했다. 나는 즉석노래자랑이건 사무실에 생활기록부를 갖다주는 일이건 뭐든지 간에 늘 손을 들고 자원하는 아이였다. 천장을 향해 손을 번쩍 치켜들고 의자에서 뛰어오를 듯이 "저요! 저요! 저 뽑아줘요!" 하고 외치는 아이였다. 조시는 완전히 반대였다. 엘리베이터를 타거나 낯선 사람과 대화해야 할 때면 역력히 긴장했다.

"판매대에 가서 음료수 하나 가져올래?"
"싫은데. 엄마가 가면 안 돼요?"

"버스 운전사 아저씨에게 돈 드려야지."
"전 못해요. 못하겠어요. 엄마가 해요."

"생일파티에 초대받았네."
"꼭 가야 하는 건 아니죠?"

이제는 이런 것들이 불안증 때문이라는 것을 알지만, 그 당시에는 그냥 수줍은 성격이어서 그러는 거라고 생각했다. 극복할 수 있고 분명히 극복할 문제라고 생각했다. 조시는 아무 데도 가고 싶어 하지 않기 시작했다. 나는 긴 근무 시간 짬짬이 뭘 하면 아주 잠깐이라도 조시의 기분이 좋아질 수 있을까 생각했고 조시의 우울한 기분을 풀어주려고 애썼다. 온갖 제안을 다 해봤다. 친구를 초대해서 차를 마실까? 파티를 여는 건 어때? 약속 잡아서 애들이랑 놀까? 산책하러 가자! 동물원! 영화관! 소풍! 책 읽을까? 바닷가에 가는 거 어때? 할아버지랑 할머니 보러 갈까? '토이저러스'에 들를까?
토이저러스. 그 이름을 쓰는 것만으로도 식은땀이 난다. 조시를 조금이라도 기쁘게 해주겠답시고 조시는 좋아하지도 않고 내게는 부담스러운 가격의 곧 부서질 것 같은 플라스틱 쪼가리들을 고르며 그 동굴 같은 매장을 어슬렁거리느라 엄청난 시간을 낭비했다. 지금 생각해보면, 나는 상황을 개선할 방법을 몰랐을 뿐 아니라 무엇을 해결해야 하는지조차 몰랐다. 그저 분주하기만 한 바보였다. 다 잘되게 해보겠다는 바람만 가지고 감정에 휘몰려 허둥거리다 기진맥진한 바보였다. 나는 방법을 몰랐다.

지나고 나서 보니, 그때 내 행동과 최근 내 행동이 비교가 된다. 조시가 태어난 날부터 조시가 행복하기만을 바랐지만, 나는 마치 컬링 종목의 스위퍼처럼 앞길을 매끄럽게 해주려고 모든 장애물을 치우려고만 했고 그렇게 하는 게 옳다고 믿었다. 조시의 상태가 그저 한 번의 즐거운 외출, 맛있는 저녁 식사, 영화 관람으로 나아지지 않고 나아질 수도 없다는 것을 이해하지 못했다. 그 순진함에 지금은 웃음이 난다.

내 행동이 다 부질없었다고는 생각하지 않는다. 가끔은 조그만 성공을 거두어 조시에게 필요한 휴식이 되어준 적도 있었다. 장기적 해결에는 도움이 되지 않아도 잠시나마 등의 통증을 달래줘서 기분전환을 시켜주는 따뜻한 목욕처럼. 하지만 이런 조그만 보살핌이 필요하기는 해도, 그게 생애 대부분 시간을 불행한 기분으로 살아온 아들을 근본적으로 바꿔놓을 수는 없다는 것을 이제는 잘 안다. 나는 조시가 진정으로 행복해질 수 있는 날을 기다리고 있었다! 조시가 이번 학년만 마치면… 휴가를 가면… 크리스마스가 되면… 자전거를 탈 수 있게 되면… 열 살… 열세 살… 열여섯 살… 열여덟 살이 되면… 시험에 합격하면… 팀을 이루면… 대학에 가면… 그렇게 될 거라고 생각했다. 지금도 마찬가지다.

조시의 반 아이들이 이런저런 조그만 무리를 지어 운동장에서 뛰어노는 모습을 보면서 조시가 거기 들어가는 암호를 안다면 얼마나 좋을까 생각했지만, 조시는 방법을 몰랐고 나는 도와줄 수가 없었다. 가끔 간신히 짬이 나서 조시를 데리러 학교에 갔다가 서로 친해 보이는 부모들과 돌보미들이 대화를 나누며 친목을 다지고 있는 모습을 보면 마음이 힘들었다.

"이번 주 축구 정말 재미있었어요!"

"정말요. 수영은 이번에 누가 데리러 갈 차례죠?"

"저예요. 다들 소풍 가는 거 맞죠?"

엄마들 무리에 끼고 싶어 애쓰면서 내가 느낀 고립감과 어색함은 조시가 매일 느끼는 감정에 비하면 새 발의 피에 불과했다. 그러면 또 가슴이 미어졌다. 난 이런 만남들이 쌓아 올린 죄책감의 벽을 매일 아침 출근할 때마다 뛰어넘어야 했다. 의문이 생기기 시작했다. 일을 그만두면 조시의 삶이 더 행복해지고 쉬워질까? 그러면 즉시 다른 의문들이 생겨났다. 내 인생은 어쩔 거며, 우린 뭘 먹고 살지? 난 여전히 조시에게 최고의 모범이 되고 싶었다.

조시의 행동에서 이상 신호들이 보이고 그게 반복되는 모습을 보면 괴로웠지만, 솔직히 이 문제를 누구와 논의해야 할지, 어떻게 도와야 할지 알 수가 없었다. 남동생들은 조시는 좋은 아이니 괜찮을 거라고 했고, 조우시 이모는 너무 똑똑하거나 남들과 좀 다른 아이는 사는 게 힘든 법이라고 했고, 할아버지 할머니는 내 걱정을 완전히 귓등으로 들으며 걱정하지 말라고만 했다. 의사에게도 조시가 좀 걱정된다고 지나가는 소리처럼 말해본 적이 있었다.

"제가 너무 오래 일해야 하니 죄책감이 들어요. 하지만 생활이 빠듯하니 다른 방법이 없네요. 그런데 애는 매일 여기저기가 다 아프다 그러고. 게다가 내성적이고 서툴고 불안해요…." 나는 말을 잇지 못했다.

"아, 뭐 사람들이 다 똑같을 수는 없으니까요." 의사는 무기력하게 대답했다. 별 도움이 되지 않는 그 말을 들은 순간, 그래서 내 아이가 학교생활을 더 수월하게 할 수 있다면 세상 사람들이 다 똑같으면 좋겠다는 생각이 마음 한구석을 스쳐 지나갔지만, 그런 말은 하지 않았다. 다른 아이들과 우르르 무리 지어 공을 차고 웃는 조시의 모습을 볼 수 있다면 뭐든 할 수 있을 것 같았다.

당연히 가장 먼저 속을 터놓고 이 문제에 대해 이야기한 사람은 늘 무조건적으로 사랑해주시고 지지해주시는 부모님이었다. 하지만 조시에게 콩깍지가 씐 부모님은 어떤 문제건 객관적으로 보지 못하셨다.

"조시는 굉장한 아이야. 괜찮을 거야. 네 불안을 아이에게 전가할 필요는 없어. 괜찮을 거야, 맨디. 두고 보렴…."

그 말이 어느 정도는 옳다는 것을 알고 있었다. 내 불안을 아이에게 전가할 생각은 조금도 없었다. 내 걱정을 알게 되면 조시의 걱정만 더 늘어나거나, 최악의 경우 조시의 불안을 정당화시킬 수도 있으니 말이다. 그래서 나는 조시에게도, 스스로에게도 다 잘될 거라고 열심히 말했다. 정말 간절하게 믿고 싶었다. 조시는 아직 너무 어렸다. 난 결국에는 다 괜찮아질 거라고, 우린 함께 싸우며 헤쳐 나갈 거라고 굳게 믿었다.

4장

조시

그래, 조시, 뭐가 문제니?

"상대와 속도를 맞추지 않는 사람은 어쩌면 다른 북소리를 듣고 있을 지 모른다. 그게 어떤 박자건, 얼마나 멀리서 들려오건, 자기 귀에 들 리는 음악 소리에 발맞춰 걷게 하라."

헨리 데이비드 소로

대부분의 사람들과 마찬가지로 나도 유아기 시절 기억은 흐릿하다. 아기 때 런던과 그 근교에서 살았다는 것은 알고 있지만, 실제 기억은 두 살 때 이사 온 브리스톨에 대한 것뿐이다. 나는 이 도시를 늘 사랑했다. 여기가 내 고향이다.

실제로 내 최초의 기억인지, 들은 이야기와 사진을 엮어 만들어 낸 기억인지는 모르겠지만, 브리스톨 클리프턴의 어느 길을 걸어가던 기억이 있다. 아기끈을 매고 있고 바닥이 굉장히 가까웠던 걸로 봐서 분명 아주 어린 나이였을 것이다. 어른으로서는 상상하기 힘든 높이니까.

어디로 가고 있었는지는 모른다. 아기끈을 잡고 있는 사람이 누군지는 모르지만, 뛰어가고 싶은데 고삐가 당겨지는 바람에 그게 내 안전을 위한 행동인지도 모른 채 좌절했던 기억이 생생하다.

그건 살아오면서 내내 익숙해진 감정이다.

뛰고 싶지만 제자리에 묶여 꼼짝 못 하는 좌절감은 사실 늘 변함없이 존재했다. 나이가 들면서 조금 나아지긴 했지만, 심지어 지금도 좁거나 사람 많은 장소에 억지로 앉아 있거나 지루함이 밀려들기 시작하면 뛰쳐나가고 싶은 마음이 굴뚝같다. 학창 시절이 제일 심했다. 학교는 나와 맞지 않았다. 나는 바깥세상을 염원하는 죄수처럼 창밖을 물끄러미 바라보면서 머릿속으로 분 단위로 시간이 가기를 손꼽았다. 엄마는 내 바지 속에 개미가 있어서라고 말하곤 했지만, 그게 사실이라면 개미는 내 머릿속에도 있었다. 녀석들이 이리저리 돌아다니는 통에 거의 집중을 할 수가 없었다.

나를 낳았을 때 이야기를 너무나 기뻐하며 들려주는 엄마를 보면, 태어나기 전의 시간, 무無의 상태에 대해 가끔 생각한다는 이야기를 차마 할 수가 없다. 완전히 의식이 존재하지 않는 상태라는 개념이 얼마나 매혹적인지, 지난 몇 년 동안 얼마나 그 상태로 돌아가기를 염원했는지 감히 말할 수가 없다.

엄마는 엄마가 된 게 너무 행복하다고, 나와 같이 있는 게 너무 행복하다고 하지만, 엄마가 말하는 행복을 난 평생 느껴본 적이 없다. 전에는 내가 행복을 못 느끼는 거라고, 다른 사람들은 그렇게 술술 묘사하는 상태의 존재를 심지어 믿지 못하고 있다고 생각했다. 지금은 그렇게 확신하지 않는다. 이제는 얼핏 행복이 보인다. 그 시작이 느껴진다. 그래서 희망이 생긴다.

어린 시절에 나는 다른 아이들을 사로잡는 온갖 자질구레한 것들을 이해하지 못했다. 손에 손을 잡고 낄낄대며 운동장을 뛰어다니는 아이들을 보면서 저 애들은 인생이라는 게 얼마나 심각한 것인지 왜 모르는 걸까 생각하곤 했다. 나는 대부분의 시간 동안 허공을 쳐다보며 우리는 왜 여기 있으며 어떻게 여기 왔을까 고민했다. 물론 점토나 플라스틱 공룡—나도 공룡을 아주 많이 좋아하긴 하지만—보다 더 큰 문제들을 걱정하는 아이는 나 말고도 분명 있었을 것이다.

다른 아이들이 홀딱 빠져 있는 것들이 내 눈에는 무의미해 보였다. 나는 축구에 왜 그토록 열광하는지 공감하지 못했다. 우주에 이해해야 할 신비로운 것들이 수두룩한데, 왜 조그만 흰 공을 따라 그렇게 열심히 달리는 걸까? 우리가 태양 주위를 돈다는 것은 무슨 뜻일까? 바람은 어떻게 만들어졌을까? 그 법칙들은 누가 다 만들었으며, 혹시 그 법칙들이 틀렸다면 어떻게 되는 걸까?

나는 우리에게 모음 발음을 반복해서 연습시키는 선생님 어깨 너머로 행성 포스터를 바라보며 이렇게 말하고 싶었다. 그만해요! 태양계 이야기나 해줘요! 행성들은 무엇으로 만들어진 거죠? 어떻게 거기까지 간 거예요? 토성을 둘러싼 고리들은 뭔가요? 화성에 생명체가 있어요?

인정하기 힘들지만, 어린이집과 초등학교에 다닐 때 나는 외국에서 와서 다른 언어를 말하는 기분이었다. 아무리 다른 아이들 무리에 끼고 싶어도 도무지 방법을 알 수가 없었다. 노력해봤지만 별소용이 없었다. 어느 순간 나는 더 이상 애쓰지 않았다. 이 자발적유배 상태가 내겐 더 잘 맞았다. 사람들은 나를 내버려뒀고, 그러자 약간 안도감 같은 게 들었다. 물론 그 안도감이 외로움을 달래주지는 않았지만.

초등학교 생활은 힘들고 끔찍했다. 초등학교의 거의 모든 것이 싫었다. 좋았던 날이 하루라도 있기나 했는지 생각도 안 난다. 아침마다 차에서 안 내려도 되면 얼마나 좋을까 생각하며 마지못해 꾸물꾸물 내렸고, 교실에 걸어 들어가 온종일 있지만 않아도 된다면 차 안에 있건, 엄마를 따라 직장에 가건 뭐든 다 할 수 있을 것 같았다. 벌을 받으러 가는 기분이었다. 한번은 시키는 것을 하려고 애쓰고 있는데 선생님이 내 얼굴에 얼굴을 바싹 붙이고 성질을 내며 소리소리 질렀다. "넌 왜 네 이름도 못 쓰니? 왜 못하냐고? 다른 애들은 다 하잖아!" 선생님이 반 아이들을 가리켰다.

심장이 쿵쿵 뛰었디. 까빌터신 섯만 같아 당황해서 속이 울렁거렸다. 굉장한 멍청이가 된 기분이었다. 거의 20년이 지난 지금도 그 느낌이 생생하게 기억난다. 나를 쳐다보고 있는, 하지만 나와는 다른 아이들이 이렇게 말하고 있는 것 같았다. 그래, 넌 왜 못하니, 조시? 뭐가 문제야?

선생님은 분노와 답답함을 대놓고 터뜨렸고, 그건 굴욕적이고 무서웠다. 그 날카로운 어조와 표정은 절대 잊을 수가 없다. 내 능력 부족을 어떤 식으로든 본인 문제로 생각했을 수도 있겠지만, 그래도 그건 끔찍하고 폭력적이며, 지금 보니 전적으로 잘못된 대상을 향한 분노였다. 어른이 되고 보니 그런 짓을 아이에게 한다는 것은 상상조차 할 수 없다. 사실 어른에게 한다는 것도 상상할 수 없다.

그때 내 유일한 작은 즐거움은 기술자인 할아버지를 도와 작업실에서 이런저런 물건들을 만들고 고치거나, 모닥불을 피우고 둘러앉아 있거나, 환경과학자인 피트 큰할아버지와 이야기하는 거였다. 피트 큰할아버지는 대양의 온도가 중요한 이유를 가르쳐줬다.

실용적인 기술과 지식을 가진 어른들은 계속 흥미로운 이야기를 해줬고, 나는 그분들이 아는 것들을 더 많이 알고 싶었다.

주말이면 무엇을 하고 있건 월요일이 다가온다는 두려움이 어김없이 검은 그림자를 길게 드리웠고, 최고의 주말도 예외는 아니었다. 엄마는 내 관심을 딴 데로 돌리려고 애썼지만, 일요일 밤이 다가올수록 학교로 돌아가야 한다는 생각이 머릿속에서 메트로놈처럼 점점 더 빠른 속도로 커다랗게 똑딱거렸다. 일곱 살 때 엄마가 아이팟을 사주면서 걱정거리를 잊는 데 도움이 될 거라고 했다. 음악은 언제든 내가 원하는 어디로든 데려가줄 수 있다고.

그 얇고 조그만 사각형 기계는 정말로 다른 세계로 가는 통로였다. 여전히 나는 자주 음악 세계 속으로 빠진다. 고릴라즈Gorillaz나 그린데이Green Day를 듣던 그 시절과는 달리 요즘은 몰그랩Mall Grab이나 데니스 설타Denis Sulta, 훨씬 더 시끄러운 음악들을 듣긴 하지만. 음악은 내 탈출구이고 다른 어떤 것보다 상상력에 불을 지펴준다.

최근에 다시 엄마에게 내가 얼마나 태어나기 전의 시간으로 돌아가고 싶었는지 설명하려 했지만, 엄마 얼굴에 슬픈 표정이 휙 스쳐 지나갔다. 엄마는 감추려고 애쓰지만 그 노력은 종종 성공하지 못한다.

얼마 전에, 종종 그랬던 것처럼 또 엄마가 자신이 이해할 수 있도록 설명해달라고, 도와달라고 하기에 나는 이렇게 말했다. "사는 게 너무 피곤해요. 한순간을 경험하고 그걸 처리하고 나면, 곧이어 또 다른 순간이 들이닥쳐서 또 처리를 해야 해요. 이렇게 끝도 없고 힘들고 가차 없는 순환이 죽을 때까지 영원히 계속되는 거잖아요. 제가 보기에 이렇게 난폭하게 의식 속으로 던져지기 전인 무한한 무無의 상태야말로 열반에 가장 가까운 상태 같아요."

엄마는 비명을 지르더니 중얼거렸다. "맙소사, 조시!"

우린 늘 이렇다. 엄마는 모든 걸 바로잡으려고 애쓰지만 방법을 모르고, 난 맞춰보려고 기를 쓰면서 파도처럼 계속 밀려오는 거슬리는 생각들을 처리하고 이 끝도 없는 탈진상태를 모면하려 노력한다.

생각해보면 늘 이런 식이었던 것 같다. 학교에서 힘들었던 날에는 내가 가지고 놀지도 않는 삽농사니 더미에 새 장난감 하나가 더해졌지만, 그건 아주 잠깐 기분전환을 해줬을 뿐 절대 해결책은 되지 못했다. 내 평생이 이런 식이었다는 것을 깨달으니 슬프고 당황스럽다. 아마도 나는 엄마가 지금쯤은 이해했을 것이라고, 그리고 이런 생각을 멈추거나 바꿀 방법을 내가 찾아냈을지도 모른다고 생각했던 것 같다. 솔직히 난 정말 기진맥진했기 때문이다.

5장

어맨다

세상은 네 것!

"그 토대가 쌓인 게 언제였는지, 어디였는지, 어떤 표정이나 말이었는지 정확히 집어낼 수는 없다. 너무 오래전의 일이다. 시작됐다는 것을 알았을 때 나는 이미 한가운데 와 있었다."

제인 오스틴

조시가 여덟 살 때 나는 사랑에 빠졌다.

짧은 결혼생활에서 깊은 상처를 입고 혼자 살기로 맹세한 내게 큐피드가 사랑의 화살을 겨누고 있었다니, 그건 그때도 지금도 여전히 놀랍다. 혹여 내가 연애 시장에 다시 뛰어들 생각이 있었다 하더라도, 사교생활이라고는 전무한 직장인 한 부모인 나는 사람을 만나기도 힘들었을뿐더러 온종일 일과 육아에 매여 있다 보니 그런 일에 쓸 시간도 없었다. 몇 년 동안 친구들은 "정말로, 정말로 괜찮은 남자!"가 있다며 내게 소개해주려고 했지만, 나는 그 호의를 늘 정중하게 거절했다. 혼자인 게 행복하고 연애 상대를 찾고 있지 않다는 내 말은 농담이 아니었다. 조시와 조시의 행복이 내겐 무엇보다 우선이었고, 거기에 다른 사람을 들여서 우리 가족의 역학을 바꿔놓고 싶지 않았다. 잘되건 안 되건 그런 일이 생길 테고,

솔직히 나는 그런 위험을 무릅쓰고 싶지 않았다.

그때나 지금이나 내 육아의 기본 원칙은 조시에게 해로울 수도 있을 결정은 절대 내리지 않으며, 당장 효과가 나타나지는 않는다 해도 언제나 우리 삶을 더 낫게 만들 일들만 하겠다고 약속하는 것이다. 예를 들어, 본업인 사무 일이건, 소득에 보탬이 되려고 주말과 야간에 부업으로 하는 콜센터와 세탁 일이건, 업무 시간이 길어지거나 늦게 끝날 때면 나는 조시에게 꼭 설명했다. 엄마는 조시를 내버려두는 게 아니라 우리가 안심하고 살 수 있도록 일하는 거라고, 조시가 엄마를 보고 싶은 만큼 엄마 또한 조시를 보고 싶어 한다고 말이다. 뭔가에 대해 "안 돼"라고 말할 때는 합당한 이유가 있어서였다. 그건 해로운 일이거나—"이 애프터셰이브 로션 마셔도 돼요?", 다음 경우처럼—"다음 목요일에 케네디우주센터에 가면 안 돼요?"—내게 그럴 여력이 없었기 때문이다. 게다가 거기는 너무 멀고 먼 곳 아닌가.

조시의 학교 친구 벤의 아버지이자 군인인 시므온은 학교 럭비 시합에서 만났다. 시므온은 친절하고 재미있고 견실한 사람이었고, 조시에 대해 질문하다가 우리도 한부모 가정이라는 사실을 알고도 당황하지 않아서 기분이 좋았다. 그게 자신감을 줬다.

시므온은 조시와 나를 한 묶음으로 대했다. 시므온과 함께 있으면 굉장히 행복했고, 그 사람이 내 아들을 대하는 방식이 마음에 들었다. 시므온은 서둘러 친해지려 하지 않았고, 속도를 조시에게 맡겼다. 좋은 일이건 나쁜 일이건 삶을 함께 나눌 사람이 있으니 좋았고, 내 결정이 말이 되는지 확인해줄 다른 어른이 옆에 있다는 건 근사한 일이었다. 게다가 할머니도 시므온을 마음에 들어 했다.

아마도 시므온이 제복 입은 군인이라는 사실이 어느 정도는 작용했을 것이다. 노년의 흐릿해진 정신에도 불구하고 할머니는 그 제복을 보고 전쟁 당시의 연인을 애틋하게 떠올렸던 것 같다…. 할머니의 찬성으로 충분했다.

나는 한 번 뛰어들어보기로 결심했다. 이 남자와 미래를 함께하고 싶었다. 결국 시므온과 벤이 우리 가족과 합쳐졌고 그때부터 일은 일사천리로 진행됐다. 내겐 갑자기 두 아들과 몇 년 동안이나 필요 없다고 생각했던 남편이 생겼다. 새로운 가족을 만들기 위해서는 힘든 일들도 이겨내야 한다는 것을 알고 있었지만, 시므온처럼 견실하고 똑똑한 남자가 조시 같은 아이에게 딱 필요한 사람이라는 생각도 없지 않았다. 조시의 아빠도 좋은 사람이고 조시에게 늘 관심을 가졌지만, 시므온은 분명 매일의 생활에 변화를 가져올 것이다.

그 무렵 조시를 몇 년 동안 계속 괴롭히던 고통에 드디어 진단이 내려졌다. 엘러스 단로스 증후군Elhers Danlos Syndrome이라는 병이었다. 듣도 보도 못한 병이어서, 마침내 병의 정체를 알았다고 기뻐해야 할지 그 병 때문에 생기는 증상을 읽고 슬퍼해야 할지 알수가 없었다. 이 병은 기본적으로 관절운동 과잉증을 특징으로 하는 결합조직장애로, 치료법은 없지만 관리는 가능하다. 유전일 수도 있지만 그냥 발병하기도 한다. 이 병의 증상 중에 자연 유산이 포함된 것을 보고는 나도 이 병이 아닐까 하는 생각이 들었다. 유산을 적어도 열 번은 했고, 정체를 알 수 없는 골반과 등의 통증으로 어린 시절 계속 수술을 받은 데다, 마구잡이로 구부려지는 이중 관절 손목과 손가락을 가지고 있으니까. 하지만 정식 진단을 받은 적은 아직 없다.

그 병에 대해 아는 것이 없었던 나는 조시가 진단을 받고 나서 한 달 남짓을 컴퓨터 앞에 붙어 앉아 온갖 극단적인 경우들을 읽으며 울다 지쳐 잠들곤 했다. 이 병은 고통 편차가 컸는데 조시의 경우는 중간 단계 정도로, 그 단계면 지나치게 늘어난 손목, 사타구니, 어깨, 허리 관절의 고통으로 잠을 이루지 못하기에 충분했다. 조시가 그렇게 괴로워하는 것도 당연하다. 분명 쉽지 않은 일이었고, 증상이 심한 날에는 아주 기본적인 일들조차 수행하기 힘들다. 예를 들어, 조시의 경우 운동을 하면 그다음 날은 움직이지도 못했고, 아프지 않은 편안한 자세로 자는 게 불가능해서 매일 밤잠을 설쳤다. 이건 그냥 고문이었다.

학창 시절 내내 시므온은 조시에게 여러 가지 운동을 시도해봐서 다음 날 가장 불편을 겪지 않으면서 할 수 있는 것들을 찾아보라고 격려했다. 조시는 그렇게 했다. 조시가 어떤 운동이나 활동을 열심히 해봤다가 다음 날 아침 일그러진 얼굴로 어기적거리며 천천히 계단을 내려오는 모습을 보면 가슴이 찢어졌다. 조시가 반 친구들과 어울리기 위해 노력하면서 난독증과 불안증, 게다가 이제는 힘든 엘러스 단로스 증후군까지 극복해야 한다는 것을 알면서도 손을 흔들며 학교에 보내는 게 얼마나 힘들었는지 모른다. 그냥 조시를 이불에 싸서 안전하게 집에 두고 싶은 마음이 굴뚝같았지만, 그런 식으로는 아이의 회복력을 키울 수 없다는 것을 잘 알고 있었다. 고백하지만, 정말 힘든 싸움이었다. 아이를 안전한 집에 편안히 있게 하고픈 엄마로서의 본능과 싸워야 하는 일이었다.

조시의 학교생활에 대해서는 걱정거리가 수두룩했지만, 다행히도 학업 능력은 걱정할 일이 아니었다. 최악을 대비하며 불안하게 출발했음에도 조시는 결국 몹시 유능한, 사실 명석한 학생으로 성장했다. 나는 부모님의 말씀을 슬쩍 빌려와 아주 어릴 때부터 조시에게 "정상은 네가 정하는 것"이라고 말했다. 난독증으로 아무리 힘들어도 조시 스스로 대처할 방법들을 알아보고 자기에게 맞는 방법을 찾아야 했다. 그리고 조시는 자기 힘으로 해냈다. 조시가 숙제를 하는 모습을 지켜보는 것이 힘들었다. 같은 학년인 벤은 비슷한 숙제를 순식간에 해치우고 신나게 플레이스테이션을 가지고 놀아서 상황에 도움이 되지 않았다. 물론 그것은 벤의 잘못이 아니지만, 그래도 그런 행동이 마치 조시의 무능력을 비추는 거울 같아서 어쩔 수 없이 긴장감이 흘렀다.

많은 밤 조시는 머릿속에서 재잘대는 단어들을 종이에 문장으로 옮겨 적으려고 끙끙대며 거의 울 것 같은 표정으로 책상에 앉아 있곤 했다. 오랜 시간이 걸리긴 했지만, 결국 조시는 서서히 읽고 쓰는 법을 정복했다. 지금도 철자법이 늘 맞는 것은 아니고 속도도 여전히 느리지만, 그래도 당연히 이름은 쓴다. 조시는 초능력 같은 놀라운 기억력을 가지고 있어서 다큐멘터리를 보거나 뭔가를 들으면 그 내용을 토씨 하나 틀리지 않고 반복할 수 있었고, 시험용으로 안성맞춤인 이 능력으로 시험들을 순조로이 치러냈다. 학교에서는 시험 때 답안을 대신 써줄 서기를 붙여주겠다고 했지만, 조시는 교육제도에 대한 불신이 컸던 데다 사람들이 자기 말이나 생각을 정확하게 해석할 거라고 믿지 않았기 때문에 시험 시간을 조금 더 받고 거의 읽기 힘든 자기 글씨로 직접 답안지를 쓰는 쪽을 택했다.

조시는 사실들이 머릿속에 확실히 들어 있다고 자신했기 때문에 글을 수정하는 일이 거의 없었다. 학년이 올라가면서 주관식 서술보다는 수행 평가를 위주로 하는, 본인 학습 방식에 맞는 과목들을 선택할 수 있게 되자, 조시는 그야말로 날아다녔다. 조시는 교과서의 글을 낭독한 녹음을 듣고 강연을 보는 식으로 자신에게 맞는 방법을 이용해서 계속 공부했고 그 내용을 기억했다. 총명함은 모든 의미에서 소시의 한 가지 큰 장점이었다. 조시 또한 이런 능력을 자랑스럽게 여겼고 난독증이 절대로 성공에 걸림돌이 되게 하지 않겠다고 다짐했다. 얼마나 안심이 되었는지 모른다. 그런 결연함이라면 뭐든지 할 수 있을 것 같았다. 함께 소파에 앉아서 난독증에도 불구하고 탁월한 능력을 보인 사람들, 자격 조건을 갖추지 못해도 기꺼이 위험을 무릅쓴 사람들, 심지어 병이 세상을 다른 시각에서 바라보도록 해주는 선물로 여긴 사람들을 찾아봤던 기억이 난다.

조시는 과학 과목들에서 두각을 보였고 특히 생물학을 사랑했다. 성적표는 늘 똑같았다. 객관식 시험을 칠 수 있는 과목들에서는 최고 성적을 받았고, 긴 주관식 답안을 써야 하거나 책을 읽어야 하는 과목들 성적은 그다지 좋지 못했다. 물론 어느 정도는 난독증 탓이기도 했지만, 조시가 좋아하고 적극적으로 공부하고 싶은 과목들에만 관심과 시간을 쏟았기 때문이기도 하다. 우리도 상관하지 않았다. 조시가 모든 과목을 다 잘하기를 바라지도 않았고, 다 잘해야 한다고 압박하지도 않았다. 우린 그저 조시가 잠재력을 충분히 발휘하기를, 좋아하는 한 가지를 발견했으니 만족하기를 바랄 뿐이었다. 우린 여전히 "목표는 행복"이라고 믿으며 아이들에게 과도한 부담을 주지 않으려고 노력한다. 매 학기 조금씩 발전하는 것이 느껴졌고, 그거면 충분했다.

시므온과 나는 행복했다. 우린 지붕에 물이 새는 조그만 관사에서 살았고, 아이들 생활은 안정됐고, 서로 몹시 사랑했다. 사는 게 즐거웠다.

열여섯 살 때 조시는 GCSE 시험(영국의 중등교육자격시험, General Certificate of Secondary Education—옮긴이)을 쳤고, 난 평생 처음으로 엄마들 무리에 들어가 잡담하는 게 어떤 기분인지 알게 되었다. 운동 잘하는 아들을 미주알고주알 자랑하고 싶어 안달이 난 엄마들, 카페라테 한 잔을 놓고 아이가 최근 탄 상장 이야기를 웃으며 하는 엄마들, 그들 사이에서 함께 이야기하는 게 너무 좋았다! 시험 성적은 훌륭했다. 거의 전 과목이 A 학점이었다. 광고판을 사서 거기다 성적표를 붙여놓고 싶은 심정이었다. 그 시험을 통과한다는 게 조시에게 얼마나 중요한 일인지 잘 알고 있었기 때문에 너무나 자랑스러웠다. 이 시험이 전환점인 것만 같아 흥분됐다. 처음으로 나는 걱정을 내려놓았고, 마침내, 드디어 내가 간절하게 바라던 행복한 삶에 조시가 거의 다가가고 있다고 마음 놓고 믿었다. 이건 손자에 대한 사랑에 눈이 멀어 막대 인간 낙서를 액자에 넣어 보관하던 할아버지와 할머니의 기대를 훌쩍 뛰어넘은 일이었다. 전국 평균과 동급이라는, 심지어 더 낫다는 것을 증명해주는 국가시험이었다. 구름 위에 떠 있는 기분이었다. 그런 일을 어린 시절 내내 표준에 도달하기 위해 고군분투했던 아이가 해낸 것이다.

그즈음에는 사랑스럽고 좀 웃긴 일화들도 꽤 있었는데, 그중 이런 일이 생각난다. 하루는 조시가 걱정스러운 얼굴로 계단을 내려오더니 중간방학 동안 해야 하는 아주 중요한 설계와 기술 과제를 깜박 잊고 집에 가져오지 않았다고 했다. 해결책은 한 가지밖에 없어 보였다. 학교에 몰래 들어가서 과제를 가져오는 것이다! 조시는 내 말이 농담이라고 생각했던 것 같지만, 30분 뒤 우리는 학교 별관 앞에 와 있었다. 창문들 몇 개를 흔들어보다가 건물 구석에 경보기 불이 깜박이고 있는 것을 본 우리는 합법적으로 건물에 들어가기로 했다. 친절한 관리인이 문을 열어줘서 복도에는 들어갈 수 있었지만, 관리인은 교실에 가위라거나 코팅기 같은 위험한 비품들이 있으니 절대 들어가지 말라고 단단히 주지시켰다. 우린 그러겠다고 약속했다.

나는 설계와 기술실의 위치를 아는 조시를 따라 희미한 어둠 속에서 토끼굴 같은 복도와 커다란 창고를 지나 살금살금 걸어갔고, 마침내 목적지에 도착했다.

"엄마"하며 조시가 속삭였다. "과제 찾는 동안 휴대폰으로 벽에 붙은 포스터 사진들 좀 찍어주실래요?" 휙 둘러보니 과제하는 데 아이디어를 줄 만한 포스터들 다수와 보건안전수칙에 대한 포스터 몇 개가 붙어 있었다.

좋은 계획 같았다. 나는 휴대폰을 꺼내 적어도 10분 정도를 포스터들이 또렷이 잘 보이도록 각도를 잘 맞춰가며 최선을 다해 열심히 찍었다. 그러다 위층에서 발걸음 소리가 들린 순간, 우린 둘 다 작업대 아래로 돌진해 들어가 숨도 쉬지 않고 숨었다. 중간방학 기간에 아들을 데리고 작업대 아래 숨어 있는 이유를 뭐라고 설명해야 할지 열심히 생각해봤지만, 축제 기간에 교장 선생님 부부와 민 스파이와 음료수를 함께할 기회를 박탈당할지도 모른다는 것밖에 아무 생각이 나지 않았다. 그것 때문에 안달이 났다거나 하는 것은 아니다. 난 민스파이를 싫어하니. 마침내 조시가 과제를 찾자 우리는 건물 밖으로 도망쳐 나와 폭소를 터뜨리며 차에 탔다.

집에 돌아와서 시므온에게 학교에 잠입했던 모험 이야기를 해주면서 나는 포스터를 찍은 사진들을 어떻게 할까 하고 조시에게 물었다.

"마음대로 하세요." 조시는 무심히 대답했다. "사실 저한텐 필요 없어요. 그냥 10분 동안 엄마가 하실 만한 다른 일이 생각나지 않아서 부탁한 거예요. 색깔별로 분류해야 할 빨래집게 같은 게 없으니까…."

딱 걸렸네!

지금도 그 생각을 하면 웃음을 참을 수가 없다. 내가 내 역할을 너무 진지하게 여긴 것도 웃기지만, 조시는 거의 20년을 기다려 복수한 것 아닌가.

두 아들이 중등교육자격시험과 대학입학시험을 치던 시절이 시므온과 내게는 가장 황홀하게 편안한 시기였다. 걱정근심이 눈 녹듯 사라지고 마음이 편안해지는 그 놀라운 기분을 아는가? 딱 그런 기분이었다. 잠도 더 잘 잤고, 일도 더 잘했고, 시므온과 처음으로 조시에 대한 염려가 아닌 다른 이야기들을 하며 저녁 산책을 했다. 조시에 대한 걱정이 사라지고 나서야 그 근심이 얼마나 내 마음 근처에 늘 자리 잡고 있었는지 확연히 알 수 있었다. 이제 장밋빛 미래가 펼쳐진 것 같았다. 글도 술술 써졌고, 그 무렵에 내 세 번째 책 『클로버의 아이』가 나왔다.

벤과 조시는 근사한 아이들이었고, 열일곱 살 정도가 되자 근사한 어른의 모습을 갖추기 시작했다. 벤은 군인이 되고 싶어 했고 향후 몇 년 동안의 인생 계획을 이미 세워놓은 상태였다. 우린 아이들과 함께 있는 것을 좋아했고, 두 아이가 성장하는 모습을 보면 미래에 어떤 사람이 될지가 보였다. 벤은 운동을 좋아하고 사교적이어서 친구들과 함께 있을 때 제일 행복해했다. 지금 돌이켜 보면 '중간휴식' 같았던 그 시기에 조시는 편안하고 만족스러워 보였다. 시므온의 커리어도 순항해서 군사령부에 배치받았다. 시므온은 먼 지투성이 위험 지역들에서 열세 번의 근무 기간을 마쳤고, 이제는 앤도버에서 현역들이 사용했던 특수 장비들을 정밀 검사하는 임무를 맡았다. 임무의 특성상 밤새 집에 들어오지 못하는 경우들도 있었지만, 아프가니스탄과는 비교도 안 되게 안전했다.

가끔 그 시절을 돌아보며 그때 뭘 다르게 했어야 좋았을까 생각한다. 매일 여덟 시간 동안 단잠을 자며 긴장을 풀고 살았던 그 시절, 나는 우리가족에게 무슨일이 벌어질지, 특히 조시에게 무슨일이 벌어질 것인지 알지 못했기 때문에 충분한 주의를 기울이지 않았다.

조시는 열일곱 살 때 대학입학시험 모의고사를 쳤고, 중등교육 자격시험 때와 마찬가지로 순조롭게 A와 A*(대학입학시험 최고 성적—옮긴이)를 받았다. 이제 됐다! 우리 아들은 대학에 갈 테고, 내가 늘 상상했던 것처럼 충만한 인생을 활기차게 살아갈 것이다. 모의고사 성적이 나오자 수많은 대학에서 입학 제안이 쏟아졌고, 조시는 선택을 고민하는 행복한 입장에 놓였다. 모두 조시가 사랑하는 생물학을 전공하라는 제안이었고, 최종 결정은 여름에 칠 시험의 최종 성적에 달려 있었다. 마침내 마음을 정한 조시는 세인트앤드루스를 우선으로, 엑서터를 차선으로 골랐다. 시므온과 조시가 남자끼리 여행을 떠나 두 학교를 방문하고 숙식을 알아봤다. 흥분 그 자체였다! 온 가족이 기뻐서 어쩔 줄 몰랐다. 우리 조시가 그런 명성 높은 학문의 전당에서 공부하게 되다니! 조시가 해낸 것이다. 세상이 조시의 것이었다. 눈부신 미래가 조시가 옳았다는 것을 입증해줄 것 같았다. 드디어 조시의 때가 왔다고 말해주는 것 같았다. 우리는 새 출발점에 서 있었다. 이제 조시는 다시는 반 아이들에게 등을 돌리고 앉지 않을 것이다. 조시가 승승장구하는 모습을 보고 싶어 좀이 쑤셨다.

6장

조시

깊은 수렁에 빠지다

"하지만 나쁜 일이 있으면 꼭 그보다 더한 일이 있다."

토머스 하디

엘러스 단로스 증후군이라고 진단받았다고 해서 별로 바뀐 것은 없었다. 그럴 거라고 생각하거나 기대하지도 않았다. 내 몸 상태와 육체적 한계는 그 이전과 조금도 다를 것이 없었다. 아침마다 온몸이 아팠고, 밤에도 수없이 아팠고, 운동은 여전히 버거워서 운동을 중시하는 학교생활을 하기가 힘들었다. 추운 계절은 특히 더해서 거의 매일 아침 여기저기가 쑤셨고 무릎은 윤활방청제라도 뿌리고 싶을 정도로 뻣뻣해서 '풀어주지' 않으면 계단을 내려갈 수가 없었다. 차이가 있다면 이제는 내 이런 증상들과 이상한 행동들을 적어 넣을 수 있는 이름표가 생겼다는 것이다.

그게 무슨 대수라고. 엄마는 늘 말했다. "정상은 네가 정하는 거야, 알겠니?" 엄마 말이 옳다. 정상은 내가 정하는 것이다. 다른 사람들 눈에 그게 아무리 비정상처럼 보인다 해도.

엘러스 단로스증후군은 경험이겠거니 하고 계속 젊어지고 가야 할 또 하나의 변화에 불과했다. 완벽하지도 않고 다소 불만스러운 내 모습으로 이루어진 직소 퍼즐 속의 또 한 조각일 뿐이었다. 성장기에 감당해야 했던 변화들은 그것만이 아니었다. 그중 큰 변화는 내가 여덟 살 때 내 친구 아빠와 결혼해서 우리 가족을 변화시키기로 한 엄마의 결정으로 인해 일어났다. 학교에서의 반응은 대단했다. 상상할 수 있지 않나? 엄마와 시므온은 친구일 뿐이라고 못을 박았다. 지금 생각하면 그건 우리를 위해서였다. 나나 이제는 형제가 된 내 친구 벤이 겁을 먹지 않도록 일을 천천히 진행시켰던 것이다.

하지만 하틀리 가족과 프라우즈 가족의 합병은 우리 집에 다른 사람들이 들어와서 함께 산다는 생각을 해본 적 없던 내게는 커다란 뉴스였고, 앞에서 살짝 암시했듯이 학교에서는 더 큰 뉴스여서 한번은 어떤 교직원이 나를 앉혀놓고 물은 적도 있었다. "너네 엄마랑 벤 아빠, 뭐가 있는 거야?"

어른이 된 지금 생각해보니, 다 큰 어른이 이런 가십거리를 낚으려고 그런 짓을 했다는 게 정말 어처구니가 없다. 그런 수군거림 때문에 나는 다른 애들에게서 더 고립됐다. 분명 그런 이야기들은 그 사람들 입장에서야 재미있는 이야깃거리였겠지만, 그래도 결국 내가 시므온을 가졌으니 최후의 승자는 나였다.

처음에는 시므온도, 시므온의 목적도 의심했다는 것을 부정할 수 없다. 나는 엄마를 엄마로밖에 볼 수 없었으니까. 엄마가 아내나 동료, 자매, 딸, 친구 등 수많은 다른 역할을 할 수 있다는 것은 생각조차 하지 못했다. 나로선 당연한 일이었다. 시므온은 아주 서서히 엄마의 남자친구로 변했고, 그러고는 남편이 되었다. 나로서는 두려우면서도 기쁜 일이었다. 나는 시므온이 오는 것을 기대하게 되었고, 엄마는 잘 모르는 오락게임을 시므온은 기꺼이 하려고 하는 게 좋았지만, 미지의 세계가 두렵기도 했다. 시므온은 그냥 아는 사람으로 시작해서 친구이자 아빠가 되었고, 이제는 어떤 일이 닥쳐도, 심지어 내가 모든 사람을 밀어낼 때조차 절대 나를 포기하지 않고 24시간 내 뒤를 든든히 지켜주는 믿음직한 사람이다. 시므온은 사려 깊고 차분하며, 엄마와는 달리 위기 상황에서도 침착하다. 감정이 격한 상황에서 엄마의 눈물은 전혀 도움이 되지 않았는데, 그 부분은 시므온도 처음부터 나와 동감하는 것 같았다. 그럴 때면 우리는 눈빛을 교환했고, 그러면 시므온이 알아챘다는 느낌이 들곤 했다. 우리는 지금도 여전히 그렇다. 좋은 일이다.

어린 시절에 나는 자주 악몽을 꿨는데, 그럴 때면 시므온은 내가 다시 잠들 때까지 바닥에 앉아 나지막한 목소리로 이야기를 들려주곤 했다. 괴물들과 닥쳐오는 종말과 같은 생각들을 밀어내고 그 자리를 소풍과 재미있는 이야기들, 자는 동안 나를 괴롭히는 악마들을 무찌를 수 있는 온갖 것들로 대신 채워줬다. 어른이 되어 내가 죽고 싶어 했을 때, 살아 남느냐 다 끝내버리느냐를 놓고 선택을 내리려 했을 때, 시므온은 내 침대 옆 바닥에 앉아 내 공허함을 채워주고 절망을 희망으로 바꿔놓으려고 애쓰며 내가 잠들 때까지 나지막한 목소리로 이야기를 들려줬다. 육체적으로, 정신적으로, 경제적으로, 정서적으로 늘 굳건하게 나를 도와줬다.

사실 시므온은 내가 목숨을 끊지 않은 이유 중 하나다.

시므온도 이 사실을 알기를 바란다.

엄마와 시므온이 처음 같이 살기 시작했을 때, 나는 시므온과 벤이 같은 집에 있는 것을 좋아하다가도 곧 싫어하며 내 기분대로 변덕을 부렸다. 쉽지 않은 일이었다. 엄마가 나만 바라보고 있었던 시절이 그리울 때도 있었지만, 가족이 많아지니 안심이 되는 측면도 있었다. 4인 가족의 일원이 되니 둘밖에 없을 때보다는 자연히 훨씬 더 든든했다. 우리 중 누군가 수렁에 빠지더라도 양옆에 끌어 올려줄 사람이 셋이나 있다고 생각하니 자신감이 생겼다. 그때부터 이미 난 누군가 수렁에 빠진다면 그건 나일 거라고 생각했던 것 같다. 시므온은 내 공부를 도와줬고, 엄마와 같은 말을 해줬다. 지금은 학교가 안 맞을지 몰라도 그다음에는 의외의 일이 생길 수도 있다고.

"생각해봐, 조시. 대학에 가면 네가 좋아하는 과목만 공부할 수 있어!"

그 말이 내 상상력을 사로잡았다. 그 어린 나이에도 좀이 쑤셔 견딜 수가 없었다. 나는 생물학에 파묻혀 살 거라고, 다시는 크로스컨트리를 피해 다니지 않아도 될 거라고 결심했다. 그러면 정말 환상적일 것이다.

시므온의 격려를 받으며 학교생활에 자신감이 붙었고 학업이 일취월장하기 시작했다. 스포츠팀은 못 만들었을지 몰라도 과학 과목에서는 확고하게 자리를 굳혔다. 그곳이 내가 있고 싶은 곳이었다. 집처럼 편안했다.

두 사람이 함께한 지 2년여가 되었을 때 엄마는 글을 쓰겠다고 직장을 그만뒀다. 엄마는 늘 난독증인 내 머리로는 이해하기 힘든 책벌레였지만, 그 정도로 글쓰기에 대한 열정이 큰 줄은 몰랐다. 우리 중 누구도 이 단순한 행동이 우리 삶을 어떻게 바꿔놓을지 예측하지 못했다. 엄마는 그 후로 25권이 넘는 소설을 썼다. 엄마가 첫 소설을 쓰고 있어서 소득원이 하나로 줄었던 2011년에는 집안 사정이 좀 어려워졌다. 집 전체에 뭔가 긴장된 분위기가 흘렀고, 엄마와 시므온은 부엌 식탁에 앉아 목소리를 죽여가며 돈 이야기, 아니 돈이 없다는 이야기를 했다. 두 분이 그런 심란한 문제를 나나 벤에게 직접 이야기한 적은 한 번도 없었지만, 용돈을 받거나 외식을 할 때면 난 죄책감을 느꼈다. 당시 나는 어리긴 했지만 시므온이 나뿐만 아니라 엄마도 행복할 수 있는 길을 따르라고 격려해주는 걸 알았고 그게 고마웠다.

돈은 별로 없었을지 몰라도 우리 생활은 점점 더 나아졌다.

향상된 성적에 고무된 나는 '수다쟁이들'이라는 말하기 대회에 나가기로 했다. 지역 학교 참가자들이 연설문을 써서 다른 참가자들과 심사위원들 앞에서 크게 발표하는 월례행사였다. 읽기를 힘들어하는 나는 연설문을 암기할 수 있도록 미리 몇 번 소리 내어 읽어줄 사람을 구했다. 반 아이들에게 등을 돌린 채 앉아 있었을 때의 두려움과 다른 아이들처럼 되고 싶은 바람이 내 안에서 고개를 쳐들었다. 모두들 내가 종이에 쓰인 글자를 읽고 있다고 생각할 때, 나는 종이를 들고 눈으로 글자를 따라가면서 큰 소리로 말할 작정이었다. 용기를 힘껏 끌어모아야 했다. 난독증이 공개적으로 드러날까봐 두렵기도 했지만, '수다쟁이들' 대회에서 낯선 사람들과 상대하는 게 너무 부담스러워서 불안이 몰려왔다. 나도 다른 아이들 못지않게 능력 있다는 것을 스스로와 사람들에게 증명하려고 너무 어려운 일을 택했던 것 같다.

'수다쟁이들' 결승전은 학부모들과 교장 선생님까지 참석하는 격식 차린 행사였다. 내게 무작위로 주어진 발표 제목은 '청소년들에게 먹히는 행동방식'이었다. 무대에 올라가기 전부터 너무 겁에 질린 데다 긴장한 나는 어떻게 서서 자신 있게 말해야 할지 알수가 없었다. 그래도 한 가지 위안이라면 내가 일대일보다는 집단에게 말하는 걸 늘 더 편해했다는 것이다. 사실 사람들이 많으면 많을수록 더 편했다. 사람들과 어울릴 때는 소규모를 선호하지만, '공연'을 하는 경우에는 친밀함이 없는 큰 그룹이 나로서는 더 좋았다. 이건 지금도 어느 정도 마찬가지다. 그런데도 그날은 마지막 순간 몇 번이나 용기를 잃을 뻔했고, 자리에서 일어나기 직전에는 끝까지 해내지 못할 것만 같았다. 하지만 사람들이 내 이름을 부르고 있었고, 누군가는 손뼉 쳤고, 나는 종이를 들고 연단에 서 있었다. 긴장에 난독증이 더해지면 종이 위의 글자가 어느 나라 언어든 상관없었다. 그건 중요하지 않았다. 연설문은 이미 다 외웠다.

나는 서두르지 않았다. 군중 속에서 부모님과 할아버지, 할머니의 기대에 찬 얼굴을 보지 않으려고, 사람들로 가득 찬 방을 머릿속에서 지워버리려고 최선을 다했다. 그러고는 심호흡을 하고 목을 가다듬고 나서 큰 소리로 제목을 읽었다. "청소년들에게 먹히는 행동방식" 그러고는 경로를 이탈해 고개를 들고는 곧장 다음 말을 내뱉었다. "아, 이런 역설은…."

됐다. 모두 커다랗게 웃음을 터뜨렸다! 그리고 내가 뒤이어 무슨 말을 할지 기다리며 열심히 귀를 기울였다. 내가 알고 사랑하는 사람들의 뿌듯한 표정에 고무되어 나는 자신 있게 말했다. 환상적인 기분이었다. 그 연설로 나는 그날 밤 최고상을 받았다. 정말 좋았다.

그날 밤이 끝나갈 때 교장 선생님이 오셔서 악수하시더니 미소 지으며 말씀하셨다. "아니, 나는 전혀… 조사이어, 네가 이걸 해낼 줄 누가 알았겠냐?"

나는 교장 선생님 눈을 바라보며 학교에서 보낸 지난 세월을 생각했다. 겨우 그놈의 공을 못 받거나 선을 넘어 전력 질주를 하지 못한다는 이유로 숨어 있고, 빛날 기회라고는 누려본 적 없던 날들을.

"저는 알고 있었어요, 선생님." 내가 대답했다. "저는 할 수 있다는 걸 알았어요."

교장 선생님은 당황한 표정으로 아무 대답도 하지 못하셨다.

그날이 내 초긍정적 시기의 출발점이었다. 나는 10대 후반이었고, 인생은 가능성으로 가득 차 있는 것 같았다.

열여섯 살 때 치른 중등교육자격시험과 마찬가지로 대학 입학에 필요한 대학입학시험 모의고사 결과도 좋았다. 사실 아주 좋았다. 나는 약간 우쭐하면서도 안심했고, 미래에 대한 기대로 흥분했다. 그 정도 결과면 어디라도 갈 수 있다고 확신했다. 내 기분이 저조할 때나 그냥 생각에 잠겨 있을 때면 엄마는 늘 마음에 담아두지 말라는 말을 했다. 운동 좀 못하면 어때? 문제는 아직 때가 아니기 때문이다. 모든 사람에게는 때가 있고, 내게 아직 그 때가 오지 않은 것이다.

나는 엄마 말을 믿었다. 엄마는 말했다. '핵심 그룹'의 일원이라는 게 멋져 보일 수도 있겠지만, 정말로 인생 최고의 시절은 학창시절이었다고 자랑스럽게 말하는 그런 사람이 되고 싶으냐? 생각을 해봐라, 누가 열다섯 살 때가 인생의 정점이기를 바라겠는가? 남은 60여 년 동안 그걸 도대체 어떻게 능가하겠는가? 그렇게 생각하자 위안이 됐고, 나는 '나의 때'가 도래하기를 꾹 참고 기다렸다. 확신은 없었지만 대학에 간다고 생각하면… 나의 때가 바로 코앞에 와 있을지도 모른다는 느낌이 들었다.

여러 대학교에 지원서와 선생님들의 추천서를 함께 보내고 나자, 모의고사 결과에 근거한 입학 제안들이 순식간에 쏟아져 들어왔다. 평생 처음으로 운동팀 에이스들과 동급인 기분이 들었다. 사실은… 아니, 그보다 더했다. 빌어먹을 우주 전체와 맞먹는 기분이었다! 유수의 대학들이 나를 원했다! 나! 조사이어 하틀리, 자기 이름도 못 쓸 거라던 아이를. 학교 예배당 꼭대기에 올라가 지붕 위에서 그 합격통지서를 흔들며 소리라도 지르고 싶었다. "다들 엿먹어! 내가 뭘 받았는지 보라고!"

나는 우선 세인트앤드루스를, 다음으로 엑서터를 선택했다. 거리를 걷고 바에 가는 내 모습이 그려졌다. 과거의 나를 벗어던지고 새로운 도시에서 새로운 경험을 하고 새 친구를 사귀며 새 출발을 할 놀라운 기회였다. 브리스톨에서도 더 자주 외출하기 시작했고, 주로 클리프턴의 바와 펍, 클럽에서 이루어지는 사교생활을 즐겼다. 미래가 어느 정도 그려졌고 그 미래가 자랑스러웠기 때문에 자신감을 갖게 된 것 같다. 대학에 가고 학위를 얻는다. 그게 뭐가 힘들겠는가?

짧았던 그 시기 동안 인생은 즐거웠다. 적어도 그 전보다 나았다.

물론 진짜 시험 때까지는 공부해야 하고, 입학 제안을 해온 세인트앤드루스와 엑서터에 합격하는 것은 그 시험 결과에 달려 있다는 것을 잘 알고 있었다. 이상하게도, 자신감이라고는 전혀 없었던 사람이면서도 그 시험이 마치 사지선다형 시험처럼 느껴졌다. 필요한 점수를 무난히 받을 수 있다고 믿었고, 솔직히 말해서 그다지 당황하지 않았다. 복도에서 만난 아이들은, 힘껏 공부해서 이기고, 이기고 또 이겨야 한다고 요구하고 또 요구하며 부모님이 끊임없이 압력을 가하고 잔소리를 늘어놓는다고, 그래서 그 스트레스 때문에 심지어 시작조차 못 하겠다고 징징대며 자기애 넘치는 불평을 늘어놓았고, 나는 그 이야기들을 들어줬다.

나는 마음속으로 엄마와 시므온이 격려는 해주되 나와 벤에게 자유를 줘서 감사하다는 생각을 했다. 공부는 우리 책임이었고 선택도 우리 몫이었다. 물론 부모님은 그 선택의 중요성을 우리 마음에 새겨주면서 최대한 부드럽게 방향을 제시해주려고 노력했다. 하지만 하얗게 질린 얼굴로 주먹을 꼭 쥔 채 텅 빈 눈빛을 한 아이들, 집과 학교 양쪽에서 다 압박을 받으며 실패를 너무나 두려워하는 이 수척한 아이들은 어떤가? 나는 내가 그런 아이가 아니라서 정말 기뻤다. 처음으로 엄마와 시므온이 우리를 어떻게 키웠는지 제대로 알 수 있었다. 같은 반 친구들의 부모님들은 그 애들 목을 거의 반 조르다시피 하고 있었던 반면, 우리 부모님은 우리 어깨에 살짝 손을 올려놓기만 했다. 감사한 일이었다.

이제 대학입학시험이라는 장애물만 넘으면 끝이었다. 이 단계를 통과하는 것은 타고난 지식이나 매력만으로는 부족하다는 것을 알고 있었다. 1등급 성적을 받아서 원하는 대학에 확실하게 합격하기 위해서는 꼼꼼히 공부해야 했다. 완벽하게 할 필요가 있었다. 나는 이 기회를 날려버리지 않겠다고 결심했다. 언제 어떤 공부를 할지 계획을 짜서 벽에 붙여놓았다. 내 속도에 맞춰 복습하면서 내 지식을 시험해보고 정확한 답안 작성을 연습할 수 있는 자습서도 샀다. 내 생활의 필수인 음악 재생 목록도 공부용, 휴식용으로 두 개를 만들었다. 책상을 청소하고 꼭 필요한 물도 손 닿는 곳에 한 병 챙겨뒀다. 모든 준비가 끝났다. 이 공부가, 이 지원이 내 직소 퍼즐의 마지막 조각이었다. 이제 마무리 복습을 하고 시험만 치면 모든 것이 끝나 있을 것이다. 그러고 나면 가방을 싸서 미래를 찾으러 가면 된다.

얼마나 쉬운 일인가!

나는 정신적으로 최고점에 도달해 있었고, 완전히 준비되어 있었다. 그러고 나서 모든 것이 달라졌다. 어떤 경고조차 없이 일이 벌어졌다.

아주 이상한 일이 일어났다. 몇 년 동안 생각해본 지금도 그 이상한 일을 어떻게 설명해야 할지 여전히 모르겠다. 힘들지만, 다음 표현이 그 상황을 제대로 전달해주기를 바랄 뿐이다.

내 머리의 전원이 꺼졌다.

그렇다. 바로 그거였다.

정확한 날짜나 시간은 기억나지 않지만, 순식간에 벌어진 일이었다. 나는 깨끗하게 정리된 책상에 앉아 교과서를 펴고 내용을 읽기 시작했다. 한 시간 남짓 지났을 때, 내가 같은 장을 계속 되풀이해서 읽고 있었다는 사실을 깨달았다. 다시 읽을 때마다 난생처음 보는 내용 같았다. 심지어 몇 번이나 반복해서 읽었는데도 머릿속에 남은 게 아무것도 없었다. 그 과목이라면 자신 있는, 교과서에 실린 사실과 정보를 몽땅 다 암기할 수 있는 나, 조사이어 하틀리가 단어 하나 기억하지 못했다. 더한 것은, 백과사전 급으로 꿰고 있던 과목들도 내용이 거의 조금도 기억나지 않았다는 거다. 아무 것도. 전혀.

마치 외국어책을 무심코 거꾸로 놓고 앉아 있는 것 같았다. 아무 글자도 눈에 들어오지 않았다. 누가 나를 얼기설기 얽힌 터널 안에 데려다놓고 몇 바퀴를 돌려버려 어디가 어딘지 방향감각을 온통 상실해버린 느낌이었다. 모든 것을 잠가놓은 비밀번호를 빨리 기억해내지 않으면 안 되는 상황인데, 비밀번호라는 게 뭔지조차 기억나지 않는 느낌이었다.

머릿속이 미끄러운 불소 수지로 만들어져 있어서 뭘 던져도 흔적조차 남기지 않고 스르르 미끄러져 사라져버리는 것 같았다. 내가 알던 모든 것이 흘러내려 가고 찐득한 찌꺼기만 남아 있었다.

벽으로 돌진해 충돌이라도 한 것 같았다.

두개골이 쪼개져 박살 난 것 같았다.

눈이 무겁고 머리가 지끈거렸다.

팔다리는 납덩어리 같고, 생각이 오락가락했다. 수면 부족이거나 약을 했거나 숙취에 시달리는 느낌, 아니면 그 셋이 한꺼번에 덮친 느낌이었다. 감기에 걸렸나? 벌레에 물렸나? 무서운 선열에 걸렸나? 약간 겁이 나긴 했지만 낮잠을 자면 괜찮겠지 하고 책을 덮은 다음 겨우 한 시간 전에 빠져나왔던 서늘한 이불 안으로 다시 기어들어 가서 누웠다. 잠을 좀 자고 나면 벌떡 일어나 기운을 차리고 공부할 수 있을것이다. 커피라도 한 잔 마시고 동네를 재빨리 한 바퀴 돌고 나면 머리가 맑아질 것이다. 이런저런 생각은 많이 했다. 하지만 마치 누군가가 내 전원을 뽑아버리기라도 한 것

같은 이 새로운 상태, 사는 것 같지 않은 이 상태가 내 새로운 '정
상'이 되리라고는 한순간도 생각해보지 못했다.

그동안 한 번도 인정하지 않았지만, 나는 그 중요한 시기 이후로
는 책을 펼치고 공부한 적이 없었다.

그날 오후의 기억은 너무나 선명하다. 베개에 머리를 놓고, 깊고
편안한 잠 속으로 빠져들자 순식간에 안도감과 순수한 기쁨이 밀
려왔다.

몇 시간 뒤 엄마가 나를 깨웠다.

"자고 있었네!" 엄마는 내가 벽에 붙여놓은 계획에 따라 책을 읽
고 필기와 암기를 하고 있을 거라고 생각했는지 약간 놀라면서 말
했다.

"네, 그냥 잠깐 졸았어요." 나는 하품을 했다.

"깨워서 미안해. 복습하느라 정말 피곤하지. 뭐 좀 갖다줄까? 마
실 거나 간식거리?"

나는 고개를 저었다. "20분만 더 잘래요."

"그러렴." 엄마는 미소를 지으며 방에서 나가 문을 닫았다.

그때가 시작이었던 것 같다. 내게 벌어지고 있는 일들에 대한 거
짓말, 그리고 끝도 없는 잠의 시작이. 좋은 성적을 받고 싶은 마음보
다 침대의 마력이 훨씬 더 강하게 느껴지면서 계속 자고만 싶었다.

잠. 탈출. 망각.

대학 입학보다, 새로운 출발보다, 모험보다, 보장된 밝은 미래보
다 이것들이 더 간절했다. 세상 그 무엇을 준다 해도 나는 머리를
베개에 놓고 이불을 끌어 올리고 사라지는 쪽을 택했을 것이다.

시간의 흐름, 똑딱거리는 시계 소리는 희미하게 인지하고 있었

다. 공부를 하고 있지 않다는 죄책감이 마음속 깊은 곳에 자리 잡고 있으니 깨어 있는 시간이 더욱 불편했다. 복습을 얼마나 했느니, 무슨 공부를 했느니 하면서 SNS에 올라오는 경쟁적인 대화들은 모두 피했다. 다른 사람들이 얼마나 많은 시간을 들이고 있는지 알고 싶지 않았다. 감당할 수가 없었다. 그런 이야기를 들으면 힘이 주욱 빠지면서 뒤처져 있는 기분이 들었다. 하루 시간의 흐름을 대충 구분해주는 것은 식사 시간뿐이었다. 그래도 복습 강좌들을 듣고 선생님과 이야기하기 위해 꾸역꾸역 학교에는 갔다. 나를 늘 응원해주셨던 P 박사님은 마지막 과제를 제출해서 과정을 끝내고 성적과 미래를 확보해야 한다고 사실 몇 번이나 나를 재촉하셨다.

"과제 마쳐야 하는 거 알지, 조시? 하고 있는 거지?"

"네." 나는 선생님께도 거짓말을 했다. 기분이 정말 엿 같았다.

계획이 있다고, 벌떡 일어나서 해치울 거라고 말할 수 있다면 얼마나 좋을까. 하지만 그럴 수가 없었다. 프로젝트건 뭐건 아무것도 생각할 수가 없었다. 낯선 장소에서 처음 눈을 뜨는 순간을 사는 기분이었다. 정신을 차리고 머리가 맑아지기까지는 시간이 좀 필요한 그런 순간. 다만 머리가 맑아지지 않았다. 정신이 차려지지 않았다. 머리는 텅 비고 멍하고 집중이 되지 않고 혼란스러웠다. 아무 계획이 없었다. 이런 일을 선생님께건 누구에게건 어떻게 말해야 할지 실마리조차 잡히지 않았다. 자신감이 없기도 했지만 표현할 말도 없었기 때문이다. 내게 무슨 일이 벌어지고 있는지 알 수가 없었다.

약간 불편한 느낌이 들기 시작할 때까지 가만히 나를 바라보고 있던 선생님 표정이 생각난다. 내 대답이 진실이 아니라고 의심하면서도 불안과 자신감 결여로 허우적대고 있을 때 밧줄을 던져 구해낸 제자, 자신의 말로 인생이 바뀐 제자의 말을 차마 거짓말이라고 생각하고 싶어 하지 않는 표정이었다.

"넌 재능이 있어, 조시. 네가 원하면 이 과목을 최고 학위 수준까지 공부할 수 있어."

정말로 그러고 싶었다. 사실 지난 몇 년의 존재 이유가 그것 아닌가. 그 모든 공부와 노력, 정신석 고통의 종착점은 성적을 받아 꿈을 실현하기 위해 대학으로 떠나는 것이었다.

진실을 말하기보다 공부하고 있다고 거짓말하기가 더 쉬웠다. 그냥 눈을 감고 누워 모든 게 흘러가도록 내버려두고 싶었다.

자습 기간도 내겐 잠잘 수 있는 휴가일뿐이었다. 잠이라는 게 뭔지는 안다. 여덟 시간 정도 푹 쉬고 산뜻하게 깨서 하루를 시작하게 해주는 게 잠이다. 심지어 생물학적 차원에서 잠이 얼마나 중요한지도 잘 알고 있다. 잠은 근육 재생과 기억 강화, 성장과 식욕 조절을 담당하는 호르몬 분비에 꼭 필요하다. 하지만 나에게 잠은 갑자기 다른 것으로 변했고 그때 이후로도 계속 마찬가지다. 지난 몇 년 동안 나는 한 번도 개운한 잠을 자본 적이 없다. 물론 많이 자기는 한다. 그것도 끔찍하게 많이. 하지만 수면의 질은 엉망이고, 자고 또 자도 모자란다. 늘 졸리고 또, 또, 또 자고 싶을 뿐이다…. 나는 잠이라는 마약에 중독되었고, 침대는 마약을 주입해주는 주사였다. 내 생활은 낮잠과 긴 잠을 중심으로 이루어진다. 종종 잠이 그나마 나를 지탱해주고 있다는 느낌이 든다. 내가 세상을 마주하고 조그만 일이라도 할 수 있는 것은 그 보상으로 곧 잠으로 도피할 수 있다는 것을 알기 때문이다. 잠은 강력한 주인이고, 나는 전적으로 그 덕에 버티고 있다.

「CNS 약물」 저널에 따르면 "피로는 심각한 우울증에서 흔히 보고되는 증상이며, 90퍼센트 이상의 환자들에게서 발생한다. 심각한 우울증 환자가 보이는 임상적 피로는 육체적, 인지적, 감정적 차원에서 중첩되어 나타난다."[8]

제일 중요한 시험공부를 해야 할 시기에 나는 계속 잠만 잤고, 자고 싶다는 생각 외에는 아무 생각도 할 수 없었다. 시점이 말마따나 정말 개 같았다.

마지막 생물학 과제는 여전히 제출하지 않았다. P 박사님을 점점 더 피해 다녔고 대화조차 하지 않으려 외면했다. 박사님은 예전이건 지금이건 가장 실망시켜드리고 싶지 않은 분이지만, 난 너무나 큰 실망을 안겨드렸다. 여기서 그 사실을 인정하는 것조차 괴롭다. 박사님께 어떻게 사과를 드려야 할지 모르겠고 설명할 방법도 모르겠다. 하지만 박사님께 그래서는 안 됐다는 것만은 잘 알고 있다.

그건 전혀 힘든 과제가 아니었다. 나는 무엇을 해야 하는지 잘 알고 있었다. 완벽하게 이해하고 있었고, 내용과 계획도 머릿속에 확실하게 들어 있었다. 메모도 했고, 조사도 마쳤고, 설계도 다 했다. 문제는 그걸 종이에 적는 것이었다. 태산을 마주한 기분이었다. 한참 동안 자지 않을 방법을 생각해낸다 하더라도, 머릿속에 든 정보를 과제 형식으로 정리할 방법을 알 수가 없었다. 찐득한 설탕물 속에서 생각을 하나하나 질질 끌고 나와야 하는 것만 같았다.

다행히 내가 선택한 과목에서는 난독증 때문에 문제가 되는 일이 없었다. 도표와 그래프, 그리고 끔찍한 내 필체를 이용하면 내 의도를 대부분 전달할 수 있었다. 하지만 지금 문제는 난독증이 아니었다. 그보다 훨씬 심각한 문제였다. 이 문제는 달랐다. 마치 누군가가 생각과 표현 사이의 접점을 잘라버렸거나, 난공불락의 댐이 머릿속에 지어져 모든 야심과 성취욕을 가둬버린 것 같았다. 더 끔찍한 것은 그 댐에 전력을 돌리려면 모든 에너지를 쥐어짜야 한다는 것이었다. 한순간도 쉴 틈 없이 허공 위를 달리거나 제자리를 맴돌고 있는 것 같았다.

너무 힘들고 지쳐서 이 순간이 지나가기를 마냥 기다릴 수가 없었다. 텅 빈 종이 위에 펜을 갖다 대고, 컴퓨터 자판 위에 손가락을 얹고 있어도 아무 소용이 없었다. 그렇게 자세를 잡고 꼼짝도 하지 않은 채 몇 시간을 앉아 있어봤자, 물렁물렁한 스파게티 면으로 글을 쓰겠다는 거나 다름없었다. 부질없는 짓이었다. 피로가 파도처럼 끝없이 몰려와서 아무리 자도 가시지 않았다. 쉬면 낫는 일상적인 근육통이나 뻑뻑한 눈 같은 게 아니었다. 경험해본 적 없는 깊고 어두운 피로, 눈을 떴다가도 곧 다시 감게 되는 피로였다. 뼛속까지 피곤해서 걷는 것은 고사하고 손가락 하나 들 힘조차 없었고, 그와 함께 안개라고밖에 설명할 길 없는 혼란스러운 공기가 내 머릿속 구석구석까지 침투해서 논리적 사고나 합리적 계획 같은 것은 할 수조차 없었다. 그 안개가 내 정신적 에너지를 모두 앗아가고 육체적 탈진을 불러왔다.

나는 서서히 나락으로 떨어지고 있었지만, 거기서 빠져나올 에너지도, 그러고 싶은 마음도 없었다. 그것도 두려웠다. 지금 나는 내 머리에 대해 말하고 있다. 내 몸으로 운동팀 에이스가 될 수 있다는 희망은 버린 지 오래였다. 관절이 부실한 데다 갖가지 통증에 시달리는 이 육체가 믿음직하지 않다는 것은 잘 알고 있었다. 내 몸은 자주 문제를 일으켰고, 때로는 계단을 오르내리고 욕조에서 나오는 것조차 엄청난 과업처럼 느껴졌다. 하지만 머리라면 다르다. 내 머리는 언제나 100퍼센트 믿을 수 있었다. 두뇌는 내 최대 장점이었다.

영리한 조시….

똑똑한 조시….

조시 박사님….

어릴 때부터 이런 말들을 듣고 자랐는데, 이 머리가 작동하지 않는다면? 그러면 무엇이 남지? 그건 생각조차 할 수 없는 일이었다. 하지만 바로 그런 일이 벌어지기 시작하고 있었다.

엄마와 시므온은 내가 방에 처박혀 책을 파고 있다고 믿고 내 기운을 북돋워주기 위해 차, 주스, 샌드위치, 수프 등을 부지런히 가져다 주었다. 부모님이 계단을 올라오는 소리를 들을 때마다 공부하는 척하는 게 괴로웠다. 내 방문은 열릴 때 삐걱하는 소리를 냈는데, 그 소리도 싫어하게 됐다. 그 소리는 대면을 알리는 전조였다. 이제는 이사한 지 오래지만, 지금도 그 소리를 떠올리기 싫다. 부모님이 방에 들어오면 나는 잠깐 고개를 들었다가 이내 손가락으로 책을 훑어가며 읽거나 자판에 한두 글자를 치곤 했고, 그러면 부모님은 알겠다는 듯이 뿌듯한 미소를 지으며 간식을 내 책상 구석에 두고 나갔다.

아무것도 모른 채 나를 자랑스러워하는 부모님의 표정이 칼처럼 내 가슴을 찔렀다. 문이 닫히고 나면, 나는 팔에 얼굴을 묻은 채 책상에 엎드리거나 의자에 처박혀 축 늘어졌다. 너무 탈진해서 똑바로 앉을 기운도 없었다. 눈꺼풀은 늘 무거운 자석처럼 스르르 내려와 내가 갈망하는 도피처인 잠 속 깊숙이 나를 끌고 들어갔다.

P 박사님은 선생님으로서 책임을 다해 부모님께 우려스러운 상황을 알려주셨다. 어쩔 수 없는 일이라고 생각하지만 그래도 막상 닥치니 끔찍했다. 전화 혹은 이메일을 통해서 박사님의 연락을 받은 시므온이 내게 말해줬다.

조시에게 이 과제가 얼마나 중요한지 알려주려고 애쓰는 중이에요. 마지막 과제 어디 있어요? 어떻게 된 거죠?

배 속에 돌덩어리가 가득 찬 듯한 절망적인 심정으로 부엌 식탁에 앉아 있던 기억이 난다. 엄마와 시므온이 무슨 말을 할지 알고 있었지만, 어떻게 대답해야 할지 조금도 알 수 없었다. 눈앞이 캄캄하고 속이 울렁거렸다. 실패했다는 생각에 온몸이 텅 빈 것 같았다. 두려웠지만, 이상하게 텅 빈 느낌이었다. 엄마는 무슨 문제가 있었냐고 물었다.

"과제 어디 있니, 조시? 어디 있는 거야?"

머릿속에서 초등학교 때 내 얼굴에 대고 고함치던 선생님 목소리가 울려 퍼졌다. "넌 왜 못하니, 조시? 다른 애들은 다 하는데!"

또다시 나는 생각했다. "그래, 넌 왜 못하니, 조시? 도대체 뭐가 문제야?"

7장

어맨다

어둠 속을 더듬으며

"새해의 문턱에서 희망이 미소 지으며 속삭인다. '앞으로는 더 행복할 거야'"

앨프리드 테니슨

대학입학시험을 앞두고 조시의 자습 기간이 시작된 즈음까지 우리는 물거품 같은 행복 속에서 살고 있었다. 다행히 시므온은 임무가 바뀌면서 출장이 줄어들어 집에서 더 많은 시간을 보냈고, 나는 잇달아 책을 펴내며 텔레비전과 라디오에 출연하고 있었다.

이 일이 느닷없이 벌어진 것 같지만, 조시의 갑작스러운 변화를 나는 이미 눈치챘다. 조시는 짜증을 내고 피곤해했다. 문을 쾅 닫고, 내 질문에 대답도 하지 않았다. 샤워도 미뤘다. 시므온과 벤, 나와는 함께 있고 싶지 않다는 듯이 저녁을 후다닥 먹고 식탁을 떠났다. 나한테 까칠하게 굴었다. 오해는 말아달라. 예전이라고 해서 같이 앉아 차를 마시며 잡담을 나누거나 속을 털어놓았다거나, 조시의 일을 내가 속속들이 알았던 것도 아니니까. 하지만 이건 뭔가 달랐다. 조시도 여느 10대 남자아이들과 비슷했다. 말이 없고 뚱했고, 내가 아무리 길게 질문해도 투덜거리며 겨우 한 마디로 대답하는가 하면, 내 행동, 내 말 하나하나에 그냥 눈알만 빙빙 굴려댔다. 나는 남동생 셋과 자랐기 때문에 그게 정상이라는 걸 잘 안다. 하지만 그즈음의 조시는 '수다쟁이들' 우승 이후 쾌활했던 조시나 봉투를 잡아 뜯고 입학 제안서를 보며 환한 미소를 짓던 조시와는 확연히 달랐다. 나는 그게 다 시험 부담 탓이라고 생각했다.

맨은 잘 버티는 것 같았지만, 조시는 달랐다. 우린 겉으로는 별 것 아닌 척하려고 노력했지만 이 시험이 얼마나 중요한지 잘 알고 있었다. 조시에게 스트레스를 주지 않으려고 조심하면서도, 한편으로는 조시가 잘해내기를, 순진하게도 내가 조시를 행복하게 해줄 수 있을 거라 여긴 모든 것을 이루어내기를 바랐다. 시므온과 나는 이 문제를 놓고 서로 의논했고, 이럴 때 부모들이 찾는 조언자, 구글을 검색했다. 시험 스트레스가 미치는 끔찍한 영향에 대한 논문과 연구가 끝도 없이 나왔다. 우리는 그걸 거의 다 읽었고, 조시의 자율에 맡기되 필요할 때 지원해주고 가능한 부분은 도우며 최대한 조시를 잘 달래서 이 고비를 넘기고 대학에 가게 하자고 의견을 함께했다.

어려울 것 없지 않은가.

기쁘게도 조시가 친구들과 어울리는 데 관심을 보이기 시작했다. 전에 보지 못한 모습이었다. 아이들은 브리스톨의 트라이앵글 지구에 위치한 펍과 클럽들에 주로 가서 긴장하여 땀이 잔뜩 난 손에 가짜 신분증을 꼭 쥔 채 줄지어 몰려 있곤 했다. 보통 부모들이 이러지는 않겠지만, 나는 조시가 미소를 함빡 지으며 귀가하면 굉장히 기뻤다. 그건 내 아들도 어른이 되어가는 과정에서 학교 친구들과 함께 스트레스를 풀고 어울리며 세상을 탐구해나갈 줄 안다는 증거였다. 그리고 조시는 분명 그 세상에서 제일 멋진 시민이 될 것이다! 우린 아들들에게 어른 세계에 발 담그게 된 것을 환영한다고, 거짓말을 하지 않고 어디에 가는지 말만 한다면 다 괜찮다고 말했다. 아들들은 굳게 약속했고 우리는 행복했다. 아이들 말을 믿었다. 문을 열었을 때 조시가 문간에 비스듬히 기대서, 때로는 벤에게 부축을 받으며 서 있던 모습을 생각하면 지금도 얼굴에 미소가 떠오른다. 시므온과 나는 침대에 누워 우리 아들들이 세상에 나가 근사한 일들을 해나갈 미래를 그려보며 즐거워하곤 했다. 섣부른 행복한 상상이었다. 지금 생각하면 부끄럽기까지 하다.

그런 일들은 멈춰버렸기 때문이다.

모든 게 멈춰버렸다.

시험을 조금 앞두고 조시는 갑자기 벤과 친구들의 파티 초청을 모두 거절하고 집에만 있으려 했다. 솔직히 마음이 엇갈렸다. 밖에 나가지도 않고 열심히 공부하니 기쁘기도 하고 목표 성취에 헌신하는 자세에 감탄하기도 했지만, 한편으로는 가끔 기분을 내며 스트레스를 풀지 않으니 걱정스러웠다. 우리가 읽은 논문들은 하나같이 입시 기간을 성공적으로 보내려면 균형이 가장 중요하다고 했는데, 조시는 전혀 아니었다. 온통 공부뿐, 휴식이라고는 없었다.

조시는 아침이면 억지로 일어나 학교에 갔고 집에 돌아오기 무섭게 침대에 쓰러졌다. 나는 커튼을 꽁꽁 친 채 침대에 하염없이 누워 있는 게 좋다고 하는 조시가 이해가 안 되어서 속이 상했다. 더구나 바깥에서 뛰어다니고 친구들과 어울리고 아래층에서 우리와 대화도 잘하는 벤을 보면 더 그랬다. 또 시작이었다. 벤과 조시를 비교하는 것은 두 아이 모두에게 몹시 부당한 일이었지만, 아무리 그러지 않으려고 해도 저절로 눈에 들어왔다. 말을 걸면 횅한 대답만 돌아왔다.

"괜찮니, 조시?"

"넵."

"뭐 도와줄 것 없어?"

"아뇨."

"걱정거리라도 있니?"

"아뇨."

"우리한텐 언제든 뭐든지 말해도 되는 거 알지?"

…깊은 한숨과 함께 눈 굴리기.

시험이 바싹 다가온 어느 날 저녁, 시므온이 심란한 표정으로 사색이 되어 귀가했다.

"당신, 무슨 일 있어?" 직장에서 무슨 일이 있었다고 생각했다. 늘 걱정했던 해외 근무 명령이 떨어졌다는 생각이 가장 먼저 들었다. 하지만 아니었다. 이번에 시므온의 걱정거리는 멀고 먼 무더운 지역이 아니라 훨씬 더 가까운 곳에 있었다.

"P 박사님 전화를 받았어…." 시므온이 입을 열었다.

조시가 마지막 과제를 내지 않았고 그 과제 없이는 예상 점수였던 A*를 받을 수 없을 거라는 시므온의 설명을 들으며 불안하게 웃었던 기억이 난다. 과제가 전체 점수에서 얼마나 큰 부분을 차지하는데 그럴 리가 있나?

"뭘 잘못 알았겠지. 누군가가 무슨 실수를 저지른 게 분명해…. 잃어버린 거 아닐까?" 바보 같은 질문이었지만 그때는 그게 가장 논리적인 질문 같았다. 조시가 그 중요한 과제를 스스로 안 냈다는 불쾌한 생각을 하기보다는 어디 잘못 들어갔거나 다른 사람이 잘못했다는 게 훨씬 말이 되는 소리 같았다. 온갖 노력을 다해놓고 마지막 장애물에 걸려 넘어지다니 상상조차 할 수 없었다.

말이 되지 않았다. 전혀.

너무 혼란스럽고 갈등이 됐다. 나는 자신 있게 다음과 같이 말할 수 있는 부모라는 자부심을 늘 갖고 있었다. "아이들이 행복하기만 하다면 무엇을 하든, 어떤 길을 택하든 전 상관 안 해요."

진심이라고 생각했다. 또한 나는 아이들이 어떻게 살고 있는지도 잘 알고 있다고 생각했고, 아이들에게도 무슨 이야기든 터놓고 이야기해도 좋다고 거듭 말해왔다. 하지만 학업의 길 끝에 행복이 있다고 믿어왔는데 조시가 그 기회를 날려버릴지도 모른다고 생각하자 속이 울렁거렸다.

우린 황급히 약속을 잡고 조시의 학년 부장인 G 선생님을 만났다. 친절하고 인내심이 많고 명석하신 분이었다. 선생님은 조시가 진심으로 따라잡기 위해 열심히 공부하고 특히—이미 마감이 지난—그 필수과제를 제출하는 데 집중하지 않는다면, 빠듯한 시간에 할 일만 태산같이 쌓여서 결국 낙제하고 말 거라고 차분하게 설명해주셨다. 낙제밖에 길이 없다는 것이다. 시므온과 나는 선생님께 감사 인사를 드리고 교무실에서 나와 말없이 차를 몰았다. 머리가 마비되고 아무 말도 나오지 않았다.

"우리 어떡해야 하지?" 차를 세우는 시므온에게 속삭였다. 우리는 거기서 집을 물끄러미 바라봤다. 우리 둘 다 딱히 집에 들어가고 싶지 않았다.

"모르겠어." 솔직한 대답이 돌아왔다. 내가 듣고 싶은 대답이 아니었지만, 그게 진실이었다. 우린 망연자실했다.

나는 조시 방에 들어가 침대 끄트머리에 앉아 아이를 살짝 건드려 깨웠다. 방에서는 시큼한 냄새가 났다. 마음 같아서는 창문을 다 열어젖히고 이불을 확 걷어 뜨거운 물로 한참 동안 빨고 싶었지만, 여기가 조시의 둥지이고, 은신처라는 걸 알고 있었기 때문에 아이의 유일한 휴식처를 어지럽히지 않으려고 조심했다. 이런 상태가 얼마나 순식간에 정상이 되었는지 생각하면 놀라울 뿐이었다. 지난 몇 주 동안 조시는 침대에서 나오지 않았다. 일어나라거나 공부는 어떻게 되어가고 있냐고 물으면 고문이라도 당하는 표정을 지었다. 벤이 거리를 두는 게 보였지만, 이해했다. 벤도 시험의 압력을 받고 있는 데다 자기 인생도 살아야 하니까. 시므온과 나는 시험이 끝나면 분명 다시 정상으로 돌아오리라 생각하고 그날을 간절하게 기다려왔다. 하지만 P 박사님의 전화를 받자, 적어도 우리는 정신이 번쩍 들었다. 조시에게 무슨 일이 더 있는 걸까?

나는 야단치려는 게 아니라 도와주려고 왔다는 것을 보여주려고 최대한 차분하게 격려하는 말투로 말했다.

"조시, 너무 걱정돼. 과제는 마쳐야지. P 박사님 연락을 받고 G 선생님을 만났어. 참 친절하신 분이던데, 네 걱정을 많이 하고 계셨어. 우리 다 그래. 어떻게 도와주면 되겠니? 뭘 도와줄까, 조시?"

"나 좀 내버려둬요. 잠 좀 자게." 조시는 투덜대며 대답하고는 돌아누워 이불을 머리끝까지 뒤집어썼다.

나는 완전히 당황했다. 이럴 땐 어떻게 해야 하는 걸까? 화를 내면 과제를 할까? 그러지는 않을 거야. 사실 그러면 더 틀어박혀버릴지도 몰라. 선물을 줄까, 달랠까, 격려해줄까, 아니면 고함을 지를까… 다 부질없어 보였다. 어쨌든 조시는 자기 머리와 의지가 있는 열여덟 살 성인인데, 우리가 어떻게 하라 말라 할 수 있겠는가? 게다가 우린 엄한 부모가 아니었다. 잘못이 있다고 해서 불같이 버럭 화내고 소리 지르고 규칙들을 세우기보다는 계속 방향을 잡아주면서 부드럽게 지켜보는 게 양육이라고 생각했다. 그리고 어쨌거나 정말로 문제가 있었던 적은 이제껏 한 번도 없었다.

시므온과 나는 그 상황을 어떻게 풀어나가야 할지 몰랐다. 조시에게 어떤 조언을 해줘야 좋을지 모른다는 것을 깨닫자 끔찍하고 두려웠다. 이 일로 우리는 그동안의 양육방식을 되돌아보게 됐다. 우리는 어른이니까 답을 알아야 했다. 늘 그래왔듯이 열심히 토의해서 차분하게 최선의 해결책을 찾아보고자 했다. 한참 울기도 했던 것 같다. 우리는 문제를 해결하는 데는 순서가 있고, 지금 제일 긴급한 사안은 그놈의 과제를 마치게 하는 것이라고 결정했다. 이제는 물론 그게 아니라는 것을 안다. 우리는 진짜 문제를 보지 못했다. 그저 한 가지 증상만 보고는, 거시적으로 상황을 바라보며 '조시가 왜 공부를 하지 않을까'라고 질문하는 대신에 그 증상 하나만 해결하려고 했다. 시간 압박이 가장 크게 느껴졌다.

조시는 이 과제를 마쳐야 하고 시간이 별로 없어!

과제를 제출하지 않으면 모든 게 다 위험해져!

P 박사님과 G 선생님이 그렇게 애써주셨는데 우리가 실망시켜드리고 있어!

우리의 모습이 조시에게 어떻게 보였을까. 지금 와서 생각해보면 그때 "과제 생각은 하지 마! 잊어버려! 아무것도 안 중요해, 하나도!"라고 말하고 조시를 꼭 감싸 안아주면서 그냥 기운 내고 다시 일어서는 데 집중하라고 말해줬어야 했다. 하지만 그때 우리는 조시가 아프다는 것을 몰랐다. 그냥 일시적인 일탈이나 반항 같은 거라고 생각했다. 나도 관습에 길든 탓에 그 같잖은 시험이 중요하다고 생각했다. 시험이 조시의 성공을 위한 열쇠라고 믿었기 때문에 그걸 포기할까봐 전전긍긍했다. 지금 이 글을 쓰고 있으려니 부끄러움과 후회가 물밀 듯 밀려온다. 내 결정은 조시의 정신건강에 대한 무지와 조시에 대한 바람, 두 가지에 근거하고 있었다. 내 생각과 내 기준대로 조시의 미래를 꿈꿨고, 황금 같은 대학 시절은 영화에서 보던 것과 똑같을 거라고 믿었다. 조시가 대학에 가서 우수한 성적을 받고 졸업하고 사랑에 빠지고 학사모를 하늘 높이 날리며 마지막 사진을 찍을 거라고 생각했다.

끝.

미안해, 조시.

정말, 정말 미안해.

언제나처럼 시므온은 재빨리 행동에 돌입해서 조시의 과제를 최대한 도와줬다. 가끔 고개를 돌려 하품을 하거나 머리카락을 손으로 쓸어내리며 멍한 눈으로 모니터를 응시하는 조시의 옆을 지켰다. 조시는 마치 허깨비 같았다. 그 모습을 보니 어린 시절 조시가 산문을 쓰던 때가 생각났다. 조시가 구두점이라고 생각하면서 종이 위에 점과 선을 아무렇게나 끼적이고 단어 하나를 쓰고 또다시 써가며 길고 지루하고 괴로운 사투를 벌이는 동안, 나는 옆에서 격려의 말을 하고 끝도 없이 차를 끓이고 까치발을 하고 다니면서 혹시 조시가 정신을 차리고 나아지지 않으면 어떻게 되는 걸까 걱정하곤 했다. 온 집에 긴장감이 흘렀고, 벤도 자기 방에서 나오지 않았다. 자는 게 아니라 이 상황을 피하고 싶은 것이었다. 그걸 누가 비난하겠는가?

시므온과 나는 잠들기 전에 몰래 이 문제를 논의했다. 부부끼리 우리 가족이 처한 상황에 대해 함께 이야기했다.

뭐가 문제일까?

혹시 선열일까?

약을 하나?

혹시 게이여서 성정체성을 고민하는 게 아닐까?

말할 수 없는 무슨 일이 생긴 걸까, 트라우마가 된 일이?

해답은 나오지 않았다. 몇 년이 지난 지금도 마찬가지지만, 마치 어둠 속을 더듬으며 가는 기분이었다. 한 발만 잘못 내디뎌도 우리 모두 끝장이었다. 어둠 속을 시므온의 손을 잡고 갈 수 있어서 얼마나 감사한지 모른다. 큰 힘이 된다. 그 덕분에 계속 나아가고 있다….

단순한 진실: 이건 시작이었다.

우린 부서져가는 벼랑 가장자리에 서 있었고, 모든 게 무너지기 일보 직전이었다. 우린 전혀 몰랐다.

8장

조
시

치료, 체킁

"여기가 물속이라면 빠져나가려고 발버둥 치고 싶지 않은 기분이다."
존 키츠

어찌어찌해서 대충 과제 모양은 갖췄다. 무엇을 어떻게 했는지
는 기억도 잘 안 나지만, 분명 내가 생각했거나 계획했던 것은 아
니었다. 예상했던 성적을 받을 수 있는 수준도 아니었다. 턱도 없
었다. 형편없는 대체물이었지만, 그래도 적어도 과제이긴 했다. 내
세울 만한 과제가 전혀 아니었다. 없는 기운을 간신히 짜내 억지로
했으니 당연했다. 난 그저 어떻게든 해치우고 잊어버리고 싶었다.
사실 결과물은 안중에도 없었고 그냥 사람들의 불편한 질문을 더
이상 받고 싶지 않았다. 그 상황이 버겁기만 했다. 과제를 제출하
고 나자 약간 안도감이 들었지만 그뿐이었다. P 박사님은 쌀쌀했
다. 너무 큰 실망을 하셨을 테니 당연한 일이다. 지금 돌이켜 보면
몸 둘 바를 모르겠지만, 그때는 선생님의 그런 태도조차 상관없었
다. 나는 마비되어가고 있었다.

하여간 나는 과제를 내고 침대로 돌아갔다.

부모님 사이에서, 부모님과 선생님들 사이에서 내가 어떻게 하는 게 좋을지, 과연 내가 최종 시험을 봐야 할지 말아야 할지를 놓고 갖은 논의가 오갔지만, 나는 무관심했다. 마치 다들 다른 사람 이야기를 하고 있는 것 같았다. 문제는 시험을 봐서 좋든 나쁘든 일단 점수를 얻을 것인가, 내 정신건강을 고려해서 시험을 보지 않고 그냥 0점을 받을 것인가 중 나은 쪽을 선택하는 것이었다. 나는 그냥 하라는 대로 할 생각이었고, 결국 그날 내 상태에 따르자는 결론이 내려졌다. 그건 최상의 타협 같았지만, 사실은 최악의 회피였다. 지금 생각해보면, 그때 난 시험을 보지 않겠다고 말해야 했고 누군가 동의해줬어야 했다. 누구를 비난하자고 하는 말이 아니다. 다들 경험해본 적 없는 상황이었고 최선을 다했다는 것은 잘 알고 있다. 하지만 머릿속에 안개가 온통 자욱해서 왼쪽과 오른쪽, 커피와 차 같은 간단한 선택조차 한없이 어렵게 느껴지는 상황이라면 누군가 고삐를 단단히 잡고 방향을 정해야 한다.

엄마가 머뭇거리며 치료사나 상담사 같은 전문가를 만나보는 게 좋지 않겠냐고 제안했다. 별일 아닌 것처럼 말하려고 애썼지만, 주저하는 엄마의 태도에서 나는 이게 그다지 가고 싶지 않은 길이라는 것을 알 수 있었다. 이해했다. 그건 큰일이었다. 자식 이야기를 하면서 정신건강이니 우울증이니 신경쇠약이니 하는 온갖 불쾌한 병명들을 거론하는 대화가 시작되는 것 아닌가. 그 대화는, 적어도 엄마에게는 현실감을 줬다, 나는 너무 마비된 탓에 그런 대화에 참여할 마음도 없었지만, 내게 이 상황은 이미 현실이었다.

공공보건의 대기 환자가 너무 많아 시험 전에 만나기가 힘들어

보이자, 엄마는 시험 스트레스와 불안을 전문으로 하는 치료사를 찾아냈다. 엄마는 그 사람이 내게 이 어려운 시기를 통과할 방법을 가르쳐줄 거라는 희망을 품고 있었다. 엄마의 미소가 그렇게 말하고 있었다. 내게도, 다른 사람들에게도 다 잘될 거라는 확신을 주려는 그 미소다. 하지만 나는 그 가면을 보면 짜증이 났다. 무슨 일인지는 몰라도 나 스스로 전혀 괜찮지 않다는 것은 알고 있었고, 그 사실을 그냥 엄마가 인정해줬으면 싶었다. 그러면 나도 괜찮은 척하지 않아도 될 텐데.

엄마는 마치 수치스러운 일이라도 되는 것처럼 소곤거리며 예약을 잡았고, 어느 날 방과 후 브리스톨 외곽의 병원으로 나를 데리고 갔다. 멋진 저택을 개조한 병원으로 이어지는 구불구불한 길을 달려가는 동안, 엄마는 연신 걱정하지 말라면서 내가 어린아이라도 되는 것처럼 온갖 기본적인 조언들을 늘어놓았다. 엄마는 긴장하고 있었다.

"꼭 네 기분을 말해, 조시. 뭐든 부끄러워하거나 걱정하지 말고 말해. 그 사람들은 그런 이야기 백만 번은 들었으니까… 내 말은, 때로 사람들은 정신상태나 성정체성 같은 문제로 고민을 하니까…."

"전 게이가 아니에요, 엄마. 혹시 그렇다 하더라도, 물론 그게 문제가 아니라는 것도 알고요."

그 정도는 나도 알았다.

"물론 아니지." 엄마가 되풀이했다. "난 그냥 네 기분이 안 좋은 이유를 생각해보려는 거야. 뭐든 마음에 걸리는 게 있으면…" 엄마는 말꼬리를 흐렸다.

그 순간 엄마가 좀 안 됐다는 생각이 들었다. 엄마도 나처럼 이게 확실한 문젯거리가 있는 단순한 상황이기를 바라고 있었다. 문제를 확실하게 짚어주면 해결 방법을 알아보려고 다들 노력이라도 할 수 있을 테니 말이다.

나는 상담실 밖에서 삐걱대는 소리가 나는 빨간 가죽 의자에 앉아 문진을 작성했다. 적절한 대답에 체크 표시만 하면 되니 간단해 보였다.

당신은 행복합니까, 슬픕니까?

슬픔. 체크.

정기적으로 복용하는 약이 있습니까?

아니요. 체크.

기분이 일상에 영향을 미칩니까?

네. 체크.

극단적 선택을 생각 해본 적이 있습니까?

아니요. 체크.

그때는 이게 사실이었다.

솔직히 말해서 그 치료사는 실망스러웠다. 우리는 전혀 교감하지 못했고, 그 사람은 절대 내가 속을 터놓고 말하고 싶은 사람이 아니었다. 똑똑해 보이지도 않았고, 나와 눈도 맞추지 않았으며, 오히려 약간 긴장한 듯했다. 체크로만 작성한 그 같잖은 문진에 생각보다 더 많이 의존했고, 상담하는 내내 다리를 꼰 채 생각에 잠긴 듯 손가락으로 턱을 톡톡 두드리는 뻔한 자세를 취하고 있었다. 나는 이 치료사가 똑똑해서 나를 척 보자마자 마법사처럼 짠! 하고 해답을 주기를 조금은 기대하고 있었다. 우울증 초반이었지만 빨리 그 상태에서 빠져나오고 싶었다. 하지만 슬프게도 그런 일은 일어나지 않았다. 치료사는 뻔한 질문들을 느릿느릿 던지고 내 질문에 판에 박은 대답을 내놓다가 마침내 이렇게 질문했다. "울적하고 불안한 기분의 원인이 될 만한 트라우마 같은 거 있어요? 예전에 무슨 일이 있었다거나? 그런 일 없었어요? 뭐든?"

나는 고개를 저었다. 아무것도 없었다. 치료사는 꽤 실망하고 당혹스러운 기색이었다. 나도 이해했다. 차에서 엄마와 했던 대화로 되돌아가는 것 같았다. 내 행복을 부수어놓은 일, 이 걱정과 막연한 불안의 원인으로 콕 짚어낼 수 있는 사건이 있었다면 훨씬 쉬웠을 것이다. 적어도 그렇다면 우리는 문제가 뭔지 알 수 있었을 테고, 저 돌팔이도 하다못해 상담을 계속할 거리가 담긴 차트를 쥐고 있었을 것이다. 하지만 그 차트는 아마 이런 식이었을 것 같다.

대답이 '네'일 경우―약을 권할 것.

대답이 '아니요'일 경우―약을 권할 것.

그는 약을 권했다.

나는 공손히 거절하고 나와서 차에 탔다. 약을 먹으면 두뇌가 어떻게 변화되는지 잘 알고 있었고 그건 하고 싶지 않았다. 사절이다. 내 머리는 지금도 충분히 변했다. 엄마가 미소 대신에 희망 어린 표정으로 나를 쳐다봤다. 엄마도 해답을 바라고 있었을 테니까. 당연하지 않은가! 게다가 없는 와중에 이 상담에 적지 않은 돈을 지불했으니 그 돈을 허비한 게 아니기를 어느 정도 기대하고 있었을 것이다.

"이야기하는 거 좋았니?"

아니요. 체크.

"쓸모가 있었니, 조시?"

아니요. 체크.

"다시 오면 도움이 될 것 같니?"

아니요. 체크.

그런 특권을 누리자고 거액의 돈을 지불하다니.

우리는 말없이 집으로 돌아왔고, 이번에는 죄책감으로 만들어진 돌멩이들이 내 배 속에 가득 찬 느낌이었다. 난 엄마와 시므온의 걱정거리야. 내가 실망시키고 있어⋯.

"나 괜찮을 거야, 조시." 엄마가 내 팔을 톡톡 두드렸다. 나는 그 말을 믿지 않았지만 아무 말도 하지 않는 편이 편했다.

나는 침대로 돌아갔고, 결정의 날이 거의 다가올 때까지 손을 놓아버렸다. 그리고 시험을 치렀다. 엄마와 시므온은 시험장에 가지 않으면 어차피 0점을 받을 테니 잃을 것도 없다며 시험을 치는 편이 좋겠다고 했다. 일리 있는 말이었고 난 동의했다. 하지만 시험 당일에 내 머릿속에는 논리라고는 없었다. 울고 싶었다. 실제로 울었던 것도 같다.

나는 터덜터덜 학교로 걸어 들어갔다. 머리가 쪼개질 듯 아프고, 속은 뒤집힐 듯 울렁거렸다. 한때 좋았던 내 머리는 온데간데없고 그 자리에 뒤죽박죽된 계란 범벅이 들어 있는 것 같았다. 이상하게 내 일 같지가 않았다. 나 자신을 먼 곳에서 바라보는 느낌이었다. 체육관 벽에 걸린 커다란 시계를 계속 쳐다봤지만, 한 눈으로 계속 시간을 확인하며 총알같이 답안을 작성해 내려가는 다른 아이들 과는 다른 이유에서였다. 내 머릿속에는 언제가 되어야 시험이 끝나서 따뜻하고 어둑어둑한 내 침대 속으로 얼른 돌아갈 수 있을까 하는 생각뿐이었다.

그때가 이 몽롱한 혼란 상태의 시작점이었던 것 같다.

기억은 흐릿하고 시간은 왜곡됐고, 침대의 인력에 저항할 수가 없었다. 그 속에 들어가 있는 것이 세상 최고 같았다. 폭식이 시작됐다. 그냥 많이 먹는 정도가 아니라 쓰레기 같은 음식을 먹고 살이 쪘고, 그건 이미 약해진 자존감에 전혀 도움이 되지 않았다. 내 정신상태도 싫고, 빌어먹을 관절 때문에 못 하는 모든 일도 다 싫고, 내 모습도 싫었다.

나는 망가지기 시작했다.

내 자발적 유배 생활도 끝났다. 술로 도피하고 싶은 욕구가 혼자 있고 싶은 바람보다 더 컸다. 나는 가끔 집에서 나와 술을 마셨다. 그것도 아주 진탕. 또래들보다 주량이 센 게 뭔가 멋져 보였고, 무시무시한 속도로 이 자체 처방 약을 들이부었다. 내 주량에 감탄하는 애들을 보면 뭐라도 된 듯한 기분도 조금은 들었던 것 같다. 이상한 이중성이었다. 술집에서 환호성을 받으며 술을 마시고 있으면서도 한편으로는 아무 느낌이 없었다. 술을 마실수록 더 마비됐고 잠시나마 세상에서 더 벗어날 수 있었다. 사람들로 가득한 방에서 외로운 것보다 더 끔찍한 기분은 없다. 우리는 그 어느 때보다 연결된 세상에서 살고 있지만, 외로움은 계속 커질 뿐이다. 우리는 이 연결의 가치를 살펴봐야 한다. 인스타그램 팔로워 천 명보다 속을 터놓고 말할 수 있는 단 한 사람이 더 낫다. 적어도 내 생각은 그렇다.

지금 생각해보면, 시험을 즈음한 그 시기가 첫 우울증 증상이 나타난 때였다. 슬프지만 그건 마지막도 아니었고, 결국에는 더 깊게

가라앉아갈 나중 상황과는 비교해보면 가소롭기 짝이 없는 우울
증 증상이었다.

9장

어맨다

애버딘에 가본 적 있어요?

"인생은 쉬운 게 아니란다, 얘야. 하지만 용기를 가지렴. 즐거울 수는 있거든."

조지 버나드쇼

8월 어느 아침 일찍 조시의 대학입학시험 결과가 왔다. 달력에 빨간 동그라미를 쳐놔서 날짜가 눈에 확 띄었지만 난 보지 않으려고 최선을 다했다. 건강검진 결과와 거기에 늘 붙어 있는 문구를 기다리는 기분이었다. "걱정거리가 있다는 걸 알기 전까지는 걱정할 필요가 없습니다…." 말이야 쉽지만, 사실 그런 말은 걱정을 덜어주기는커녕 인간이라서가 아니라 나약해서 걱정하는 것 같아 죄책감만 느끼게 만든다. 결과가 오지 않는 한은 조시가 시험장에서 어찌어찌 불가능한 일을 해내서 필요한 점수를 받고 세인트앤드루스에 입학해 인생을 다시 제 궤도에 올려놓을 가능성이 아직 있을 것만 같았다…. 그리고 당연히 그와 더불어 내 인생도. 그러고 나면 우리 가족도 모든 소통과 관심을 끊고 멍하게 잠만 자는 조시를 걱정하느라 속이 문드러졌던 이 여름을 뒤로하고 나아갈 수 있을 것이다. 세상에! 놀라운 무지와 순진함, 이해심 부족이 아닐 수 없다. 사실 그래서 피해가 더 컸다. 부모님을 비롯한 가족들에게는 물론이고 물어보는 사람들한테마다 하도 "다 괜찮아질 거야!"라고 주문처럼 되풀이했더니 실제로 그 말을 믿게 되었기 때문이다.

"조시는 어때?"

"이, 괜찮을 거야! 나 괜찮아질 거야!"

시험이 끝나자 조시는 시험 이야기는 거의 하지 않았다. 사실 거의 아무 이야기도 하지 않았고, 몇몇 친구들과 술을 마시고 특이한 음악 축제에 가면서 여름을 보냈다. 당연히 그 좋아하는 잠도 끝도 없이 잤다. 축 늘어져 자고 있는 조시를 보면 어쩔 수 없이 짜증이 났다. 특히 시므온과 나는 일과 살림을 하느라 눈코 뜰 새 없이 바쁜데 자기 방에서 세상만사 잊고 자고 있는 꼴을 보면 더했다. 소리 지르지 않으려고 있는 힘을 다 써야 했다.

"왜 일어나지 않니?"

"벨 소리 못 들었어? 배달을 놓쳤잖아."

"목욕이나 산책을 좀 하지그래."

"사용한 컵과 접시를 아래층에 좀 갖다 놓으면 어디가 덧나니?"

"네 세탁 거리를 왜 내가 챙겨야 하니? 이건 아니잖아, 조시!"

"그만하면 됐어! 이제 기운 좀 차려! 기운 차려보라고!"

그때로 돌아가 다른 선택을 할 수 있으면 얼마나 좋을까. 그런 일들이 너무 많다.

결과가 나왔던 그 날 일은 절대 잊을 수가 없다.

그날 조시는 평소와 달리 정오가 되기 전에 일어나 최종 결과가 담긴 이메일을 혼자 열어봤다. 벤은 이미 결과를 확인한 후 친구들을 만나러 나가고 없었다. 시므온과 나는 조시와 함께 부엌 식탁에 앉아 있었다. 열린 유리문 사이로 따스한 바람이 살랑살랑 들어왔고, 햇살은 밝게 비쳤고, 새들이 지저귀고 있었다. 조시에게 온 이메일만 아니면 완벽한 날이었다. 주변 공기가 기대와 두려움으로 터질 듯이 팽팽했다.

SNS는 당연히 조시 동급생들의 합격 소식으로 시끌벅적했다. 물론 그게 싫은 것은 아니었다. 결과가 나와서 이제 모든 게 끝났으니 다들 얼마나 안심되고 기쁘겠는가. 그 학생들과 가족들의 심정을 이해한다. 다들 샴페인을 터뜨리며 대학에 가서 살 집과 미래의 새로운 모험을 계획하고 있을 것이다. 하지만 그런 주변 분위기 때문에 가뜩이나 힘든 마음이 더 힘들었다는 것도 사실이다.

우린 샴페인을 터뜨리지도, 짐을 싸지도 않았다. 대신 주먹을 꼭 움켜쥐고 방망이질 치는 심장을 억누르며 떨리는 입술로 어색한 위로의 말을 더듬거렸다. 사실 시므온과 나는 놀랍게도 조시가 공부를 전혀 하지 않았는데 머릿속에 남은 지식만 가지고 세 과목을 다 통과해내서 뛸 듯이 기뻤다. 정말 굉장한 일이었다. 자랑스러웠다! 진심이었다. 하지만 조시는 세인트앤드루스에 가는 꿈이 산산조각 나버린 마당에 그런 상투적 칭찬을 아무리 퍼부어봤자 아무 의미 없다는 표정을 짓고 있었다. 조시는 세인트앤드루스에서 제시한 조건부 입학 요건에 맞는 성적을 받지 못하고, 몇 단계 떨어진 A, B, D 등급을 받았다. 이 문장을 다시 읽어본다. 이런 문장을 쓰다니 믿을 수가 없다. 너무나 불합리하고 우스꽝스럽게 느껴진다. A, B, D라는 세 글자에 그런 막강한 힘이 있고 그것이 그토록 중요하게 느껴지다니. 대부분의 사람들이라면 이 세 글자에 열광할 것이다! 사람의 명석함을 이렇게 어리석은 방식으로 잰다는 게 정말 우스꽝스럽기 그지없다! 하지만 다시 본론으로 돌아가자. 조시는 답안을 대신 써줄 서기의 도움도 없이 그 성적을 얻었고 그건 전국 상위권에 들어갈 정도로 대단한 점수였지만, 조시에게는 자기 정신상태가 얼마나 엉망이 되었는지를 보여주는 실망스러운 성적, 그리고 무엇보다 가고 싶었던 대학에 가기에 모자라는 점수일 뿐이었다.

"아마… 안 받아줄 거예요. 제가… 제대로 못 해서." 조시는 창백한 얼굴에 곧 울 것 같은 눈을 하고 겨우 말했다.

"잘했어, 조시. 그런 힘든 일을 겪고도 정말 잘했어!" 우리는 애썼지만, 조시는 물끄러미 우리를 쳐다보기만 했다. 그 눈은 우리에게 거짓말쟁이라고 말하고 있었다.

시므온이 우리를 격려하며 전화기를 부엌으로 가져오더니 노트북을 열었다. "자, 추가모집을 알아보자!" 그건 대학들이 남는 자리를 공시해서 예상보다 성적이 더 잘 나왔거나 못 나온 학생들에게 입학 기회를 주는 시스템이었다. 성적이 안 나온 학생들이 계속 줄어가는 자리를 차지하기 위해 덤벼드는 사이버 의자 뺏기 놀이처럼 느껴졌다. "걱정하지 마, 조시! 괜찮을 거야." 나는 예의 단골 문구를 또 읊었지만, 이제는 아무에게도 먹히지 않았다.

우리는 대학 입학 서비스에 로그인한 다음, 생물학과에 남은 자리가 있는 대학들을 찾아 목록을 훑어나갔다. 스코틀랜드 에든버러 북부에 위치한 영국 제일의 명문대학 중 하나인 세인트앤드루스에는 당연히 한 자리가 비어 있었다. 예상보다 높은 성적을 받은 조시 또래의 아이가 전화를 걸어 기쁜 소식을 듣는다고 생각하니 조금이나마 위안이 됐다. 그날 시므온과 나는 무거운 침묵을 깨뜨리기 위해 마치 저질 팬터마임이라도 하듯이 틈만 나면 감탄을 늘어놓으며 광대 짓을 했다.

"오오 노팅엄 대학! 멋지다, 거기 해보자! 헐 대학? 와아! 헐 대학 멋지지!"

나는 억지 미소를 짓느라 얼굴 근육이 아플 지경인데, 조시는 자기 무릎만 내려다보고 앉아 있었다. 감정적으로 엮이지 않은 제삼자 입장에서 그 자리에 있었다면, 나는 미친 듯이 목록을 만드는 시므온과 재잘거리며 긍정적 제안들을 늘어놓는 나를 보고 아이 얼굴을 한 번 본 다음 당장 멈추라고, 너무 서두르는 것 아니냐고 했을 것이다…. 애 숨 좀 쉬게 해줘요…. 모든 사람이 그놈의 대학에 가야 하는 건 아니잖아요….

하지만 그건 지나고 나서야 할 수 있는 말이다. 조시가 태어났을 때 나는 늘 조시를 위해 싸우겠다고 맹세했고, 그때 나는 조시의 자리를 찾아주기 위해 시므온과 함께 바로 그런 싸움을 하고 있었다.

떨리는 손 위에 전화기를 올려놓고 번호를 누른 다음 심호흡을 하고 눈을 감은 채 덜덜 떨리는 목소리로 말하던 조시의 모습은 평생 잊을 수 없다. 조시는 전화기를 든 채 울면서 말도 제대로 못했고, 그 옆에서 시므온과 나도 함께 울었다.

"여보세요, 제… 제 이름은 조시에요. 방금 결과를 받았는데, 거기 생물학과에 자리가 있나 해서요…."

우리가 옆에서 할 말을 불러줬고, 조시는 초라한 종잇조각에 그 말을 휘갈겨 받아 적었다. 그 종이는 아직도 가지고 있다. 그걸 볼 때마다 그 두려웠던 아침이 생각나면서 코앞만 봐서는 안 된다는 가르침을 되새기곤 한다. 제삼자의 넓은 시야로 상황을 바라보고 다른 질문들을 할 수 있도록 노력해야 한다. 지금이라면 그날 조시에게 뭐라고 문의해야 할지 허겁지겁 알려주며 손에 전화기를 쥐여주거나, "스완지 대학에 가는 거 어때?" 하고 묻는 대신, 이렇게 말할 것이다. "이게 네가 원하는 거니? 지금 대학에 가는 게 옳다고 생각하니? 정말로?"

몇 번의 단호한 '아니오' 끝에, 애버딘 대학에서 자리가 있다고 했다. 드디어 한 줄기 서광이 비쳤다. 할 수만 있다면 전화를 받은 여자에게 달려가서 뽀뽀라도 해주고 싶은 심정이었다. 그녀는 생명줄을 내려준 것이나 다름없었다. 물론 조시가 거의 알지도 못하고 아는 사람도 없는 애버딘에 가지 않을 가능성도 있지만, 중요한 것은 그게 아니었다. 핵심은 조시를 원하는 곳이 있다는 사실이었다. 그날의 조시처럼 모두에게 버림받고 길을 잃은 심정일 때, 그건 이루 말할 수 없이 중요한 일이었다.

"오, 조시! 애버딘이래! 멋지지 않니! 애버딘!" 나는 열광했다. "애버딘은 정말 좋은 곳일 거야! 아마 바닷가에 있을걸. 너 바다 좋아하잖아. 뱃놀이도 할 수 있어! 물고기도 많고 산책할 언덕도 많을 거야."

"산책할 언덕?" 시므온이 의아스럽다는 듯이 물으며, 조시가 평생 언덕을 산책한 적 없다는 사실을 넌지시 알렸다.

"애버딘에 가본 적 있어요, 엄마?" 조시가 조용히 물었다.

"아니. 가본 적 없어." 인정해야 했다.

"정확히 어디 있는지 알아요?"

"어, 아니. 모르겠어, 정확히는….."

그날 처음이자 마지막으로 모두 웃음을 터뜨렸다. 사실 그때 조시가 애버딘에서 공부하기를 원했다면, 물론 우린 그 결정을 지지했을 것이다. 하지만 막상 지도를 보고 애버딘이 우리 집에서 자동차로 거의 아홉 시간을 달리거나 직항도 아닌 굉장히 비싼 비행기로 가야 하는 곳이라는 사실을 알고 나자 걱정이 되기 시작했다. 가장 먼저 든 생각은 조시에게 우리 도움이나 지원이 필요할 때 빨리 옆에 갈 수 없다는 것이었다. 마침내 우리 집에서 차로 겨우 몇 시간 거리의 사우샘프턴에서 제안이 왔다. 시므온과 나는 크게 안도했다. 조시는 이 모든 일과 별로 상관없다는 듯이 초점 없는 눈을 하고 있었다.

그때 생각만 하면 목이 메고 가슴이 먹먹하다. 조시가 불안에 떨며 공황 상태에 빠진 모습을 보는 것은 처음이었다. 가슴이 찢어졌다. 무슨 말을 해야 할지, 어떻게 행동해야 할지 도무지 알 수가 없었다. 다른 어떤 날보다 그날이 제일 괴로웠다. 아직도 그때의 꿈을 꾼다. 감정적으로나 육체적으로나 더 요동친 날들이 이후 계속 등장했지만, 이상하게도 그날이 가장 가슴에 박혀 있고, 계속 그 이유를 알아내려 애써왔다.

이유를 생각하기란 쉽지 않았다. 왜냐하면 그건 조시보다는 나와 더 연결되어 있어서 달갑지 않은 진실을 대면해야 했기 때문이다. 나는 난독증이 있는 아이에게 제일 좋다고 생각한 학교에 조시를 보내기 위해 경제적으로 무리하며 고군분투했다. 그 학교 시스템이 조시의 잠재력을 최고로 끌어내주기를 희망했다. 좋은 차, 휴가, 옷, 심지어 미장원 대신 학교에 다달이 갖다 바친 돈의 가치를 좋은 결과가 증명해준다고 생각했다. 포기했어야 했던 일들을 정당화시켜준다고 생각했다. 또 조시에게 못되게 굴고 따돌렸던 애들과 그 애들의 말 많은 부모들에게 내 아들이 성공을 거두었다고 보여주고 싶은 마음도 어느 정도 있었다. 조시도 같이 달리고 있을 뿐만 아니라 심지어 이기고 있다고 모두에게 보여주고 싶었다! 이런 생각을 했다니 부끄럽다. 정말로.

입학 허가를 받은 건 좋았지만, 조시를 대학에 보낼 준비를 하자면 할 일은 태산인데 시간이 거의 없다는 것을 깨닫자 마음이 조급해졌다. 우린 또다시 시간에 쫓겨 허둥거렸다. 시므온과 나는 여전히 눈을 감고 팔을 내민 채 맹목적으로 내달리고 있었다. 차이점이 있다면 이번의 무지는 두려움이 아니라 흥분 때문이라는 것뿐이었다.

조시는 즉시 사우샘프턴의 제안을 받아들였지만, 고개를 까닥이는 정도 이상의 반응은 보이지 않았다. 그보다는 좀 더 반응이 있을 거라고 기대했다. 뛸 듯이 기뻐하지는 않더라도, 적어도 안도는 할 줄 알았다. 하지만 조시는 친구들과 가족들에게서 온 '축하' 카드들도 마지못해 겨우 열어보고는 휙 옆으로 던져버린 뒤 곧장 다시 침대로 기어들어갔다. 그때 처음으로 그때까지 믿었던 것처럼 이게 끝이 있는 문제, 그래서 언젠가는 우리가 잘 알고 사랑하던 조시로 되돌아가는 날이 오는 문제가 아닐지도 모른다는 생각이 들었다. 내가 그리워하는 예전의 조시에게는 날카롭고 통찰력 있는 위트가 있었다. 뭔가 다른 문제가 벌어지고 있는 게 아닐까, 기쁨과 재미를 느끼지 못하게 하는 어떤 일이 벌어지고 있는 게 아닐까 하는 생각이 들지 않을 수가 없었다. 나는 얼마 전부터 내내 마음에 걸리던 우울증에 대해 알아보기로 결심했다. www.samaritans.org 사이트에 들어가 거기 나열된 증상들을 읽어 내려가기 시작했다.

에너지 부족 혹은 피곤

만성적 피로

머리가 멍하고 명료한 사고가 힘듦

집중하기 힘듦

불안과 초조

눈물이 나고 항상 울고 싶음

사람들과 함께 있거나 대화하고 싶지 않음

평소 좋아하던 일들을 하고 싶지 않음

감정을 다스리기 위해 술이나 약물에 의존

일상적 일들을 하기 힘듦

신체적, 정신적으로 소진된 느낌

정신병의 세계에 과감히 첫발을 들여보면 내 걱정이 얼마나 근거 없고 어처구니없는지 알려주는 증거들을 보며 안심하고 웃을 수 있을 줄 알았다. 하지만 그러기는커녕 등골이 서늘해졌다. 이 증상들 거의 다가 내 아들에게 해당됐다. 그때가 우울증이라는 용어를 처음 쓴 때였다. 그건 내가 정말 싫어하게 된 단어다. 악몽을 꾸게 하는 단어, 무슨 일을 하건 누구와 있건 어디에 있건 내 의식 속 한구석에 언제나 자리 잡고 있는 단어다. 잘못 쓰이는 사례를 보면 분노가 치밀어 오르고 속이 뒤집히는 단어다.

우울증.

소리 내어 말하면 목구멍에 날카로운 돌덩이가 박힌 것처럼 말문이 막히고 숨쉬기가 힘들다. 솔직히 너무 아프다.

이 단어를 보면 실패의 이미지가 떠오른다. 눈물이 고여 벌게진 통통 부은 눈에 슬픔의 초상 같은 창백하고 무감각한 표정을 한 사람들, 고개를 푹 숙이고 망가지고 침대에서 나오지 않는 사람들의 모습이. 평생 온갖 꼬리표에 시달려왔던 조시에게 또 하나를 덧붙이고 싶지 않았지만, 마음속 깊은 곳에서는 조시 스스로 자신이 우울증에 걸린 것일지도 모른다고 말해주기를 바랐다. 적어도 그러면 이 상황을 설명할 수 있는 말이, 문구가 있을 테니까, 아니면 적어도 그 증상과 행동을 이해하고 도울 수 있을 테니까. 조시가 내 눈을 보면서 우울증이라고 말해주면, 나도 다른 사람들 눈을 보며 내 아들이 우울증이라고 말할 수 있을 테고, 그러면 바라건대 친구에게든 가족에게든 조시가 약간 '기분이 안 좋다'고 애매하게 얼버무리는 일을 그만둘 수도 있을 것 같았다. 세상에! 그게 도대체 무슨 소리란 말인가?

기분이 안 좋다고?

이렇게 적기만 해도 짜증이 나는데 실제로 우울증을 겪는 사람이 그 말을 들으면 기분이 어떨까. 자신을 갉아먹는 병을 긴 시간 안고 살아가고 있는데, 누군가가 그 상태를 '약간 기분이 안 좋다'고 표현하는 걸 상상할 수 있겠는가?

정말 미안해, 조시… 미안하고, 또 미안해.

이건 내가 저지른 수많은 어리석은 실수 중 한 가지 예에 지나지 않는다. 내 아들이 무슨 일을 겪고 있는지 하나도 모르면서 그저 억지 미소를 지으며 만사를 좋게 해보려고만 했던 내 행동 때문에 상황이 훨씬 더 안 좋아졌을지도 모른다.

이 꼬리표가 조시와 조시 주변의 모든 사람에게 쓸모 있는, 심지어 적절한 길잡이가 될 수도 있겠지만, 한편으로는 이 단어가 조시가 탄 배의 돛대에 새겨지길 바라지 않는 마음 또한 그만큼 컸다.

인정하기 부끄럽지만, 난 조시가 그런 사람이 아니기를 바랐다. 하지만 안타깝게도 조시는 이미 그런 사람이었다!

사실 조시가 내게 자신이 우울증에 걸렸다고 말하지 않았으면 싶은 마음도 있었다. 솔직히 난 그 정보를 가지고 뭘 할 것인지 조금도 몰랐기 때문이다. 우린 즉시 힘든 질문들로 돌아갔다.

어떻게 치료하나?

치료법은 무엇인가?

치료 약이 있나?

만나볼 의사가 있나?

어디 조용한 햇살 좋은 곳에 가 있다가 나아서 돌아올 수 있나?

열심히 산책하면 도움이 될까?

집밥은?

포옹은?

안다, 잘 안다. 모두 다 웃기지도 않은 질문들이다. 지금 돌이켜보면 사실 그렇게 복잡하지는 않았다. 마음속 깊은 곳에서 나는 조시가 언젠가 이 사실을 인정한다면 **우울증**이라고 커다랗게 쓴 깃발 뒤에서 행진하고 걷고 때로는 기는 여행이 곧 시작되리라는 걸, 그리고 난 그 여행의 경로도, 챙겨야 할 물건들도, 심지어 목적지도 모른다는 걸 알고 있었다.

조시가 대학으로 떠나고 벤의 학기가 시작되기 전 몇 주 동안, 두 아이의 상태는 그 어느 때보다도 달랐다. 우리는 벤에게 조시가 몸이 좋지 않다고 층계참에서 소리 죽여 말하고 나가서 재미있게 놀라며 손을 흔든 다음, 자고 있는 조시를 다시 살펴보러 가곤 했다. 조시가 양껏 깊은 잠을 자고 나면 '다시 개운해져서' 기지개를 크게 켜고 하품한 다음 벌떡 일어날 수 있기를 바랐다. 물론 우울증 환자에게는 침대에서 나와 샤워하고 머리 빗는 것도 힘든 일인데, 그런 것이 불가능하다는 것을 이제는 잘 안다. 하지만 그래도 우리는 희망을 품고 조시를 지켜봤다. 영양가 있는 식사를 챙겨주고 사우샘프턴 대학 안내서에 적힌 근사한 정보들을 큰 소리로 읽어줬다. "와아, 이거 봐, 조시, 영화관이 있대!" 스노보딩에서 사진에 이르는 각종 동아리, 카페, 바, 클럽에 우리가 열광하면 조시도 조금은 열광하지 않을까 기대했다. 그렇지 않았다. 굳이 말하자면, 조시는 체념한 듯이 보였다. 그냥 조용했다. 시므온과 나는 조시에 대해 끝없이 의논했고, 막상 대학에 가면 학교생활에 빠져들어 우리가 바라 마지않는 흥분을 느낄 수 있을 거라고 생각했다.

어느 서늘한 일요일 아침 늦게 조시가 계단을 살며시 내려와 부엌 식탁에 앉았다. 여전히 파자마와 가운 차림으로 씻지도 않은 채 멍하고 우울한 얼굴을 하고 있었다. 바로 그 전날 우린 조시의 대학생활에 필요한 물건들을 챙기기 시작했다. 새 침대보, 펜, 접시, 식기 같은 것들… 조시가 떠날 날을 세고있는 시계 소리가 똑딱똑딱 들리는 것만 같은데, 조시는 저런 꼴이었다. 난 어쩔 줄을 몰랐고 몰려드는 공황 상태에 빠졌다. 뭔가 해야만 했다. 나는 브런치를 만드는 중이었다. 시므온은 정원에서 일하고 있었고, 벤은 침대에서 텔레비전을 보고 있었다. 바쁘게 할 일이 있고 단둘이만 있을 때 이야기하는 게 왠지 더 쉬울 것 같았다.

"있잖아, 조시, 내가 아는 사람들 중에 우울증을 앓았던 사람들 생각을 하고 있었는데, 아니, 네가 그렇다는 건 아니고…." 나는 정확하지 않거나 도움 안 되는 말을 해서 조시를 펄쩍 뛰게 만들지 않으려고 조심하며 말했다. "하여간 그 사람들이 한 말이랑 행동이, 음, 그게 네가 한 말이나 행동이랑 많이 비슷한 데가 있는 것 같아…."

조시는 처음 태어난 날부터 보여줬던 솔직한 표정, 내 다리 위에 누워 잠도 자지 않고 나를 빤히 올려다보던 의문에 찬 눈으로 나를 바라보며 말했다. "정말요, 엄마? 그렇게 생각해요?"

다른 날, 다른 주제였다면, 그냥 웃으며 농담조로 이야기했을 것이다. "그러게! 아니, 그냥 생김새도, 냄새도, 맛도 다 바나나랑 비슷하니까, 혹시나 해서…."

하지만 웃을 때가 아니었다. 우린 아름답고 명석하고 유일무이하고 수수께끼 같고 카리스마 넘치는 조시의 머리 이야기를, 그리고 근본적으로 그 머리가 약간 망가졌다는 이야기를 하고 있었다.

"그러니까, 네가 우울증일지도 모른다는 말이지, 조시?" 나는 조시를 향해 조준 발사한 이 언어 폭탄의 뇌관을 제거하려고 애쓰면서 노래라도 부르듯이 슬쩍 찔러보았다. 조시에게 등을 돌린 채 스크램블드에그를 만들면서 숨을 죽이고 조시의 대답을, 반박을 기다렸다. 조시만이 할 수 있는 신랄하고 웃기고 통찰력 있는 반박으로 다음 폭탄의 뇌관을 제거해주기를 기다렸지만…. 아무 대답이 없었다. 그래서 미소를 얼굴에 장착하고 식탁을 향해 돌아섰는데…. 조시는 울고 있었다. 다 큰 애가 닭똥 같은 눈물을 뚝뚝 흘리고 있었다. 상처받은 아이처럼 울고 있었다.

"피곤해요, 엄마." 조시는 슬픔으로 일그러진 입으로 겨우 말했다. "너무 피곤해요."

나는 조시 못지않게 괴로운 심정으로 조시를 쳐다봤다. 조시는 눈물이 고여 벌게진 통통 부은 눈에 슬픔의 초상 같은 창백하고 무감각한 표정으로 고개를 푹 숙이고 있었다.

거기에 그 꼬리표가 있었다.

끝이자 시작인 그 단어.

우울증. 조시는 우울증에 시달리고 있었다.

들어본 적은 많지만 아는 바는 거의 없는 단어였다. 그건 그냥 좀 아픈 사람들한테 다목적으로 쓰는 단어 아닌가? 우울증이라는 말은 빠른 치료와 연결되지 않는다는 느낌이 들었다. 사람들은 "한때 우울증을 겪었다"라고 말하는 대신에 "우울증과 함께 산다"거나 "우울증과 싸운다"고 하지 않는가. 이건 충격이었다. 웃기게도 나는 대학에 가면 조시가 회복될 거라는 희망을 여전히 어느 정도 품고 있었다. 우는 조시를 품에 안고 어깨 너머로 정원에 있는 시므온을 바라봤다. 나중에 이 이야기를 들려주면 조시가 빨리 회복될 거라는 시므온의 희망도 사라지게 될 것이다. 괴로웠다.

나는 부드럽게 물었다. "아직도 대학에 가고 싶니?"

"네."

"정말이야? 왜냐하면…."

"네!" 조시가 내 말을 잘랐다.

"어디 가서 이야기하고 싶은 생각 있니, 조시? 의사라거나?"

"아뇨!" 조시가 버럭 소리 질렀다.

"너한테 뭔가 줄 수 있을지도 몰라. 조언을 해줄 수도 있잖아?"

"싫어요!" 조시는 다시 버럭 소리를 지르더니 나를 밀어냈다.

식탁을 박차고 계단을 달려 올라가는 조시를 보면서 나는 생각했다. 자, 이제 도대체 뭘 해야 하지?

10장

조시

새로운 출발

"우리 존재란 그저 자기 내면의 어두운 힘과 싸우는 것에 불과하다."
헨리크 입센

학교를 졸업하고 시험 결과가 나올 때까지의 시간은 영원처럼 느껴졌지만 실제로는 8주에 불과했다. 삶은 정지되었고, 사실 그건 내게 잘 맞았다. 놀랍지도 않겠지만, 나는 잤다. 울적한 기분 속으로 점점 더 빠져들어갔고, 고립 외에는 아무것도 바라지 않았다. 결과가 나온 날은 '행복한 척'하며 폭주하는 엄마 때문에 끔찍했다. 이상하게도 결과가 나오고 나자, 슬로모션으로 움직이는 것 같던 인생이 감당할 수 없을 만큼 빠른 속도로 내달리기 시작했다. 나는 사우샘프턴 대학에 가게 됐고, 우연히도 그곳은 나와 가장 친한 친구 하나도 가는 대학이었다. 생물학으로 유명한 러셀그룹의 대학이니 기뻐해야 마땅했다. 그렇지 않은가? 나도 어느 정도는 기뻤다. 하지만 처음으로 집을 벗어난다는 생각에 들뜬 친구들의 흥분 같은 것은 전혀 느껴지지 않았다. 세인트앤드루스에 가지 못

146

했다는 실망감이 사우샘프턴에 가게 됐다는 안도감보다 더 컸다. 모든 게 실패 같았다. 몰랐지만, 나는 이미 기쁨을 느끼는 능력을 잃어가고 있었다. 그 대학에 한 자리가 있다는 소식을 푸 파이터스 Foo Fighters가 글래스턴베리 페스티벌 메인 무대에서 알려주고 맥 라렌 P1을 타고 집에 왔다고 해도 내 기분은 마찬가지였을 것이다. 그냥 무덤덤했다. 거의 관심도 없었다. 지금 생각해보면, 그건 분명 내 정신상태를 알려주는 큰 신호였다.

합격 소식을 듣고 학기 초에 사우샘프턴으로 이사하기까지는 시간이 별로 없었다. 부엌 식탁에 앉아 추가 입학 자리가 있는지 알아본 그 날부터 사실 겨우 몇 주밖에 없었다. 지난 몇 주 이상을 마비상태에서 살았던 나는 조용히 공황 상태에 빠져들기 시작했다. 새로운 사람들을 만나고 낯선 곳에서 산다는 생각을 하자 걱정이 됐다. 강의를 듣는다는 생각과 대학공부는 어떨까 하는 생각은 머리에 들어오지도 않았다. 그런 건 상상조차 할 수 없는 일 같았다. 가족들과 친구들, 온라인에서 이야기해본 앞으로 만나게 될 사람들, 같은 과 사람들은 다들 앞으로 즐거운 생활이 펼쳐질 것이고 여기 들어온 건 정말 행운이라고 떠들어댔다. 나는 그냥 대세를 따르는 수밖에 없다고 생각했을 뿐, 흥분되지도, 행운이라는 생각도 들지 않았다. 사실 한때 기대했던 들끓는 흥분은커녕 공포에 가까운 감정이 들었다. 두려웠지만 무엇이 두려운지 콕 집어 말할 수도 없었다. 그냥 입 다물고 있는 게 더 편했다.

새로운 곳에서 새로 시작하면 나를 괴롭히던 피로와 슬픔을 떨쳐버릴 수 있지 않을까 기대했다. 또 기숙사에 들어갈 즈음에는 공부에 집중할 수 없어 대학입학시험을 망칠 수밖에 없었던 이 이상한 상태도 사라지지 않을까 하는 희망도 품어봤다. 그러나 한 번도 털어놓은 적 없지만, 마음속 깊은 곳에서는 그럴 리가 없다는 회의가 들었다. 난 친구들에게 한 번도 내 기분을 말한 적이 없고, 누구에게도 말하지 않았다. 그건 남과 나누기에는 너무 내밀한 일 같았다. 게다가 또다시 도대체 난 뭐가 잘못된 걸까 하는 생각이 들기 시작했다. 다른 사람들은 다 꿈꾸며 행복하게 사는데 난 왜 그것조차 하지 못할까? 다른 사람들이 삶에 열의를 보일수록 나는 더 고립되었고 나 자신이 다르게 느껴졌다.

대학으로 떠나기 전 어느 일요일 아침, 엄마와 대화하다가 처음으로 우울증이라는 말이 나왔다. 그 단어를 쓰자 어느 정도는 해방감이, 심지어 안도감이 들었지만, 무섭고 아프기도 했다. 그 말을 입 밖에 내서 말하자 현실이 됐고, 일단 내뱉고 나자 돌이킬 수가 없었다. 램프의 요정은 밖으로 나와버렸다. 돌이켜 보면, 무슨 일이 벌어지고 있는지, 우울하다는 게 사실 어떤 의미인지 더 깊이 더 많이 이야기했어야 했다는 생각이 든다. 하지만 우린 그러지 못했다. 엄마와 나 모두 그런 대화를 거북해했기 때문이다. 그렇게 생각하면 안 된다는 건 알지만, 또 내 입장에서는 수치스러웠기 때문이기도 하다. 증상들이 다 맞아떨어지는데도 나는 계속 그건 아니라고 생각했다. 우린 현실을 부정하고 있었고, 그 문제를 끄집어내면 어떻게 될지 두려워하고 있었다.

대학에 간다는 게 별로 흥분되지 않았다. 난 언제 흥분이 되기 시작할까 줄곧 기다렸다. 그런 일은 없었다. 그냥 내가 해야 할 일을 한다는 기분이었다. 친구들이 100퍼센트 대학에 가는 상황이니 더 그랬다. 내겐 다른 선택들도 별로 없었으니, 그럴 힘이 있다 하더라도 반발하기보다 대세를 따르는 게 편할 것 같았다. 사우샘프턴에 가면 이 우울증 문제를 벗어날 수 있을 거라 믿었다. 사실 내 머리가 다시 제대로 돌아갔으면 하는 마음은 믿음이라기보다 맹목적인 희망이었다.

우리 집에서 우울증이라는 말이 처음 나왔을 무렵 그 가능성은 이미 내 의식 깊숙이 자리 잡고 있었지만, 그 말을 입 밖에 꺼내는 것은 완전히 다른 문제였다. 엄마가 그 문제를 꺼냈을 때, 나는 그냥 엄마가 입을 다물어주기를 바랐다. 그 문제는 이야기하기 너무 힘들었다. 이야기하거나 인정하고 싶지 않았다. 내가 감당할 수 있는 일이 아니었다. 그 대화를 나눈 직후 온라인 사전에서 단어의 정의를 찾아봤다. 정의는 이러했다.

우울:
명사
심하게 의기소침하고 낙담한 기분
'자신에 대한 회의가 슬금슬금 밀려들어와 순식간에 우울로 변한다'
울적, 비참, 슬픔, 불행, 비애, 비통, 침울, 낙담, 의기소침, 낙심, 절망, 언짢음, 음울, 쓸쓸함, 뚱함, 비관

정의를 몇 번 읽은 다음 의자에 기대앉았다. 답에 체크를 한다면 이런 식이었을 것이다.
네. 위의 모두에 체크.
나는 더 이상의 대화를 거부했다. 그 이야기는 자세히 하고 싶지 않았다. 우울증을 인정할 준비가 되어 있지 않았다. 그런 이야기를

듣는 게 힘들기도 했지만 너무 두려웠다. 우울증에 걸린 사람이라면 부서질 것처럼 약하고 시들시들한 사람이 그려졌다. 자신을 그런 식으로 상상한다는 것은 예전이나 지금이나 너무 힘들고 두려운 일이다.

우울증은 자기 머리의 문제라고 인정하고 싶지 않은 최악의 일이고 그만큼이나 다른 사람들에게 인정하기도 힘들다. 나도 그게 아니기를 간절히 바랐다. 어쩌면 우울증은 아닐지 모른다. 어쩌면 사라질지도 모른다. 기분이 나아질 테고, 그럼 나도 꿈같은 생활을 시작하고 생물학을 공부할 것이다.

***

엄마와 시므온이 나를 브리스톨에서 데려와 수많은 차들과 긴장한 것처럼 보이는 학생들 사이에 내려줬다. 어떤 아이들은 이미 친구를 만들어 짝을 짓고 있었다. 자꾸 회의가 들었다. 내가 어떻게 저런 사람이 될 수 있겠어? 완전 처음 보는 사람들과 잡담을 하고 맥주 한잔하자는 약속을 할 수 있는 사람이? 내겐 이질적인 세계였다. 나는 내가 가장 잘하는 일을 했다. 그냥 고개만 푹 숙이고 있었다. 차에는 새 베개와 이불, 이케아에서 사 온 갖가지 물건들이 가득 차 있었다. 재미없고 우울한 방을 덜 재미없고 덜 우울하게 만들기 위한 도구들이었다. 엄마는 조그만 방에서 야단법석을 피우며 물건들을 집어넣고, 창가에 책들을 꽂아 정리하고, 연필꽂이에 펜들을 넣고, 바닥에는 환한 빛깔의 러그를 깔았다. 엄마가 그 방 안에서 끊임없이 덕담을 늘어놓으며 물건 포장을 벗기고 있으니 가뜩이나 조그만 방이 더 좁아 보였다. 짜증이 났다. 너무 전형적인 행동이었다. 엄마는 이 방을 '멋지게' 꾸미면서 영화나 쇼핑책자에 나오는 다른 학생들 방처럼 만들어놓으면 나도 다른 학생들처럼 행동할 거라고 생각하고 있었다. 엄마는 절대 이해하지 못했고, 그게 뭐라 말할 수 없이 화가 났다. 엄마는 늘 '해결'하려는 경향을 보였다. 그 의도가 좋다는 건 알지만, 그날은 마치 총 맞은 상처에 반창고를 붙이려는 짓처럼 보였다. 엄마가 그걸 못 보는 게, 보지 않는 게 짜증이 났다. 우울증은 외부의 문제가 아니라 내부의 문제라는 걸 이해하지 못한다는 증거 같았다.

나는 성질을 내며 엄마에게 그만 좀 난리 치고 집에 가라고 했다. 이제 할 만큼 했다. 조그만 부엌 찬장을 꽉꽉 채웠고 내 게시판에까지 온갖 것들을 꽂아놓았다. 난 그저 혼자 있고 싶었다. 자고 싶었다.

엄마는 충격과 공포로 눈물을 흘렸지만 어쨌거나 두 사람은 떠났고, 나는 그 즉시 침대에 쓰러져 눈을 감았다. 그 순간 이 느낌, 이 음험하게 몰려오는 피로감은 내 머리가 놓인 침대가 어디에 있건, 내 주소가 어디건 개의치 않는다는 것을 깨닫기 시작했다. 그 것은 나를 소진시키는 것 외에는 관심이 없었다. 눈을 감는 순간, 나는 우울증과 나의 관계가 기대했던 것처럼 끝나지 않는다는 것을 알았다. 사실 그곳은 우울증이 활개 치기에 완벽한 환경 같았다. 그러나 난 아무 말도 하지 않았다. 일단은 그게 사실이 아니기를 바랐고, 부모님이 아직 기숙사 주차장까지 가지 않았기 때문이기도 했다. 하지만 무엇보다 이제 막 대학에 왔는데 그런 우울한 시나리오를 그리는 것은 약간 시기상조라고 생각했다. 어리석은 소리지만, 내 마음 한구석에서는 여전히 그게 오판이기를 정말로, 정말로 바라고 있었기 때문이다. 그럼에도 두려웠다. 정말로 두려웠다. 도망치고 싶었다. 잠들고 싶었다. 집에 있고 싶었다. 옆에 사람이 있었으면 싶었다. 혼자 있고 싶었다. 내가 뭘 원하는지도 몰랐다. 그 모든 경험이 내겐 너무나 버거웠다.

난 그날 낮과 밤 내내 방에서 한 발짝도 나가지 않고 침대에 누워 있었다. 기운이 없었다. 창밖에서는 학생들이 이야기하고 계획을 세우며 시끄럽게 고함을 질러대고 있었다. 버튼을 눌러 사라질 수 있다면 그러고 싶었지만, 그래도 그 시점에는 그걸 극단적 선택 욕구와 동일시하지는 않았다. 하지만 어쩌면 그때가 시작이었던 것도 같다. 모르겠다. 분주하게 움직이는 사람들 한가운데 있는데도 마치 나 혼자 구경꾼처럼 동떨어져 있는 기분이었다. 사방이 온통 부산하고 시끌벅적한데, 나는 내 방에 혼자 있었다.

기숙사에서 지낸지 겨우 며칠 만에 방 밖으로 나가기 싫어졌다. 사회불안장애와 탈진상태에 시달리면 세탁이나 요리, 청소 같은 자기관리가 불가능한 것까지는 아니더라도 굉장히 힘들어진다. 다 무시하고 잠이나 자는 게 더 편했다. 그래서 나는 그렇게 했다.

말이 안 되지만, 그래도 대학생활 잘하는 법이나 외로움을 느낄 때 대처하는 법 같은 강연들은 억지로 가서 들었다. 그런 사교 행사들은 오로지 사람들을 만나게 하려는 목적으로 열렸다. 어느 기독교 모임 회원은 심지어 내게 샌드위치를 갖다줬던 것도 같은데, 기억이 다 흐릿하다. 아는 것이라고는 내가 완전히 길을 잃었다는 사실뿐이었다. 솔직히 어찌할 바를 몰랐다.

나는 최선을 다해 대학생활에 정착했다. 대부분의 학교 친구들은 집을 떠나 독립한 것을 여러 가지를 즐기고 실험해볼 기회로 봤다. 자유다! 내겐 정반대였다. 그건 지금까지 한참 동안 들여다보고 있었던 캄캄한 구멍 속으로 빠져들어갈 기회였다. 이제는 엄마나 시므온이 계단을 올라와 문틈으로 머리를 들이밀고 내가 뭘 하고 있는지 보거나 시원한 음료를 갖다줄까봐 걱정할 필요 없이 그럴 수 있었다. 그러니 다만 친구들의 자유와 매우 다를 뿐, 그것도 나름의 자유이긴 했다. 괜찮은 척할 필요도, 그렇게 보이려고 노력할 필요도 없었다. 솔직해도 좋으니 위안이 됐다.

내 방은 교외 산업시설의 천편일률적인 사무실 건물에 있는 것 같은, 불 켜진 조용한 복도에 있는 1인실이었다. 대학 안내책자와 SNS를 통해 내 무의식에 각인된 대학생활의 이미지는 재미, 우정, 파티, 섹스, 그런 것들이었다. 하지만 이게 파티라면, 그건 주최자는 할머니에다 오는 손님은 거의 없고 차려진 음식은 오렌지 스쿼시뿐이며 저녁 7시가 되기 무섭게 부모들이 모두를 데려가는 그런 파티였다.

그 복도에서 내 생활은…. 뭐, 생활이랄 것도 거의 없었다. 욕실 딸린 1인실이 조용하고 사생활을 보호하기에 좋을 거라고 생각했지만, 사실은 많이 외로웠다. 처음 며칠은 방 안에 틀어박혀 다른 사람들이 조용히 오가는 소리를 들었지만, 방에서 나가 억지로 사람들과 섞이지 않으면 그 외로움은 더 깊어질 뿐이라는 사실을 알고 있었다.

엄마와 시므온, 할아버지와 할머니는 계속 전화와 문자를 해대며 흥분된 어조로 물었다. "친구들은 좀 사귀었니? 재밌게 지내고 있는 거야?"

아무리 좋은 의도로 했다 해도 그 질문들은 압력으로 느껴졌다. 그냥 '네'라고 대답하고 수화기 너머로 안도하는 숨소리를 듣는 게 편했다. 적어도 그러면 다들 거짓말을 믿고 단잠을 잘 수 있을 테니까. 하지만 다들 그렇게 안도할수록 이렇게 고립된 생활이 실패라는 생각만 굳어졌다. 또다시 반 아이들에게 등을 돌리고 앉아 있는 기분이었다.

방에서 나가 아래층으로 내려가 파티 소음 같은 게 흘러나오는 공용 공간 문을 두드리기 위해서는 내게 있는 자신감을 마지막 한 방울까지 다 쥐어짜야 했다. 하지만 나는 해냈다. 다들 처음 보는 사람들이었지만, 내 방에서 나오지 않으면 나쁜 습관이 고착되어 버릴 것 같았다. 나만 어색하고 튀는 느낌이었다. 파티 주최자들 탓은 결코 아니었다. 다들 친절했고 나를 반겨줬다. 그건 오로지 엉망진창이 된 내 머리 때문이었다.

그 기숙사 사람들은 같이 술 마시고 나이트클럽에 가고 심지어 럭비도 같이 하는 사람들이 됐다. 물론 한두 게임을 하고 나니 나는 몸이 너무 아파서 또다시 신체적 문제로 좋아하는 운동을 하고 싶은 욕심을 접을 수밖에 없었다. 이제는 대학생이었지만, 그래도 이런 일은 여전히 마음이 쓰렸다.

그때까지는 완전히 우울증에 빠진 것은 아니었다. 상대적으로 괜찮은 날들도 있었고, 그럴 때면 사람들과 어울리며 세상이 그렇게 암담하지만은 않다고 생각했다. 수업을 듣고 '정상적인' 학생 노릇도 했다. 그런 '정상' 기간은 하루일 때도 있고 일주일씩 지속될 때도 있었다. 그럴 때면 희망이 생겼다.

지금 와서 생각해보면, 나는 술을 약 삼아 마셨다. 아주 진탕 마셨다. 매일은 아니라도 최소 일주일에 나흘은 마셨다. 뭘 마셨는지 얼마나 마셨는지 정확히 기억나지 않지만, 독주와 맥주를 섞어가 며 어마어마한 양을 마셨다. 거짓말이 아니다. 얼마 안 되지만 밖에 나가 즐겁게 술을 마시는 날에는 인생이 살 만하게 느껴졌다. 술에 취하면 내 또래 다른 학생들과 마찬가지로 사람들과 잘 어울리고 섞일 수 있었다. 그런 술자리에서 나를 만난 사람들이 내가 어떤 일을 겪고 있고 어떻게 사는지 전혀 모르면서 나를 자신만만하고 외향적인 사람으로 봤을 거라 생각하면 기분이 이상하다. 우울증에 깃눌리지 않고 그 순간을 살 수 있어서 좋았다. 무엇보다 그럴 때면 우울증을 극복할 수 있을 것 같았다. 술을 진탕 마시고 정신을 잃고 망각에 빠지는 것도 좋았다. 그건 매일 나를 괴롭히는 불안에서 해방되는 것이었다.

대학에 들어가서 좋아하는 과목 하나만 공부하면 정말 멋질 거라고 오랫동안 생각해왔다. 현실은 많이 달랐고, 나는 실망감으로 점점 더 나락에 빠져들었다. 학기 초에는 몇몇 강의를 들었고 심지어 연구도 시도해봤지만, 그게 다였다. 지금 생각하면 사우샘프턴의 강의는 최고였지만, 그때 나는 그걸 잘 활용할 수 있는 상태가 아니었다. 공부하기보다는 자거나 숨어 있는 게 더 좋았다. 고등학교 때와는 달리 수업을 들건 말건 아무도 상관하지 않았다. 감사한일이었다. 난 P 박사님 덕분에 배웠던 지식에 의존해 겨우 최소한만 하면서 겨우 한 학기를 버텼다. 운 좋게도 그 정도는 알았다. 하지만 이런 식으로는 오래갈 수 없다는 것은 잘 알고 있었다. 결국에는 밑천이 다 드러날 테고, 그런 날이 오는 건 오로지 시간문제였다. 이렇게 정체가 폭로될 날을 기다리며 사는 것도 내 상태에 전혀 도움이 되지 않았다.

순식간에 학기말 시험이 다가왔다. 나는 부모님이 여기 나를 내려준 이래 매주 그래왔듯이 집에서 오는 전화를 받으면 모든 게 다 좋다고 안심시키며 얼버무렸다. 그때 내 상황은 엉망진창이었지만, 기를 쓰고 숨겼다. 난 어마어마한 압박을 받고 있었고 커피를 마셔가며 벼락치기를 하느라 40시간을 거의 내리 깨어 있었다. 그러고는 시험장으로 휘적휘적 걸어가 죽을 것 같은 심정으로 시험을 치고 기다시피 방으로 돌아와 쓰러져 잤다. 밀린 공부를 따라잡으려고 이렇게 미친 듯이 벼락치기를 한 다음 몇 시간을 자고 나서는 또 다음 시험 일정에 맞춰 일어나 그 끔찍한 과정을 처음부터 다시 되풀이했다. 시험 치는 데 손이 너무 떨려서 마우스를 제대로 움직이지도 못했던 일이 생생히 기억난다. 수면 부족과 스트레스, 과다한 카페인이 합쳐지면서 내 정신과 육체는 망가져가고 있었다.

무슨 일이 벌어지고 있는지도 몰랐다. 내 일이 아닌 것 같았다. 혼란스럽고 멍하고 두려웠다. 일상이 불가능했다. 밤에는 새로 사귄 친구들과 계속 어울렸다. 그 친구들은 내 상태를 몰랐을 것이다. 온 세상이 비스듬히 기울어져서 벼랑의 좁은 바위에 손가락 끝만 겨우 걸치고 매달려 있는 기분이었다. 곧 이 손이 미끄러져 벼랑 아래로 고꾸라지게 된다는 걸 잘 알고 있었다. 작년 여름 생각을 하니 추락하는 게 너무나 두려웠다.

사우샘프턴의 살풍경하고 돼지우리 같은 방에서 하루하루를 보내며 시험을 쳐야 하는 것보다 더 두려운 일은 하나뿐이었다. 집에 가서 괜찮은 척 연기하는 것.

하지만 그것 또한 피할 수 없는 일이었다.

11장

어맨다

제 궤도에 올라선 삶

"행복이란 고통스러운 드라마 속에서 가끔 일어나는 일에 불과하다."

토머스 하디

조시를 사우샘프턴에 두고 온 날은 힘들었다. 집으로 돌아오는 차 안에서 나는 내내 울었다. 영화에서 보던, 쾌활한 미소를 띤 이별과는 완전 딴판이었다. 전화해서 잘 지내는지 알아보고 싶은 마음이 시도 때도 없이 들었지만, 시므온 말대로 조시는 혼자 있을 수 있는 독립심과 자신감을 키워야 했다. 조시를 믿지 못한다는 듯이 몇 분이 멀다 하고 전화를 걸어대는 짓은 전혀 도움이 되지 않을 것이다. 물론 시므온 말이 옳았지만, 그렇다고 해서 걱정이 덜되는 건 아니었다.

집에 도착해서 난 시므온에게 말했다. "대학에 간 애들에 대한 무서운 이야기들 읽어본 적 있지? 설마 조시가 어리석은 짓을 한다거나 하진 않겠지?"

시므온이 식탁 너머로 나를 바라보며 말했다. "어떤 짓?" 나는 차

158

마 "스스로 목숨을 끊는 것"이라고 말하지 못했다. 그래서 아무 말 못 하고 그저 바라만 보고 있었더니 시므온이 내 팔을 잡으며 말했다. "아냐. 그런 짓은 절대 안 할 거야. 똑똑한 애잖아."

그날 밤 잠이 들 무렵 조시가 보낸 문자를 받았다. "다 좋아요." 그건 통상 하는 대답이었지만, 그래도 나는 핸드폰에 반짝이는 그 두 단어를 보고 훨씬 더 편안한 잠을 잘 수 있었다.

마음이 편해지긴 했다. 아주 조금은. 긴급전화나 재난예고 없이 시간이 갈수록, 엄마로서 나도, 부부로서 우리도 긴장을 늦추고 편해졌다. 시므온과 나는 여유가 생겼고 우리는 더 가까워졌다. 많은 시간을 함께 보내고, 북 투어를 다니고, 저녁이면 브리스톨 부둣가를 산책하며 아이들 말고도 다른 화제로 이야기를 나눴다. 아이들이 공부하러 떠나자 나도 많은 것을 배울 수 있었다. 벤은 근처 대학에 다녔지만 집에 오는 법이 없었다. 늘 사람들과 어울렸고, 그러지 않을 때는 팀 경기를 했다. 조시 역시 우리가 사우샘프턴에 가거나 자신이 주말에 집에 올 때 침대에만 붙어 있지 않았다. 정기적으로 하는 전화는 짧고 대화는 형식적이었지만, 그래도 외출하고 사람들과 만나면서 잘 지내고 있다고 했다. 나는 조시의 말을 믿었고, 그와 함께 '우울증'이라는 말을 너무 조급하게 쓴 것 아닐까 생각하기 시작했다. 그래서 감사했고, 심지어 안도했다. 그즈음 나는 경계 태세를 늦췄다. 조시는 힘든 티를 전혀 내지 않았고, 나는 조시가 전화를 빨리 끊고 싶어 하는 이유는 급한 일이 있거나 나가서 놀 일이 있기 때문일 거라 생각했다. 그런 생각을 하면 너무 행복했다.

아이들이 나는 법을 배우는 이 새로운 시기, 나는 안전망을 마런해놓고 아이들이 필요할 때 그곳에 있어주겠다고 알려주는 것과 아이들을 보호하려고 전전긍긍하는 것 사이에서 균형을 잘 맞춰야 했다. 쉽지 않은 일이었다. 아이들에게는 여전히 내가 필요하다고 믿었다, 아니 믿고 싶었다. 하지만 그건 아이들이 그렇다기보다는 엄마 역할에 대한 내 애착이 컸기 때문이다. 조시가 내 옆을 떠나자 훨씬 더 잘 사는 것 같아서 속도 상했다. 내가 문제였던 걸까? 그런 생각을 하면 정말 힘들었다.

나는 여전히 연락이 오든 오지 않든 걱정하면서 걸핏하면 애들은 괜찮은 것 같냐고 질문했고, 그러면 시므온은 고개를 끄덕여주곤 했다. 시간이 지나면서 내 걱정도 점차 줄어들었고, 조시가 사우샘프턴 대학에서 1학년을 마칠 무렵에는 완전히 낙관적이 됐다. 낙관적인 정도가 아니라 들뜨고 심지어 행복했다! 모두들 1학년을 탈 없이 보낼 수 있으면 나머지는 그냥 굴러가게 마련이라고 했고, 나도 그렇게 생각했다. 조시는 정말 잘 지내고 있었다. 조시는 집으로 달려와 침대로 도피하지 않았고, 학교에 있으면서 학창 생활을 즐기고 있는 것처럼 보였다. 그게 증거였다.

드디어 우리 아들 일이 잘 풀리는 것 같아 행복했고, 이제는 걱정할 일이 없다는 시므온의 말에 동의했다. 조시가 1학년 때, 우리는 드디어 샴페인을 따고 잔을 들었다. 아들 둘 다 대학생활에 제대로 안착했으니 편하게 잠들 수 있었다. 벤이 대학생활을 잘 하면서 멋진 젊은이가 되어가고 있는 게, 조시가 그 끔찍한 시간을 극복해낸 게 너무나 자랑스러웠다. SNS에서 조시와 관련된 포스팅을 보면서 심장이 덜컹했던 일들은 누구에게도, 심지어 나 자신에게도 고백하지 않았다. 언제나 조시가 아니라 친구들이 올린 그 사진들 속에서 조시는 늘 술에 취해 모르는 애들 어깨에 팔을 두른 채 몽롱한 눈을 하고 뻣딱하게 서 있었다. 상태는 늘 비슷했지만, 한 번은 완전히 인사불성인 적도 있었다.

시므온과 나는 이 문제에 대해 의논했고, 조시의 음주 문제에 신경을 쓰고 다음에 집에 왔을 때 음주가 습관이 되지 않도록 하라고 이야기하되, 조시가 새 친구들을 사귀고 있으니 안심하고 만족하자고 결론 내렸다. 그 포스팅들이 살짝 마음에 걸리긴 했지만 사실 학생들은 다 술을 많이 마시지 않느냐며 정당화했다. 그때가 아니면 언제 이런저런 시도를 해보겠는가? 그때는 자기 규칙을 깨보는 시기였다. 조시가 침대와 한 몸이 되어 아무도 만나지 않으려 했을 때 우리가 바랐던 게 바로 이런 것 아닌가? 세상에, 태아처럼 몸을 말고 몇 시간이고 계속 잠만 자던 그 아이를 떠올리면 나이트클럽에서 신나게 놀고 있을지 모른다는 생각은 그야말로 꿈이나 다름없었다! 게다가 한 주에 한 번씩 하는 정기 통화 외에도 조시는 시므온과 자주 통화했고, 우린 적어도 한 달에 한 번은 사우샘프턴에 가서 점심이나 커피를 같이 했다. 엄마로서 나는 무슨 일이 있다면 내 눈에 분명히 보였을 거라고 자신하고 있었다. 내가 분명히 느꼈을 것이다….

나는 조시와 사이가 좋고, 아이를 잘 키우고 있으며, 조시에 관한 한 내 직감이 대체로 맞았다는 걸 늘 자랑스럽게 여기고 있었다. 그 믿음은 조시의 1학년 시험 결과로 입증되는 것 같았다. 조시는 좋은 성적을 받았고, 나는 정말 기뻤다. 우리 아들은 학위를 딸 것이다. 인생이 제 궤도를 찾았다. 아니, 그 이상이었다. 멋진 인생이었다!

2학년을 시작하기 전에 긴 여름방학을 지내러 집에 돌아왔을 때, 조시는 기분이 꽤 좋아 보였다. 물론 약간 말이 줄었고 조금 피곤해하기는 했지만, 밤낮으로 열심히 공부했고 이제 휴식시간을 가지게 됐으니 우린 좋았다. 조시와 벤, 그리고 몇몇 친구들은 몇 달 전부터 여행을 가기로 계획을 세워뒀다. 나중에는 집세와 청구서에 시달리고 시간도 모자랄 테니 이 기회를 잘 이용해보라고 우린 격려했다. 살면서 할 수 있는 최고의 일은 나가서 온갖 사람들과 이야기하는 것이라는 믿음을 난 줄곧 가지고 살았다. 그렇게 장벽을 허물고 더 넓은 세상의 일부가 되면서 배우는 것 아닌가. 경제적 여건만 됐으면 나도 젊은 시절 그런 여행을 해보고 싶었지만, 내가 바랄 수 있는 여행은 기껏해야 호버크래프트를 타고 볼로뉴쉬르메르에 가서 40분 동안 바람 부는 해변을 산책한 다음 버스를 타고 항구로 돌아오는 당일치기 여행뿐이었다.

　내 아들들의 삶은 다르길 바랐다. 그래서 너무 흥분됐다. 이 여행을 통해 조시가 자신감을 얻고 이 넓은 세상 속 자신의 자리에 대해 배우는 기회를 갖기를 바랐다. 아이들은 캄보디아와 태국, 베트남, 말레이시아를 여행하며 관광과 파티를 즐기고 다른 여행자들과도 어울릴 계획이었다. 그런 경험과 기회를 누린다는 게 정말 부러웠다.

　아이들은 집에서 2주를 보낸 다음 모든 준비물을 챙겨 배낭을 쌌고, 떠나기 전날 다 같이 저녁 식사를 했다. 둘 다 흥분해서 말이 많았지만, 겉으로는 자신만만해 보여도 걱정이 엿보였다. 옳은 일이다. 이런 일생의 모험에는 위험이 따를 수도 있으니까. 그래도 우린 이런 위험과 불가피한 변수들을 해결하고 극복하는 것도 배움의 일부라고 생각했다.

학기 말에 우리는 조시의 물건들을 모두 차에 싣고 기숙사 방에서 황폐한 동네에 있는 텅 빈 지저분한 학생공동주택으로 옮겨놓았다. 조시에게 할당된 방은 다락방이었는데, 서류상으로는 괜찮아 보였지만 막상 가보니 키가 180센티미터를 훌쩍 넘는 조시는 서지도 못할 정도로 천장이 낮았다. 우린 조시의 물건들을 아래층에 있는 작은 방에 뒀고, 1인당 하나씩 방은 충분하니 키 작은 학생이 다락방을 쓰면 될 거라고 단순하게 생각했다 그러면 다들 사이좋게 살 수 있을 것이다.

그러나 우리 생각은 완전히 틀렸다! 아이들이 떠나기 바로 전날 저녁을 먹고 있는데 불만에 가득 찬 학생의 전화가 왔다. 조시의 물건들이 이 학생에게 할당된 방에 들어갔던 것이다. 놀랍게도 감정이 있는 대로 격해지면서 대화가 험악해졌다. 결국 이 일로 고생하게 될 사람은 조시밖에 없었다. 조시의 표정이 안 좋아지더니 급기야 여행을 가고 싶지 않다고 선언했다. 조시는 굳건했다. 그 전화와 그놈의 침실을 뺏긴 게 우리가 상상도 못 한 방식으로 조시의 불안감을 건드린 것이다.

너무 화가 나고 괴로웠다. 이 여행을 위해 오랫동안 계획했고 힘들게 돈을 모았다. 이 여행은 조시가 바깥에 나가 세상을 구경할 기회였다. 지갑에는 현지 통화를, 주머니에는 여권과 비행기 티켓을, 빨아서 다리고 갠 옷은 배낭에 착착 챙겨 넣어놨고 이제 다음 날 비행기만 타면 되는데, 조시에게 다 괜찮을 거라고, 소리나 벅벅 질러대는 웬 녀석 때문에 일생일대의 여행을 그만둬서는 안 된다고 설득했다. 시므온과 내 생각은 이랬다. 만약 조시가 이 여행을 포기한다면, 후회하는 것은 물론이요, 이런 모험과 재미는 반아이들에게 등을 돌리고 앉아 있던 자기 같은 사람에게는 어울리지 않는 일이라는 생각을 굳히게 될 것 같았다. 우리는 이 여행을 꼭 가야 한다고 강력하게 주장했다.

그게 옳은 결정이었을까? 모르겠다. 오랫동안 생각해봤다. 엄마인 내 눈에는 조시가 극단적인 선택을 하게 만든 온갖 조그만 오판들이 보인다. 사건 하나, 말 한마디, 경험 하나가 모이고 모여 만들어진 디딤돌이 2016년 11월의 그 끔찍한 날로 이어졌다.

하지만 막상 조시가 가겠다고 하자마자 마음이 복잡해졌다. 어려운 일이 생기면 조시는 어떻게 대처할까? 우리 쪽에서 연락해야 할 경우에는 어떻게 해야 하지? 벤에게만 책임을 지워주고 싶지는 않았다. 하지만 결국 아이들은 대부분의 시간 동안 헤어져서 따로 다른 나라들을 여행했다는 걸 나중에 알게 되었다. 벤 입장에서는 기분이 저조한 조시와 함께 다니기 힘들었을 것이다. 둘이 떨어져 있을 때는 당연히 연락이 제한됐지만, 문자나 이메일을 보내면 긍정적인 답장들이 돌아왔다. "호스텔도 좋고 다 좋아요. 곧 만나요."

걱정할 일은 전혀 없었지만 그렇다고 최고의 경험을 하고 있다는 암시도 없었다. 하지만 이런 덤덤한 대화는 지난 1여년 동안 당연히 여기게 된 일이기도 했다.

두 달 뒤 조시와 벤이 돌아왔을 때 나는 상황이 더 바닥을 쳤다는 것을 알았다. 조시가 환한 미소를 지으며 날아오를 듯 가벼운 발걸음으로 돌아오기를 얼마나 간절히 바랐는지 모른다. 또 한 해를 보낼 에너지를 얻고 삶을 살아갈 새로운 열정을 발견하기를 얼마나 기도했는지 모른다. 이번에도 나는 순진하게 ―이 말을 얼마나 더 되풀이해야 쓰라린 죄책감을 느끼지 않게 될까?— 집과 학교에서 벗어나 여행을 하면 한숨 돌리며 휴식을 취할 수 있으리라고 생각했다…. 이번에도 나는 조시의 여행 경험을 내 방식으로 생각하고 있었다. 상황이 너무 힘들거나 풀어야 할 문제가 있을 때, 나는 다른 곳에 가거나 바닷가를 산책하면 다시 마음의 평정을 찾을 수 있었기 때문이다. 하지만 조시는 그렇지 않은 것 같았다.

어서 아이들이 돌아와서 내가 가본 적 없는 나라에서 어떤 모험을 했는지 들려주기를, 사원과 해변, 바, 낯선 사람들의 얼굴을 찍은 수많은 사진을 보며 나 스스로 대리만족할 날이 오기를 손꼽아 기다렸다. 저녁을 차리고 냉장고에 맥주를 넣어둔 다음 간질간질한 기대감을 품고 아이들이 문을 열고 들어오기를 기다렸다….

돌아온 조시의 표정은 복잡했고, 겨우 억지 미소를 지으며 재미있었다고 말했다. 가슴이 덜컥 내려앉았다. 너무 미적지근한 반응이었다. 처음으로 조시를 행복하게 만들 장소나 경험은 없다는 생각이 들기 시작했다. 반면 벤은 집에 돌아와 신이 났고 새로이 고요한 자신감을 내뿜고 있었다. 벤은 최고의 시간이었다고, 만난 사람들도 너무 좋았고 엄청나게 멋진 것들을 봤다고 거듭 말했다. 우리 모두 난관을 극복하며 여행하고 무사히 돌아오다니, 보통 대단한 일이 아니라고 자화자찬했다. 맙소사, 이 아이들은 얼마 전만해도 가로형 토스터기에 피자를 구워도 된다고 생각하고, 별문제 없을 거라고 여기며 지붕 위로 로켓을 쏴서 이웃의 차를 맞힐 뻔했었다. 조시의 병 때문에 소원해지기 전, 두 아이가 친했을 때 이야기다. 물론 나는 둘 다 별일 없이 무사히 돌아온 게 너무나 기뻤다. 그때 조시의 얼굴이 선명하게 기억난다. 시커멓게 탄 얼굴에 덥수룩하게 자란 수염과 머리를 하고 약간 피곤한 표정을 짓고 있었다. 여행하느라 지친 거라 생각하고 싶었지만, 조시의 눈은 약간 텅 비어 있었다.

조시의 피곤이 여행 때문만이 아니라는 것은 곧 드러났다. 또다시 조시는 완전히 탈진상태가 되어 있었다. 복도를 걸어 들어오는 두 아들을 보고 나는 벤에게 키스한 다음 조시를 안으려고 팔을 위로 내밀었다. 키가 189센티미터나 되는 조시를 안는 건 쉽지 않은 일이다. 그런데 조시가 내 어깨에 얼굴을 묻더니 울기 시작했다. 두려움이 몰려왔다. 조시의 슬픔에 압도되어 내 눈에도 눈물이 차올랐다. 우리 넷은 좁은 복도에 어색하게 선 채 얼어붙었다. 축하 분위기는 싹 가셨고, 시므온도 나도 어찌할 바를 몰랐다. 사실 이런 상황은 조시가 우울증으로 고군분투하는 내내 벌어졌다. 조시가 자신의 모자람을 자책하고 있으면 우리도 그저 당황한 표정만 짓고 있었다. 머리를 굴리면 전구에 불이 반짝 들어오는 것처럼 멋진 해결책이 나오기를 얼마나 간절하게 바랐던가. 이런 상황이 거의 5년째다. 그렇다, 어떤 일들은 잘 해결했지만, 어떤 일들은 망쳐버렸다. 그리고 그 상황은 여전히 계속되고 있다.

"괜찮아, 조시…." 나는 속삭였지만, 그 말은 내 귀에도 거짓말처럼 들렸다. 조시가 고개를 끄덕였다. 하지만 우리 둘 다 전혀 괜찮지 않다는 걸 알고 있었다. 확실한 건 하나뿐이었다. 그 무거운 분위기에서는 차가운 맥주도, 축하 만찬도 물 건너갔다는 것이었다.

온 집안이 두 아이가 가져온 세탁물과 선물, 캠핑 도구, 온갖 기념품들로 어수선했다. 조시는 어느 사원 근처 길거리 행상인에게서 산 조그만 금불상을 내게 선물로 줬다. 아직도 소중히 간직하고 있는 불상이다. 벤은 샤워실로 들어가고 조시는 침대에 풀썩 쓰러졌다. 한 시간쯤 뒤 들여다봤더니 조시는 여전히 깊은 잠에 빠져 있었다. 새까맣게 탄 피부가 하얀 시트와 대비되어 지저분해 보였다. 상관없었다. 아무것도 상관없었다. 그저 내 아이가 간절하게 원하는 휴식을 취할 수 있기를 바랄 뿐이었다. 나는 조그만 불상을 꼭 쥐고 기도했다. 잠을 자고 나면 조시 기분이 진정되고 나아지기를, 눈빛이 살아나기를 기도했다. 부처님은 내 소원을 들어주지 않았고, 뭐든 다 한 발 걸쳐보자는 마음에서 불러본 다른 신들도 마찬가지였다.

이번에는 상황이 좋지 않다는 게 느껴졌다. 문제는 뭘 해야 좋을지 몰랐다는 거다. 사우샘프턴으로 돌아가서 2학년을 시작하겠다는 계획을 말리고 싶지도, 아직도 우리 마음에 생생하게 남아 있는 기말 성적의 기쁨을 빼앗고 싶지도 않았다. 무엇보다 옆에서 지켜보기조차 힘들었던 자발적 유배 상태에 조시가 또다시 빠져들지도 모른다는 생각은 단 한 순간도 하고 싶지 않았다. 작년 여름 일은 일시적인 문제였다고 나는 진심으로 믿었고, 믿고 싶은 사실에 매달렸다. 조시는 사우샘프턴에서 활기찬 사교생활을 하고 좋은 성적을 받으며 근사한 1년을 보냈고 이제 자기 나름의 생활을 찾아 즐기고 있다고, 그게 사실이라고 믿고 싶었다. 사실이기를 너무나 간절하게 바랐다.

조시는 또다시 침대 붙박이가 됐다.

그리고 내 마음은 산산이 부서졌다.

학위도, 다음 몇 년 동안의 계획에도 차질이 생길 것만 같았다. 대학으로 돌아가지 않으면 어떻게 되는 걸까? 난 여전히 또래들과 같이 공부하고 생활하면서 서서히 독립심을 기르는 게 조시에게 가장 좋다고 믿고 있었다.

12장

조시

여행 티켓

"삶에서 가장 외로운 순간은 자기 세상이 온통 무너져가고 있는데
그저 멍하니 바라볼 수밖에 없을 때다."

F. 스콧 피츠제럴드

모든 사람이 여행은 꿈처럼 환상적이라고 했다. 인생 최고의 시
간이라고. 얼마나 대단한 기회인가! 뭐든 할 수 있는 시간이다. 운
도 좋지! 새로운 사람들을 만나 세상을 구경하고 바닷가에 앉아
차가운 음료를 마시고 전 세계에서 온 마음 맞는 사람들, 여행 티
켓을 가진 운 좋은 사람들과 열대의 바다에 둥둥 떠서 유유자적
시간을 보내는 것이다.

난 노력했다. 정말이다. 하지만 그건 거짓말이었다. 내겐 여행이
전혀 꿈같지 않았다. 익명의 인간들이 북새통을 이루는 공항에 가
서 전광판에서 깜박이는 출발 정보를 확인하고 다른 나라, 또 다
른 나라로 이동하는 걸 생각하면 그냥 불안하기만 했다. 이 시점이
되자 이 여행을 고대했던 때는 기억도 나지 않았다. 그냥 남들 다
하는 일에 빠지기 싫어서 하는 느낌이었다. 대격동과 다툼 한가운

데 있는 기분, 개인 공간도 경계도 없는 숨 막히는 무더운 버스에서 문자 그대로 세상을 코앞에 마주한 채 꾸역꾸역 끼어 앉아 있는 기분이었다. 식탁에 둘러앉아 메뉴판을 읽어보려고 애를 쓰며 낯선 사람들과 계속 어울리는 것도, 하나같이 면 반바지에 새카맣게 탄 얼굴을 하고 차가운 맥주병 상표를 민첩하게 벗겨내면서 다들 하는 똑같은 이야기를 돌아가며 하는 것도 지겨웠다. "베트남은 아름답지. 태국은 덥고, 말레이시아는 비싸…. 고아가 재미있어 보이네."

재수 없는 놈이 되지 않으려고 애써봤지만 실패했다. 그래도 혼자 튀는 짓을 할 기력도 없었고 머리를 쓰거나 농담하고 싶은 마음도 없었다. 몇 년이 지난 지금, 그 여행의 기억은 온통 뒤섞여 언제가 언제인지 구분도 되지 않는다. 호스텔에서 만난 여행자들이 하는 이야기들, 여러 나라의 낯선 바, 하나같이 어렴풋한 해안선이 내다보이는 바에서 들은 이야기들은 지루했다. 어떤 사람들과 함께 있든 늘 웃음이 멕시코의 파도처럼 퍼져 나갔지만, 나는 그냥 고개를 끄덕이며 술만 마셨다. 내 머릿속에는 사람들이 하는 이야기도, 다음에 무슨 이야기를 해야 하나 하는 생각도 없었다. 좋은 사람들과 있을 때조차 오로지 짐 싸기와 풀기, 일어나지도 않은 서류 분실 사고에 대한 걱정, 남은 날짜, 환전, 언어장벽에 대한 생각밖에 없었다. 그냥 날 좀 혼자 내버려뒀으면 싶었다. 벤과 나는 헤어져서 벤은 베트남으로, 나는 앙코르와트를 보러 캄보디아에 갔다. 그곳은 찾아간 보람이 있었다. 머릿속이 흐릿한 와중에도 정말로 특별한 곳이라고 느꼈다.

마음 한구석에서는 죄책감이 들었다. 이 경험을 더 즐겨야 한다는 걸 알고 있었다. 내 또래 중에 이런 기회가 주어진다면 뭐라도 할 사람이 수두룩하다는 걸, 언젠가는 이런 곳에 올 티켓을 사겠다는 희망으로 동전 한 닢도 아끼며 사는 사람들이 많다는 걸 잘 알고 있었다. 수백만은 될 것이다…. 다만 내가 아니었을 뿐. 같이 여행하던 사람들을 보면서 너무 외로운 나머지 삐걱거리는 관절만 아니라면 도망치고 싶었을 때가 한두 번이 아니었다. 이 행복한 시간 속에서 나만 사기꾼 같았다. 세상 최고의 경험들을 망쳐놓으려고 작정한 사기꾼 같았다. 여행자들과 동질감을 느낄 수가 없었다. 그나마 마음이 내키면 환상적인 풍경들을 카메라에 담기도 했지만, 그때조차 다른 여행자들만큼 가슴이 벅차지도, 감탄스럽지도 않았다. 난 그냥 카메라 렌즈에 불과했다. 사진 프레임 바깥으로 펼쳐진 풍경을 볼 정신도 없었다.

또다시 공허함이 나를 휩쓸었다. 여행이 해치워야 하는 숙제처럼 느껴졌다. 이런 말을 쓴다는 게 믿기지 않지만, 사실이 그랬다. 웃기지 않은가! 천국 같은 곳에 있으면서 머릿속에는 온통 얼른 침대에 기어들어가 이 세상을 다 차단해버리고 싶다는 생각밖에 없었으니. 물론 그건 여행 잘못은 아니었다. 같이 여행한 사람들 잘못도 아니었고, 나를 반겨준 그 굉장한 나라들 잘못은 더더구나 아니었다. 문제는 나였다. 당연히 나였다! 의도한 건 아니었지만 그곳에 정말 큰 결례를 범했다. 어쨌거나 결과는 마찬가지였지만.

이제 우울증의 안개와 자기반성이 조금 사라지고 나니 가끔은 그곳에 다시 가보고 싶어진다. 텅 빈 머리로 바닥만 쳐다보면서 발을 질질 끌며 걸어 다녔던 그곳에 카메라 없이 혼자 가서 제대로 보고 배우고 그 진가를 알고 싶다. 다른 여행자들 식탁에 합석해서 차가운 맥주를 한 잔 나누게 될지도, 어쩌면 이야기도 한두 가지 할지도 모른다….

나는 기진맥진해서 돌아왔다. 엄마와 시므온이 온갖 질문을 했던 기억은 있지만, 질문을 받을 상태가 아니었다. 좋은 마음으로 하는 질문인 건 알지만 견딜 수가 없었다. 취조당하는 기분이었다. 그 질문들을 받으며 이 굉장한 여행을 통해 인생이 바뀌었다느니 하는 거짓말은 하고 싶지 않았다.

화가 났다, 정말로 화가 났다.

나는 곧장 침대로 갔다.

그리고 학교로 돌아가기 전까지 약 3주 동안 내내 침대에서 나오지 않았다.

그냥 숨어버렸다.

할아버지 할머니께서 오셔서 내 여행 이야기를 듣고 싶어 하셨던 기억은 난다. 두 분은 내가 본 곳들에 대해 굉장한 이야기를 들려주기를 기대하고 계셨지만, 모든 게, 심지어 할아버지, 할머니와 이야기하는 것조차 일처럼 느껴졌다. 두 분은 그저 내가 행복하고 즐겁기만 하면 기뻐하신다는 걸 알기에 죄책감이 느껴졌지만, 나는 행복하지도 즐겁지도 않았고 그런 척할 수도 없었다. 열의 없이 축 늘어진 내 모습에 두 분 다 실망하셨지만, 어쩔 수가 없었다. 난 방법을 몰랐다. 이젠 그런 척하는 법조차 잊어버렸다.

시간은 순식간에 흘러갔고, 어느새 우리는 2학년을 시작하기 위해 다시 짐을 싸서 사우샘프턴에 돌아왔다. 아무런 느낌이 없었다. 집에 있는 동안 엄마와 시므온은 나를 건드리기만 해도 산산조각이 날 것 같은 유리처럼 대하며 까치발을 하고 다녔다. 복도에서

두 사람이 속삭이는 소리, 조심스러운 노크, 살금살금 걸어 들어오는 발소리만 들으면 돌아버릴 것 같았다. 짜증이 북받쳤다. 어떡해야 좋을지 모르겠어…. 라고 속삭이는 엄마 목소리가 들리면 이불 속으로 고개를 파묻으며 생각했다. 피차일반이지…. 내가 짜증을 내고 딱딱거리고 처박혀 있을수록 엄마와 시므온은 더 조심하고 긴장했고, 그러면 더 화가 났다. 다들 그 악순환 속에 갇혀 헤어나지 못하고 불안만 고조되는 엿 같은 상황이 계속되었다. 악몽이 따로 없었다.

그동안 내 숙소와 관련해 모두 낭패를 본 부모님은 그 공동주택이 정신건강에 전혀 도움 되지 않는 환경이라고 결론짓고는 내가 여행 간 사이 학생들에게 인기 있는 동네에 작은 집을 하나 얻었다. 새 집은 근사했다. 부엌과 욕실이 딸린 완전 새집이었다. 소파, 책장, 좋은 침대, 램프, 그림들을 비롯해 유리잔과 접시, 커피머신을 포함한 각종 주방용품까지 다 갖춰져 있었다. 내 공간에 아무도 초대하지 않겠다고 작정한 나 같은 사람만 아니면 얼마든지 요리도 하고 친구도 부를 만한 곳이라고 생각했던 기억이 난다. 내 집 같지가 않았다.

엄마의 도움을 받아 마지못해 짐을 풀었다. 엄마는 식물들을 여기저기 놓으며 어떻게 돌봐야 하는지 설명했고, 난 보고는 있었지만 아무 말도 듣지 않았다. 엄마의 존재가 미치게 짜증 났다. 엄마가 기숙사에 온 첫날과 똑같은 일들을 하는 걸 보고 있으니 그때 이후 내가 얼마나 달라진 게 없는지 실감할 수 있었다. 이번에는 엄마가 그러는 이유를 조금 더 알 것 같았다. 내 정신상태처럼 아무리 해도 마음대로 안 되는 일들이 있으니 엄마는 그나마 마음대로 할 수 있는 일들이라도 하려고 애쓰는 것이다. 난 그저 엄마가 얼른 갔으면 하는 마음밖에 없었다…. 자고 싶었다. 내 친구이자 가장 안전하고 행복한 안식처…. 잠. 오로지 그 생각뿐이었다.

주차장에서 엄마는 집으로 운전해서 가려고 준비했다. 그런데 차에 타지 않고 가방을 손에 들고 자갈 위에 서서는 긴장한 기색으로 꾸물거렸다.

"괜찮겠니, 조시?"

"네."

"아직 좀 우울한 거 맞지?"

"아닌데요. 아니에요."

"혹시… 혹시 이야기를 해보고 싶으면…. "

"아뇨." 나는 말을 딱 잘랐다.

"하지만 혹시라도 말이야."

"아니라니까요!" 제발, 제발 좀 가라고.

"어떻게 도와주면 되겠니, 조시?"

나 좀 내버려두고 당장 꺼져버려요. 그렇게 생각했지만 말은 다르게 나왔다. "그런 거 없어요."

"극단적 선택을 생각해본 적 있니, 조시?" 엄마의 눈이 실마리라도 찾는 듯이 내 눈을 탐색했다.

엄청난 질문이었다. 사실 진작 물어볼 줄 알았지만, 그렇다고 해서 대답할 거리를 생각해놓은 것은 아니었다. 막상 질문을 받아보니 그냥 쓱 무시해버리는 게 제일 쉬울 것 같았다. 하지만 사실 극단적 선택을 생각해본 적은 있었다. 많이는 아니지만, 그런 선택도 있다는 정도의 생각은 해봤다. 그러나 고분고분 인정했다가는 엄마가 얼마나 대경실색할지도 잘 알고 있었다. 그건 내가 감당하지 못할 일이다. 그 히스테리를 감당하느니 거짓 대답을 해주고 떠나보내는 게 더 나았다.

"말도 안 되는 소리." 아마 소리를 질렀던 것도 같다. 엄마는 안도의 미소를 지었다.

체크.

체크.

체크.

체크…. 계속 조그만 네모상자를 체크하면 놈이 가까이 못 오게 막을 수 있다. 적어도 난 그렇게 생각했다.

말도 안 된다고 생각하지 않았다. 그냥 엄마가 안절부절지 않도록, 집에 가자마자 내게 전화를 걸어와서 똑같은 이야기를 처음부터 다시 하는 일이 없도록 하고 싶었을 뿐이다…. 그건 생각만 해도 참을 수가 없다. 돌이켜 보면, 엄마가 계속 지켜보고 질문을 해대니 내 상태를 들여다보지 않을 수가 없었고, 그건 세상에서 제일 하기 싫은 일이었다. 그때의 나는 모래 속에 머리를 파묻고 모른 체하고 싶었다. 다 알고 싶으면서도 한편으로는 그런 무서운 생각들을 막아두고만 싶었다.

13장

어맨다

육감

"인생의 모든 짐과 고통을 덜어주는 한 단어, 그것은 사랑이다."

소포클레스

조시가 2학년을 시작하러 사우샘프턴의 새 집으로 돌아가기 직전, 시므온과 나는 앞으로 무슨 일을 해야 할지 자세히 의논했다. 조시는 이제 성인이고 자기 길은 자기가 개척해야 하니 어린애 취급받는다는 느낌은 주고 싶지 않았다. 하지만 한편으로는 그래도 여전히 우리 아들인데, 어떻게 해야 도울 수 있을지 알고 싶었다. 그러자면 현재 조시의 상태가 어떤지, 어떤 일을 겪고 있는지를 명확하게 파악해야 했다. 기진맥진해서 여행에서 돌아온 꼴을 봤으니 이제 진실을 마주할 때가 됐다. 사실 조시는 말과는 달리 대학에서도 잘 지내지 못했을지 모른다. 조시가 혼자 사우샘프턴에 있는 게 걱정돼서, 불편하지만 용기를 내어 조시의 대학교수에게 연락을 취해보기로 했다. 쉽게 한 일이 아니었다. 뒤에서 몰래 속이는 느낌이었고, 조시가 알았다면 불같이 화를 냈을 것이다. 자신감이 바닥을 치고 항상 불안에 시달리던 조시의 경우, 스스로 알아서 하는 게 얼마나 중요한지 잘 알고 있었다. 조시의 동의 없이 하는 행동, 특히 조시에 대한 정보를 줍고 다니는 행동은 완전히 역행하는 짓이었다.

불편했고 기분이 좋지 않았다. 그래도 혹시 대학에서도 조시에 대해 걱정하는 점이 있는지, 경계경보가 울리고 있는지 알고 싶었다. 우울증 증상이 있었는지 알고 싶었다. 이런 행동을 하는 학생들을 본 적 있는 사람과 이야기해서 혹시라도, 정말 혹시라도 도움이 될 수도 있는 조언을 받고 싶었다. 확인을 받고 그런 통찰력을 얻으면 앞으로 무슨 일이 있더라도 조시를 도와 헤쳐 나갈 수 있을 것 같았다. 나는 성심성의껏 이메일을 썼다. 이런 메일을 보내는 게 선을 넘는 행동일 수도 있고 규정상 개인정보를 알려줄 수 없을지도 모르겠지만 조시에게 무슨 일이 벌어지고 있는지 이해하고 싶으니 뭐라도, 조금이라도 알려줄 수 없냐고 썼다. 치밀어 오르는 히스테리를 숨기려고 안간힘을 쓰며 심혈을 기울여 단어들을 골라 썼다. 사실은 당장 사우샘프턴으로 달려가 교수의 옷깃을 붙들고 소리라도 지르고 싶었다. "도와줘요! 도와주세요. 우리 아들한테 무슨 일이 벌어지고 있는 거죠? 제가 뭘 해야 해요? 제발 가르쳐줘요!" 물론 그렇게 하지는 않았다.

즉시 온 답장은 짧고 정중하고 사무적이었다. 학생의 사전 동의 없이는 어떤 정보도 논의하거나 알려줄 수 없다는 것이었다.

끝이었다. 더 이상 어떻게 해보거나 이야기해볼 여지가 없었다.

나는 키보드 위에 손가락을 얹은 채 생각했다….

답장 감사드려요. 이렇게 시작했다. 네, 알겠어요, 알겠습니다. 하지만…. 하지만…. 이게 살고 죽는 문제라면 어쩌죠? 이렇게 해서 내 아들의 정신문제를 도울 수 있다면요? 그래서 자퇴 —그렇다, 요즘처럼 이 문제를 고심하기 전인 그때 나는 '자퇴'라는 말을 썼다.— 하지 않고 학교를 계속 다닐 수 있다면요?

아무리 예리한 감정적 칼을 휘둘러도 그 사람을 단단히 묶어놓고 있는 '행정'이라는 밧줄을 자를 수 없다는 걸 알면서도 인정에 호소해보려 애쓰며 공손하게 답장을 작성했다. 그리고 작은 불상을 슬쩍 보며 보내기 버튼을 눌렀다…. 두 번째 답장도 사무적이고 실망스럽긴 마찬가지였다. 상황이 어떻든 간에 조시의 명백한 허락 없이 대학에서는 나와 이야기할 수도 없었고, 하지도 않을 작정이었다.

나는 당시 거의 모든 영국 대학이 처해 있던 이 상황을 철저하게 살펴봤고 이해하려고 노력했다. 오랫동안 열심히 생각해봤다. 틀에 박힌 응답이 아니었다. 그 힘들고 복잡한 상황을 이해한다. 다수를 보호하기 위해서는 감정적이고 때로는 절박한 부탁들을 더 크고 논리적인 시스템적 접근으로 진정시켜야 한다. 온라인상에서 개인의 안전과 사생활 보호가 그 어느 때보다 중요한 이 디지털 시대에 정보 보호 문제는 점점 더 커지고 있다. 학생들이 자신의 개인정보가 안전하다고 믿는 게 아주 중요하다는 것을 안다. 게다가 이 학생들은 더 이상 애가 아니라 열여덟 살이 넘은, 모든 특권과 권리를 가진 성인들이 아닌가? 누가 그들의 허락 없이 정보에 접근할 권리가 있겠는가? 이해한다. 이런 식으로 모은 정보를 좋은 목적으로만 쓰지 않는 부모나 보호자들이 있는 것도 잘 알고 있다. 나쁜 의도를 가진 사람이 개인정보에 불법적으로 접근했을 때 불행한 결과가 초래되고, 때로는 위험하다는 것도 알고 있다.

갓 성인이 된 이 아이들이 학교와 집에서 보호받던 생활에서 벗어나 성인으로 성장하는 과정은 더할 나위 없이 중요하긴 하지만, 고등학생에서 대학생으로 도약하는 일은 사실 보기보다 더 엄청난 일이다! 학생들뿐만이 아니다. 부모들도 감정적, 육체적으로 버거운 장애물을 넘어야 한다. 기쁘게도 변화가 일어나고 있다. 많은 대학이 "여러 자선단체와 고등교육기관들과 협동"하여 "모범적 실천을 보여주고, 학생과 직원의 정신건강을 중시하며, 증진된 정신건강과 복지 결과를 내놓는 기관들에 포상하는… 헌장"인 '대학정신건강헌장' 제정에 참여하고 있다.⁹ 또한 이 헌장은 부모나 신뢰할 만한 사람들이 학생의 정신건강 정보를 공유하게 해주는 동의 조항을 넣는 중요한 문제에 대해서도 논의 중이다.

비극적인 학생의 극단적 선택 사건들 상당수가 부모와 연락하고 정보를 공유하는 문제를 살펴봐야 한다고 말한다. 2018년 5월 BBC 뉴스는 브리스틀 대학생 벤 머리의 사망 소식을 보도했다. 검시 때 벤 머리의 아버지는 말했다. "대학입학시험 공부를 열심히 했던 1학년 학생이 학교에 나타나지 않으면 연락을 취해봐야 합니다. 또, 가족인 우리에게 알렸어야 하고요." 머리 씨는 무엇이 잘못되어가고 있는지 "전혀 몰랐다"며, 대학에서 학생의 "결석"을 확인했을 뿐 그 이상 조치를 취하지 않았다고 "비통해"했다.¹⁰ 또한 벤이 교수진에게 "불안"하고 "상태가 좋지 않다"고 말했는데도 그들은 "벤을 퇴교시킬 때 그 사실을 기억하지 못했다"고도 덧붙였다. 2019년 1월 22일 「가디언」지에 실린 비슷한 기사에서 너태샤 애브라하트의 아버지도 딸의 극단적 선택이 미친 영향에 대해 가슴 아픈 발언을 했다. 스무 살의 너태샤는 물리학과 2학년이자 실내 클라이밍과 베이킹을 즐기는 열정적인 음악가였다. 그는 딸과 대학 사이에 오간 이메일 중 딸이 극단적 선택 충동에 대해 털어놓은 이메일을 발견했다. "그걸 발견하기 전까지 우리는 이 비극이 딸아이가 아무에게도 자기 고민을 털어놓지 않았기 때문에 벌어졌다고 생각하고 있었습니다. 하지만 아이는 도움을 받으려고 했어요."[11]

나는 학생의 정신건강을 우려할 만한 상황에서는 대학 측이 부모나 보호자에게 연락할 수 있도록 학생들에게 미리 '동의'를 받는 시스템에 전적으로 찬성한다. 얼마나 좋은 시스템인가! 조시 때는 그런 시스템이 마련되어 있지 않았다. 미리 '동의'할 기회도 없었고 대학 측과 이야기해보려던 시도도 무위로 돌아가자 그냥 시스템을 신뢰하면서 혹시라도 우리 아들이 우리를 필요로 하는 때가 온다면 소리를 질러주기를 바랄 수밖에 없었다. 벤이 보고 싶었다. 물론이다. 하지만 조시는 달랐다. 조시는 보고 싶을 뿐만 아니라 두려운 걱정이 들게 했다. 하지만 얼마나 개입해서 이런 걱정을 털어놓아야 하는 걸까? 또다시 문제는 균형이다. 적절한 선에서 지지하고 격려해주면서 한편으로는 안전망 역할을 해주는 것. 우린 이 원격 부모 역할을 잘할 수 있다고 생각했다. 잘 파악하고 있는 줄 알았다. 하지만 정신건강 문제가 있는 아이를 도와주는 데 가장 큰 장애가 되는 것은 정보 부족이었다.

사실 조시가 고등학교를 졸업하고 대학정신건강헌장이 생기기 전까지, 학생들은 6월이나 7월에 학교를 졸업하고 이제껏 알던 유일한 시스템이자 문화를 떠났다. 대학 이전의 학교 시스템에서 학생이 수업에 빠지거나 과제를 내지 않거나 운동장에서 다치거나 지도할 문제가 있을 경우, 당연히 집으로 전화나 편지가 왔고, 아니면 적어도 선생님 하나가 책임지고 상황을 처리했다. 그러니까 운이 좋을 경우, 학교 시스템 내에서 돌봄은 이원 체계로 이루어졌다. 학교라는 하나의 마을이 아이 하나를 함께 키우는 것이다… 하지만 고등학교를 졸업한 다음 고작 8주나 12주 사이에 조시 같은 아이들이 비틀거리고 고립되고 심지어 우울증에 걸리고 자해하고 강의에 들어가지 않고 온갖 어려움을 겪을 수도 있는데, 부모는 그런 문제를 전혀 알 수가 없고, 따라서 사랑하는 사람에게 도움이 필요할 때 도와줄 방법이 전혀 없다.

그건 아이의 생활을 대부분 책임지면서 적극적인 역할을 하고 정보를 공유하며 살다가 하루아침에 느닷없이 그 모든 것에서 차단되는 경험이었다. 조시 같은 아이에게는 거의 치명적인 일이었다. 부모들이 중등학교 때와 같은 수준으로 아이들에 대한 정보를 알아야 한다는 말이 아니다. 절대 아니다! 사실 대부분의 경우, 이미 업무 과부하 상태의 대학 교수진과 개별 부모·보호자들이 서로 연락해야 할 일은 전혀 없을 것이다. 하지만 상황이 변하고 있어서 기쁘다. 필요한 경우 학생에 대한 우려를 훨씬 전체론적 시각에서 공유하고 처리할 수 있다는 인식이 커지고 있다고 생각하면 기운이 난다.

일부 대학들의 폐쇄적 의식과 조직도 변화해야 한다. 교직원들 사이에 소통이 거의 없는 곳들도 있고, 다른 서비스들이나 위기에 처한 학생의 가족들과 정보를 나누는 일은 전무하다. 맡은 학생들에게 최상의 안전망을 마련해줄—법적 책임은 아니더라도—도덕

적 책임을 지는 자세와는 거리가 멀다. 정보 공유 동의와 협동적 접근법이 뒤늦게야 이루어지는 안타까운 경우들도 자주 본다. 극단적 선택 사건들 중에는 위험 신호들, 심지어 학생 스스로가 위험과 고통을 직접 토로했을 때도 이를 공유하지 않거나 지나쳐버리는 경우들이 있다. 자식의 비극적 죽음을 조사하는 과정에서 그제야 아이가 도움을 요청했었던 사실을 알게 된 가족들도 있다 얼마나 힘들지 상상조차 어렵다. 말이 안 되는것은 그 모든 게 단지 몇 달의 시간 차와 다른 시스템 때문이라는 것이다. 고등학교 때는 도움의 손길이 바로 옆에 있었고 모든 문제가 전달됐으니까.

조시 또래 자식들을 가진 친구들과 빈 둥지 증후군의 현실에 대해 많이 이야기했다. 내가 그런 감정을 느끼리라고는 한순간도 생각하지 못했다. 나는 늘 바빴고, 더 이상 학교에 애를 데려다주고 데리고 오지 않아도 된다면 하고 싶은 일들이 너무 많았다. 알람 없이 늘어지게 자고, 요가 수업을 듣고, 개도 키우고…. 그런데 예전 생활을 그리워하고 있다니, 뭔가 쓸모없는 인간이 된 것 같은 기분이 들다니 너무 충격이었다. 한밤중에 희미하게 불 밝힌 복도를 걸어 텅 빈 애들 방에 가서 베개에 머리를 대고 냄새를 맡다가 울음을 터뜨리는 부모가 나만이 아니라는 게 위안이 됐다. 실제로 애들의 그 온갖 냄새가 그립다는 말은 절대 아니다. 어쨌거나 시끌벅적한 애들 소리가 그리웠다. 애들의 존재가 그리웠다. 사랑하는 사람들이 매일 밤 한 지붕 아래 안전하게 있을 때의 확실한 안도감이 그리웠다.

내가 정보를 얻으려고 연락했던 교수는 나쁜 사람이 아니었다. 오히려 정반대였다. 그분은 지나친 억측은 하지 않으면서 친절하게 응대해줬다. 자신도 더 많이 이야기해줄 수 있기를 바라는 것 같았다. 그럴 수 있었다면 얼마나 좋을까.

조시와 대화해볼 자신은 없었다. 누가 봐도 상태가 좋지 않은데도 이렇게 마음의 문을 꼭꼭 닫은 상태에서는 자기를 좀 내버려두라며 '괜찮다'는 말만 할 게 뻔했다. 마침내 나는 이미 시도해봤다는 말은 하지 않고 교수와 좀 이야기를 해봐도 되겠냐고 물었다. 대학 측과 대화하기 위해서는 조시의 허락을 받는 수밖에 없었다. 조시는 오만상을 찌푸린 채 맹렬하게 고개를 저으며 화난 목소리로 말했다. "아니! 절대 안 돼요!"

그런 반응을 보자 상황이 좋지 않다는 생각만 더 들었고, 정확히 조시가 뭘 숨기고 있는지 알고 싶었다. 조시의 찬장에 무서운 비밀이 숨겨져 있다는 생각이 자꾸만 들었다. 나는 조시에게 네가 어떤 일을 하고 무슨 말을 해도 우리는 변함없이 너를 사랑하니 언제든지, 뭐든지 말하라고 거듭 말했다. 조시는 눈을 커다랗게 뜬 채 그저 멍하니 쳐다보기만 했다. 더 이상 강요하지 않기로 했다. 그 시점에서는 무슨 일이 있으면 내게 의지해도 된다는 것을 아는 것만으로도 충분했다.

조시를 사우샘프턴의 작은 집에 혼자 두고 오는 게 너무 불안했다. 조시가 여행 간 사이에 살림들은 이미 다 옮겨둔 터였다. 조시가 서지도 못하는 그 공동주택 방에서 살게 할 수는 없다고 결정 내렸고 집들이 빨리 나가버린다는 것도 알았기 때문에 서둘렀다. 조시 또래의 아이들이라면 다들 마음에 들어 할, 편의 시설이 다 갖춰진 좋은 집이었다.

하지만 조시는 그 집과 살림을 보고도 별로 감탄하는 것 같지 않

왔다. 집과 기숙사를 떠나 처음으로 혼자 살게 된 조시가 평탄하게
잘 살았으면 하는 마음으로 우리가 채워 넣은 살림들인데. 이유는
딱히 모르겠다. 육감 같은 것? 그냥 예감이 좋지 않았다. 나로서는
희망을 갖는 수밖에 없었다. 다른 방법을 모르니 그냥 잘 살기를 바
라고 기도하는 수밖에 없었다. 조시는 내게 마음을 터놓지 않을 것
이다. 아무리 제안을 해도 전문가에게도 터놓지 않을 것이다. 우린
조시에게 밥 잘 챙겨 먹고 햇볕도 쬐고 산책도 하고 체육관에도 가
고 수영도 하고 친구들도 만나야 한다고 거듭 주지시켰다. 그런 일
들을 하면서 조시의 기분이 나아지기를 바랐다. 바닥이 흔들리는
림보에서 그게 뭔지도 모르고 사는 느낌이었다. 조시가 자기 기분
을 솔직히 말해줬다고 믿는 수밖에 없었다.

반면에 내 경력은 승승장구했다. 하지만 텔레비전에 나와 미소
를 지으며 인터뷰를 하고 내가 쓴 이야기들에 대해 설명하면서도
마음 한구석에서는 늘 조시 생각을 떨칠 수 없었다. 그때 나는 1년
에 책을 두 권씩 냈고, 그 책들은 곧바로 베스트셀러 상위권에 올
라갔다. 너무나 놀랍고 감사한 일이었다. 초등학교 시절이 생각났
다. 책을 쓰고 싶다고 하자 나를 바라보던 선생님의 조소 어린 표
정, 내게서 자신감과 꿈을 앗아갔던 그 표정이. 네가? 책을 쓴다
고? 허!

나는 텔레비전에도 점점 더 자주 출연했고 내 마음의 고향이라
할 라디오에도 나왔다. 소설 집필과 편집에 몰두하느라, 거기다 책
이 나올 때마다 영국뿐만 아니라 전 세계를 돌며 홍보 일정을 소
화하느라 정말 그 어느 때보다 눈코 뜰 새 없이 바빴다. 그러니 어
쩌면 방심했을지도 모른다. 최고의 책들을 쓰고 그 책들을 성공작

으로 만드는 데 집중하기 위해 조시는 괜찮다고 생각하고 싶었던 것 같다. 최신작들과 다음에 쓸 책들을 생각하며 잠드는 날들도 많았다. 내 경력을 쌓는 데 바빠서 조시가 겪고 있는 일들을 머릿속에서 밀어내버렸을지도 모른다고 생각하면 한없이 끔찍하다. 두렵지만 그게 사실이다. 나는 일에서 성공하면 경제적 안정이 따라올 테고, 그러면 조시와 벤, 우리 모두의 인생을 행복하게 하는 데 집중할 수 있으리라고 생각했다.

14장

조
시

최악의 날

"사는 법을 가르쳐줘요. 침대처럼 무덤이 두렵지 않도록."

토머스 켄

2학년도 어느덧 중반부에 접어들었고, 나는 여전히 작은 집에 혼자 살고 있었다.

내 상태는 한없이 나빠져서 사람들과 전혀 어울리지 않았다. 아무 데도 가지 않았다. 도화선이 될 만한 사건도, 갑작스러운 촉매제도 없었다. 그냥 갑자기 모든 게 너무 버거웠다. 술친구들과도 더 이상 어울리고 싶지 않았다. 아무도 만나기 싫었고, 심지어 술도 마시기 싫었다.

나는 학교생활에서 완전히 발을 뺐다. 자동조종장치를 켠 로봇인 양 움직이면서 뭐든 최소한만 했고 바깥세상을 완전히 차단했다. 가끔 온라인 강좌를 듣고 기사를 읽고 곧 과제가 나올 거라는 이메일들을 읽었다. 먹고 마시고 엄마와 시므온의 걱정을 미리 차단하기 위해 가끔 전화는 걸었다. 진짜 최소한만 했다. 바깥에서 보면 정상적으로 살고 있는 것처럼 보일지도 모르지만, 사실 안은 무너져가고 있었다. 무서웠다.

작년 한 해 동안 나는 기분을 감추는 데 도가 튼 거짓말 전문가가 됐다. 가족들이 연락하면 연기를 했다. 다들 바쁜데 걱정시키고 짐이 될까봐 솔직하게 터놓고 말할 수 없었다. 정신질환을 수치스럽게 보고 낙인찍는 사회적 인식이 두려워 도와달라고 요청할 수가 없었다. 심연 속으로 점점 더 빠져들어가고 있다는 걸 알면서도 멈출 방법을 몰랐다.

"기분이 어때, 조시?"

"좋아요." 체크.

"필요한 거 없어?"

"없어요." 체크.

"수업은 듣고 있니?"

"네." 체크.

"친구들은 만나니?"

"네." 체크.

"우리가 그쪽으로 가서 만날까? 집에 올래?"

"괜찮아요."

사실 마지막은 거짓말이 아니었다.

아무도 만나고 싶지 않았다. 내 상태가 어떤지 전혀 모르는 가까운 사람들은 특히 더 만나기 싫었고, 다시는 집에 가지 않겠다고 생각했다. 그래도 상관없었다.

부모님은 전화를 걸어 자상한 질문을 던지고 무의미한 해결책들을 제시했다. 내가 보기에는 최악의 반창고 요법이었다. 그런 대화는 '뭐라도' 하고 싶은 부모님 기분에는 위안이 될지 몰라도 내 입장에서는 부모님이 얼마나 아무것도 모르고 있는지 또다시 확인시켜줄 뿐이었고, 그래서 더욱 외롭기만 했다.

어떻게 설명해야 할지 모르겠지만, 대학입학시험 기간 동안 내 머리의 스위치가 꺼진 것 같았다면, 최근 몇 달 동안 벌어진 일은 뭔가 달랐다. 마치 세상에서 색깔이 사라져버린 것 같았다. 그 일은 서서히 벌어졌다. 어느 한순간 눈을 떴다가 충격적인 변화를 본 게 아니었다. 텔레비전 속 색상이 서서히 사라지더니 어느 날 완전히 은회색과 검정만 남은 것 같았다. 어느 날 길을 걷다가 '세상이 왜 이렇게 음울하고 칙칙하지'라고 생각했던 기억이 난다. 하지만 그게 나한테는 더 좋았기 때문에, 나뿐만 아니라 다른 사람 눈에도 그렇게 보이는지 물어볼 생각도 하지 않았다.

수업 출석은 안중에도 없었다. 그건 다른 인생, 다른 시간, 다른 사람들에게나 해당되는 이야기였다. 친구들과 만나자는 약속을 다 거절했더니 그런 일도 점점 줄어들었고 결국은 아무도 내겐 묻지도 않았다. 전화가 울리는 일조차 없었다. 이런 결과를 계획한 것은 아니었다. 하지만 신경 쓰이게 하는 일도, 압력도 없으니 편했고 어떤 면에서는 자유로웠다. 다른 사람들과 만나고 이야기하는 걸 피하기 위해서 나는 전화기를 끄거나 무음으로 해놓고 안 보이는 곳에 치워버렸다. 효과가 있었다. 그 고요함이 좋았다. 엄마와 시므온과 일주일에 한 번씩 마지못해서 하는 통화만 제외하고 나는 최대한으로 고립됐다.

"어떻게 지내, 조시?"

"좋아요." 체크.

"집에 오고 싶니?"

"아니요." 체크.

"나 호주로 출장 가는데, 괜찮겠어?"

"넵." 체크.

침대에서 나오기는 힘들었지만, 하루는 교수님과 약속이 있어서 약속 장소인 건물로 터덜터덜 걸어갔다. 학생들이 책이 잔뜩 든 배낭을 메고 커피를 마시고 웃으며 무리 지어 모여 있었다. 나는 머리도 감지 않은 채 트레이닝 바지와 지저분한 축구 티셔츠를 입고 있었나. 보는 광경이 이질적으로 느껴졌다. 나는 이 시련을 최대한 빨리 끝내고 침대로 돌아갈 수 있도록 교수님께 수강신청을 취소하고 대학을 그만둘 생각이라고 최대한 간략하게 말했다. 딱히 즉석에서 내린 결정은 아니었지만, 그렇다고 사안의 중대성에 걸맞게 득실을 다 따져가며 고심해서 내린 결정도 아니었다. 누군가와 자세히 이야기해보거나 조언을 구하지도 않았다. 고립되어 살다 보니 그건 혼자 결정해야 할 사안이라는 생각이 들었고, 어쩔 수 없는 결정 같았다. 당연히 학교를 떠날 작정이었다. 그런 결정을 내리고 나서, 말을 해버리니 기분이 훨씬 나았다. 교수님은 몇 달 동안 나를 본 사람이 아무도 없었다고 대답했다. 그게 암시하는 바는 뻔했다. 다른 점이 뭐가 있을까? 나는 상황이 좋지 않다고 말했지만 자세한 이야기는 하지 않았다. 교수님은 고개를 끄덕여가며 메모하더니 나를 밖으로 내보냈다. 내가 출석하지 않아서 약간 언짢은 듯했지만 전혀 관심 없어 보였다. 내가 쓸모없는 인간이라는 생각만 더 들었다. 당연한 일이었다. 교수님이 신경 쓸 이유가 뭐가 있겠는가? 그냥 학생 하나일 뿐인데.

후속 조치는 없었다. 앞으로 뭘 하라는 제안도, 필요한 경우 누구와 이야기하라거나 도움이 필요하다면 어디서 도움을 받으라는 조언도 없었다. 바쁜 분이니까 이해한다. 학교에 있고 싶어 하는 학생들을 챙기는 것만으로도 바쁘니까. 전화기는 울려대고, 연구실 문 밖에는 학생들이 줄 서서 기다리고, 교수님은 쫓기고 있었다. 이제는 그때 내가 우울증이라는 렌즈를 통해 상황을 보고 있었다는 것뿐만 아니라 교수님도 좋은 사람이었다는 걸 안다. 그냥 너무 바쁘니까 내 결정에 대해 생각할 여유가 없었을 뿐이다. 문제는 가장 헌신적인 사람조차 행정업무에 치이게 하고 다른 사업과 마찬가지로 숫자와 성공만 좇게 되는 시스템이다. 그건 교수진과 학생들의 정신건강에 모두 좋지 않다고 나는 믿는다.

나는 조용히 연구실에서 나와 우울증 속으로 더 깊이 빠져들어갔다. 내 행동이 결론을 향해, 정점을 향해 가고 있다는 건 알았지만, 그게 뭔지는 몰랐다. 약 일주일 후 나는 자퇴 결심이 확고하다고 대학 측에 말했다. 내 삶을 나 스스로 결정하고 있다는 기분을 느껴보는 게 얼마 만인지 몰랐다. 다시 수업을 들으러 가지 않아도―적어도 들어가는 척 하지 않아도―된다고, 침대에서 나오지 않아도 된다고, 참여하지 않아도 된다고 생각하자 마비된 와중에도 안도감이 들었다. 모든 면에서 나는 끝이었다. 교수님들이건, 대학 측에서건 나를 설득하려 하거나 왜 그런 결정을 내렸느냐고 묻는 사람은 아무도 없었다. 물론 그렇다고 해도 이유를 털어놓고 말할 생각은 전혀 없었다. 엄마와 시므온에게서 오는 전화도 피하고 가끔 "다 좋다"고 짧은 문자만 보내 상황을 무마시켰다. 그거면 충분해 보였다.

***

조그만 방에 누워 있으면 다른 방에서 사람들이 이야기하고 노래하고 말다툼하는 소리가 들렸다. 그 소리는 파이프를 타고 와서 기괴하게도 가스레인지 위 환기 팬을 통해 들려왔다. 소름 끼쳤다. 이 상황에서 그런 소리까지 들어야 한다니. 이해할 수 없는 폴란드어를 쓰는 그 목소리들이 내 공간을 침범했다. 내 이야기를 하는 건가? 새로 생긴 편집증도 두려웠다. 어쩌다 집에 들른 사람에게 그 소리가 들리는지 물어보고, 그렇다는 대답에 안심했던 기억이 난다.

어둠의 영향력이 커지면서—이렇게밖에 묘사할 수가 없다—내 시야는 점점 더 좁아졌다. 생활의 모든 게 엄청난 압력처럼 느껴졌다. 학업에 뒤처졌다는 스트레스, 자퇴하겠다고 결심했지만 가족들에게 말하지 않았다는 스트레스, 매주 괜찮다는 문자로 다른 사람들을 설득해야 하는 스트레스, 심지어는 침대에서 나와 세수하고 옷 입고 세탁하고 이를 닦고 누군가와 이야기하는 스트레스까지, 그 모든 것이 내 기력으로는 감당할 수가 없었다. 현실 생활은 정지됐다. 그냥 존재하는 것만으로도, 포기하지 않는 것만으로도 갖은 애를 써야만 했다. 포기하고 싶었다. 굴복해버리고 싶었다. 손에 닿지 않는 평화를 가지고 싶었다. 나는 끝났다.

그때까지 가까스로 차단하고 있던 끈질긴 생각이 있었다. 극단적 선택이 해답일지도 모른다는 생각이었다. 나는 그 생각과 싸웠고 아무에게도 말하지 않았다. 이상하게도 죽는다는 생각이 두렵게 느껴지지 않았다. 사실 반가웠다. 일어나야 한다는 괴로운 생각을 하지 않고 스르르 영원히 잠들고만 싶었다. 그건 유혹적이었고 마음에 평화를 가져다주는 생각이었다. 내 입장에서 볼 때, 그건 살고 죽는 문제가 아니었다. 그냥 이 압도적 피곤을 멈추고 싶었을 뿐이다. 손쉬운 해결책 같았다.

우울증이 바닥을 쳤을 무렵 내가 가장 좋아하는 시간은 새벽 3시였다. 그 시간은 세상 누구도 내게 아무것도 바라지 않는 축복처럼 고요한 시간이었다. 전화를 거는 사람도, 뭔가를 하라고 하는 사람도 없다. 나와 완벽하게 고요한 세상뿐이었다. 나는 내 방을 늘 새벽 3시 상태로 만들었다. 그로 인한 장기적 영향 같은 건 생각하지 않았다. 내 방은 마치 다른 공간에 존재하는 것 같았다. 개울 한가운데 박힌 바윗돌처럼 주위를 흘러가는 시간과 무관하게 고요히 꼼짝 않고 있었다. 내가 정신적으로 항복하고 목숨을 끊기로 결심한 게 정확히 언제였는지는 기억나지 않는다. 시간은 내게 의미가 없었다. 몇 주가 지났는지, 몇 달이 지났는지 의식조차 하지 못했다. 모든 것을 집어삼키는 잠에서 깨고 나면 한 시간이 지났는지 하루가 지났는지도 몰랐다. 낮인지 밤인지도 몰랐고, 상관도 없었다.

엄마가 호주 텔레비전 프로그램에 출연하러 가면서 내게 외국에 가면 기분전환이 되지 않겠냐고 물었던 기억이 난다. 엄마는 정말 놀라울 정도로 순진무구했다. 답이 없었다. 한바탕 퍼부어주고 싶었다. 정말로 내 행복이 장소에 달려 있다고, 그래서 여행을 가서 해변에 앉아 있거나 산을 오르면 흥이 나거나 다 나을 거라고 생각하느냐고.

안타깝지만 그건 이미 해봤다. 여행을 통해 행복한 새 인간 따위로 탄생하는 일은 일어나지 않았다.

엄마와 시므온, 할아버지, 할머니, 친구들과 이야기할 때면, 다들 미소 짓고 있지만 조그맣게 쯧쯧 하는 소리가 들리고 보일락 말락 고개를 젓는 게 보였다. 분명 모두 이런 생각을 하고 있었다는 걸 알았다. 도대체 왜 그러는 거야? 게으른 자식 같으니. 왜 침대에서 나오질 못하니? 왜 뭔가를 하지 않니? 그러면 눈을 피하면서 네, 하고 동의하는 수밖에 없었다. 난 도대체 왜 이러는 걸까? 나도 알고 싶었다.

내가 어떤 지옥 속에 빠져 있었는지 설명하려 해봤자 소용없을 것이다. 게다가 사실 상관도 없었다. 다른 사람들이 뭐라고 말하고 생각하건, 심지어 내 목숨마저 상관없었다.

그렇게 하염없이 침대에 누워 들숨과 날숨, 빛의 변화, 심장박동 하나하나에만 집중하며 아무것도 하지 않는 건 불가능하다고 생각하겠지만, 난 그랬다. 몇 시간이고 한없이 꼼짝 않고 누워 기다렸다…. 무엇을? 모르겠다. 어떤 생각, 탈출, 느낌을…. 고향 친구들도, 대학에서 새로 사귄 친구들도 다 나한테 질려버렸다. 비난할 생각은 없다. 나조차 질린 마당이니 이해했다. 나도 질리고 좌절했다. 모든 게 무의미하게 느껴졌고, 내 미래에 빛나고 있던 조그만 기쁨들, 조금만 손을 뻗으면 닿을 것 같았던 그 기쁨들도 이제는 퇴색해서 미래조차 온통 회색으로 물들어버렸다…. 일어나 앞날을 대면해야 한다는 생각만 해도 참을 수가 없었다. 그럴 능력이 없었다.

인정하기 힘들고 글로 쓰기는 더 힘들지만, 나는 목숨을 끊기로 결심했다.

지상에서의 내 시간이 멈추기를 바랐다.

모든 것이 멈추기를 바랐다.

견딜 수 없이 지쳤다.

삶이 전적으로 무의미하게 느껴졌다.

단도직입적으로 말해서, 난 할 만큼 했다.

이 고백이 어떤 고통을 불러올지 안다. 이루 말할 수 없는 고통이라는 것도 안다. 나는 이 삶과 거기 속하는 모든 것, 모든 사람을 두고 떠날 준비가 되어 있었다. 정말 떠나고 싶었다. 더 이상의 시간은 원하지 않았다. 더 이상 존재하고 싶지 않았다. 지상에서 사라져서 영원히 잠들고 싶다는 확신이 들었다. 합리적인 사고를 하는 사람들, 나를 사랑하는 사람들에게 그게 얼마나 고통스러운 소식일지 이제야 조금 상상이 간다. 하지만 사과는 할 수 없다. 사과한다는 것은 그때 내게 조금이라도 상황에 대한 통제력이 있었다는 뜻이 될 텐데, 나는 전혀 그렇지 못했기 때문이다. 아무 잘못도 하지 않았기 때문에 사과할 수 없다. 그건 선택이 아니었다. 오로지 이 병, 쇠약해진 내 정신건강의 결과였다. 사실 그저 결과만도 아니었다. 내 입장에선 사실 그건 치료책이었다. 그게 내가 찾고 있었던 해답이었다. 우울증에 휩싸인 나는 생각을 통제할 수 없었다. 생각이 나를 통제했다.

다른 사람들 눈에는 내가 조사이어 하틀리처럼 보였을지 모르겠지만, 그때 나는 나 자신이 아니었다. 난 텅 빈 그릇이었고, 심각한 우울증과 불안증이 모든 걸 지배하고 결정을 내렸다. 엄마가 멀리 떠나 있어서 다행이었다. 적어도 생각하고 처리할 거리 하나는 덜었으니까.

죽기로 결정하고 계획을 세운 때는 2016년 11월이었다. 나는 열아홉 살이었다.

모르는 사람들에게 이런 이야기를 하고 있다는 게 참 이상하게 느껴진다. 나는 여러분에 대해 전혀 모르는데, 여러분은 나에 대해 너무 많은 것을 아니까. 이 책을 처음부터 읽고 있다면 내가 스스로를 드러내는 걸 얼마나 힘들어하는지 잘 알 것이다. 하지만 함께 여기까지 왔으니 여러분께 직접 이야기하고 싶다.

여러분이 이 글을 어디서 읽고 있던—사무실이건, 버스 안이건, 해변이건, 소파건, 기차 안이건, 비행기 안이건, 수영장 옆이건, 침대 위이건—속으로 어떤 질문과 생각을 하고 있을지 알 것 같다. 그 질문에 모두 답하겠다고 말할 수는 없다. 하지만 여러분은 분명 사랑하는 가족과 수많은 기회를 두고 어떻게 사라져버리고 싶을 수 있냐고 질문하고 싶을 것이다! 그런 생각을 하고 질문을 해줘서 감사하지만, 나로서는 결국 했던 말을 되풀이할 수밖에 없다. 그때 그 사람은 조사이어 하틀리처럼 보였을지 몰라도 사실은 내가 아니었다고. 나는 껍질만 남아 있었고, 절망만 남은 그 무의미한 껍질을 벗어버리는 게 당시에는 완전히 말이 되는 선택 같았다. 그러면 모든 것을 끝낼 수 있다고 생각했다. 그런 생각을 하는 것만으로도 희망과 평화의 서광이 보였다.

나는 더 꼭꼭 숨었다. 침대 밖으로 거의 나오지도 않았다. 식음을 거의 전폐하다시피 한 채 나를 집어삼키려는 검은 구름에 몸을 내맡겼다.

다들 바닥을 쳐야 위를 쳐다보고 앞으로 나아갈 수 있다고 말한다.

그 말은 진실이었다.

그때 내가 있던 곳이 바닥이었다.

딱딱한 암반.

암반 아래에는 뭐가 있을까? 지옥? 그럴지도 모른다. 하여간 나는 바닥에 있었고, 그곳은 정말, 정말로 무서운 곳이었다.

나는 어딘가 도착했다는 것에 기뻐했고 한편으로는 더 이상 떨어질 수는 없다는 데 나름 안도했고 그러면서도 겁에 질렸다.

최악의 날, 최악의 순간은 사실 며칠 동안 지속되었고, 돌이켜보면 그날들은 온통 깜깜하게 뒤엉켜 구분되지도 않는다.

한 동안 나는 조용한 방에 완전히 마비된 채 누워 있었다. 갈증조차 느껴지지 않았다.

며칠 내내 침대 밖으로 나가지 않았다.

화장실도 가지 않았고, 먹지도 마시지도 않았다.

그냥 이대로 몸이 세상을 포기해버렸으면 싶었다. 그렇게 되면 제일 좋을 것 같았다.

도피라고 볼 수도 있겠지만, 더 이상 존재하지 않는다는 생각이 너무나 유혹적이었다.

침대가 블랙홀처럼 나를 빨아들였다. 내가 이 세상에 속해 있는 것 같지 않았다. 이제 고립감이나 외로움을 넘어서서 심지어 슬프지도 않았다. 아무것도 느껴지지 않았다.

내 인생은 아무것도 아니었다.

미래도 아무것도 아니었고, 내가 할 수 있는 일도 없었다.

새롭고도 압도적인 고립감이었다. 통풍구를 통해 들려오는 폴란드어 대화도 무시했고, 창문을 열거나 커튼을 걷지도 않았다. 방은 하루하루 점점 더 작아졌고 나도 그와 함께 줄어들어서 마침내 침대 한가운데 구겨진 지저분한 이불에 웅크린 조그만 덩어리에 불과해졌다. 피가 탁해지며 느려졌고, 호흡도 느려졌다. 나는 눈을 감은 채 부유했다. 누워 있는 내 모습이 위에서 보였다.

딱한 모습이었다.

전에도 외로움은 느꼈지만, 이제는 외로움이 문제가 아니었다. 그건 혼자라는 느낌, 목련꽃 그려진 벽에 둘러싸인 이 공간에 혼자 있는 걸 넘어서서 세상에 혼자 있는 기분이었다.

나 자신이 우주에 떠다니는 무가치한 점 하나 같았다. 나 같은 건 죽어도 아무도 상관없다는 확신이 들었다.

나는 중요하지 않았다.

아무것도 중요하지 않았다.

가끔 비틀거리며 화장실에 가다가 거울에 비친 내 모습을 본 적이 있다. 끔찍한 몰골이었다. 내 얼굴이 아니라 괴물이 된 뭔가가 보였고, 온몸이 얼어붙는 것 같았다. 그 꼴을 보니 사라지는 게 맞는다는 생각이 더 굳어졌다. 바깥세상에 나가야 한다는 생각은 상상조차 할 수 없었다.

나는 일방통행 도로에 서 있었고, 이 삶을 떠나는 것은 만약이 아니라 언제의 문제였다. 미래가 보이지 않는 건 문제도 아니었다. 현재조차 보이지 않았다.

나는 인터넷에서 자살을 위한 약을 주문했다.

겨우 다섯 단어에 불과한 이 문장, 이렇게 간단하게 쓸 수 있는 문장에 담긴 어마어마한 의미라니.

나는 인터넷에서 자살을 위한 약을 주문했다.

약의 이름과 구매 방법 같은 세부사항은 일부러 자세히 적지 않았지만, 구매 절차는 충격적일 정도로 간단했다. 나는 사고사로 생각될 여지를 남기면서도 나름대로 고통 없는 죽음을 계획했다.

지금 와서 생각해보면, 남은 사람들에 대한 생각을 조금이라도 한다는 건 희망이 있다는 뜻이다. 비록 나를 사랑하고 내게 작별인 사를 해줄 사람들 눈에만 보이는 것이라 해도, 완전히 끝은 아니라는 희망, 내 인생에 어느 정도 가치는 있었을지도 모른다는 희망 말이다.

우편으로 알약들이 왔던 날이 생각난다. 약은 폭신한 은색 주머니에 넣어져 갈색 안전봉투에 담겨 왔다. 현관문 앞 매트 위에는 그 외에도 피자 전단지와 다른 광고 우편물 같은 것들이 수북하게 쌓여 있었다. 약을 가지고 있으니 탈출구가 생겼다는 생각에 마음이 편해졌다. 내 소원은 끝도 없는 무의미한 고통을 끝내는 것뿐이었다. 나는 침대 가장자리에 앉아 독극물이 든 주머니를 열고 황 냄새를 들이마셨다. 딱 머릿속으로 생각했던 그런 냄새였다. 위험하고 화학적이고 불쾌한 냄새. 나는 안전봉투를 세탁기 아래 공간에 넣어뒀다. 처음 며칠 동안은 가끔 쳐다봤지만, 며칠이 더 지나자 약이 거기 있다는 생각만으로도 충분했다. 안심이 됐다.

완벽한 시간을 고르고 싶었다.

사라지고 싶었다.

내 삶이 끝나길 바랐다.

아무 의미가 없으니까….

이별의 말도 하지 않았고 유서를 쓰지도 않았다. 사실 그런 생각조차 하지 않았다.

약이 도착한 지 며칠 후 나는 침대에 누워 세탁기 밑을 물끄러미 바라보고 있었다. 약이 들어 있는 봉투 모서리가 보였다. 시간 개

넘은 전혀 없었지만, 새벽 4시 아니면 오후 4시였을 것이다. 바로 지금이라는 생각이 들었다.

떠날 시간이었다.

나는 은닉 장소에서 약봉지를 꺼내 손바닥에 알약을 쏟아부었다. 약의 무게를 손에 느끼며 하염없이 바라봤다. 그 약에 끌려 들어가는 것 같았다. 기뻤다. 오렌지색 가루가 든 조그맣고 투명한 알약에 불과했지만, 내가 들어본 것 중 제일 거대한 물건이었다.

이것들이 내 시간을 끝내줄 것이다.

이럴 수 없었다.

슬프지도, 머릿속이 복잡하지도 않았다. 나는 완전히 마비되어 있었다. 앞으로 저지를 일이 나와 다른 사람들에게 미칠 영향은 보이지도 않았다. 이제껏 살아온 인생처럼 그건 중요하지 않았다. 그저 별것 아닌 내 인생을 끝내는 것 뿐이었다.

나는 신을 믿지 않지만, 여러분이 신의 개입이라는 걸 믿는다면 이게 그런 일 같다. 나는 침대 옆으로 발을 늘어뜨린 채 앉아서 어지러움이 가시길 기다리고 있었다. 하도 누워만 있다가 너무 빨리 일어나 생긴 후유증이었다. 머리가 맑아지길 기다린 시간이 얼마인지는 알 수 없지만, 운명이 내 일에 개입하는 데는 충분한 시간이었다. 우주가 내 행로를 바꿔놓기에는 충분했다. 기껏해야 몇 초에 불과했지만, 그 몇 초가 모든 것을 바꿔놓았다.

한참 동안은 전화기를 보지도 않았다. 전화기는 침대 옆에 뒀는데, 어쩌다 흘깃 그쪽을 봤더니 무음 모드로 해둔 전화기에 전화가 오고 있는 게 보였다. 나는 거의 반사적으로 전화를 받았고, 그는 평소처럼 쾌활하게 말했다. "안녕 조시!"

나는 대답을 못 했다. 아니, 말을 못 했다. 누구와 말을 해본 지 오래였다. 잠시 후 그가 다시 말했다.

"조시, 조시야, 괜찮아?"

나는 손에 놓인 알약을 물끄러미 바라보며 괜찮다고 말했고, 그는 약속이 있어서 사우샘프턴에 왔다며 30분 안에 들르겠다고 했다. 나는 베개에 털썩 드러누워 알약을 다시 봉투에 쑤셔 넣고는 팔을 뻗어 침대 밑에 밀어 넣었다. 내일까지 기다려도 상관없을 거라 생각했다. 눈을 감고 1분도 안 지난 것 같았는데, 갑자기 문 두드리는 소리가 들렸다.

"어이, 아빠다!" 시므온이 외쳤다.

나는 비척비척 걸어가 문을 열었다. 집과 내 꼬락서니를 생각하지도 않고 문을 열었다. 그런 정신머리가 있을 리 없었다.

시므온의 얼굴이 구겨졌다. "조시!"

시므온은 방 안으로 들어와 방을 휙 둘러보며 코를 찡그렸다. 블라인드를 올리고 창문을 열었다. 차가운 공기가 나를 후려갈겼고, 환한 빛이 눈을 찔렀다. 나는 다시 기운 없이 침대 위에 털썩 쓰러져 머리를 베개에 뉘었다. 시므온은 더러운 옷가지와 지저분한 그릇들, 쓰레기를 발로 대충 치우고 침대 옆 바닥에 앉았다.

"괜찮아, 조시. 넌 괜찮을 거야."

낯선 눈물이 왈칵 솟구쳐 오르더니 걷잡을 수 없이 울음이 터져 나와 나는 숨도 쉬지 못하고 울다 탈진했다.

시므온은 꼼짝도 하지 않고 앉아 있었다. "난 아무 데도 안 가. 밤새 여기 있을 거야. 괜찮아, 조시. 나 여기 있으니까, 넌 잠 좀 자."

그리고 시므온은 그렇게 했다.

바닥에 앉아 가끔 어둠 속에서 팔을 뻗어 내 손을 잡고 팔을 토닥여주며 난 괜찮을 거라고…. 난 혼자가 아니라고…. 자기가 함께 있을 거라고 나지막한 소리로 계속 중얼거렸다.

어떤 말들은 내 안으로 스며들어왔고 어떤 말들은 잘 들리지 않았지만, 시므온이 거기 있다는 건 알았다. 어릴 때 악몽을 꿨을 때 그랬던 것처럼, 옆에 있어주는 것만으로 충분하다는 것을 아는 것처럼. 정말 그렇게 했다.

나는 그 밤을 그렇게 무사히 넘겼다.

다음 날 아침 여전히 멍한 머리와 이곳을 떠나고 싶다는 강한 열망을 가지고 잠에서 깼을 때, 시므온은 거의 구역질을 해가며 쓰레기를 치우고 있었다. 온 집안이 역겨울 정도로 엉망진창이었는데, 내게는 그게 전혀 눈에 들어오지도 않았었다. 기이한 아침이었다. 시므온이 내 방에 침입해 내 계획과 일상을 엉망으로 만들고 있는데, 한편으로는 시므온이 거기 있다는 게 기뻤다. 우리는 그다지 대화를 나누거나 하지는 않았다. 나는 눈을 감고 누워 시므온이 분주히 움직이는 소리를 들었고, 내게 직접 뭔가를 요청할 때만 쳐다봤다.

"너 샤워 좀 해야겠다." 시므온이 부드럽지만 단호하게 말했다. "그리고 나서 같이 집에 가자."

"난 싫…. "내가 말을 하려고 했다.

"네가 좋고 말고 할 문제가 아니야, 조시." 다시 그 어조였다. "집에 가는 거야. 더 이상 뭐라고 하지 마."

결정하고 지휘해주는 사람이 있으니 좋았다. 더 이상 걱정하지 않아도 될 것 같은 기분이 들었다, 조금은….

15장

어맨다

최악의 슬픔

"최악의 슬픔은 설명할 수 없는 슬픔이다."

무명씨

내가 있던 곳은 화창한 일요일 아침이었다. 텔레비전 프로그램 관련자들, 그 외 한 무리의 사람들과 버스를 타고 퀸즐랜드의 깊은 숲속을 달리고 있을 때 시므온에게 전화가 왔다. 시므온이 전화를 하는 일은 드물었다. 시차 때문에 통화도 쉽지 않았고, 내가 전화 받기 곤란한 상황일 때도 있었기 때문이다. 나는 시므온이 보고 싶어서 미소를 지으며 전화를 받았다. 어떤 사람을 속속들이 잘 알고 있으면 한마디 말도 듣기 전에 전화의 용건을 알 수 있다. 기쁜 소식인지 슬픈 소식인지, 느긋한 잡담인지 긴급한 사안인지 정확하게 예측할 수 있다. 평소와는 달리 시므온은 내가 그립다거나 얼른 집에 돌아왔으면 좋겠다는 말부터 꺼내지 않았다. 시므온이 미소 짓지 않고 있음을 알 수 있었다.

전화기 저쪽의 침묵은 무슨 일이 생겼다고 말하고 있었다. 심장이 빠르게 뛰기 시작했다. 엄마나 아빠한테 무슨 일이 생긴 걸까?

"맨디." 시므온이 입을 열었다. 어조가 낮고 리듬이 불안했다.

"무슨 일이야?" 나는 꼬불꼬불한 시골길을 따라 달리는 버스 차창에 이마를 대고 시므온의 말을 잘랐다. 나는 수천 킬로미터 떨어진 무더운 나라에 있었지만, 내 심장은 시므온 옆에서 뛰고 있었고 내 손은 그의 손을 잡고 있었다.

"조시가, 어….."

"조시 괜찮아?" 나는 얼른 핵심으로 들어가라고 말을 재촉했다. 내 상상력은 이미 반갑지 않은 장면들을 그리기 시작하고 있었다. "괜찮은 거야?" 나는 조금의 여유도 주지 않고 다시 말했다.

"집에 있어. 내가 데려왔어."

"아….." 그게 다였나? 조시가 집에 왔다는 이야기를 하려고 전화했다고? 아무리 생각해도 이상했다. 다음 말을 기다렸지만, 뛰던 가슴은 진정되고 있었다. 조시는 집에 있고, 그건 안전하다는 뜻이었다. 시므온은 왠지 이상한 기분이 들어서 약속이 있는 척하고 조시에게 갔다고 설명했다.

"그랬구나. 사랑한다고 전해줘." 귀는 기울이고 있었지만, 이런 곳에서 너무 크게, 너무 공개적으로 말하고 싶지 않았다. 그 순간 내 심장을 덜컥 내려앉게 만든 말이 들려왔다.

"알약을 가지고 있었더라고. 조시가 샤워하러 들어갔을 때 발견했어. 집 안을 둘러보다가 알약 몇 알을 찾았어."

뱃속이 뒤집히는 것 같았다. "아, 그러니까, 어떤 종류…?" 시므온이 무슨 말을 하려고 하는 건지 이해하려고 온 신경을 곤두세웠다. 설마 조시가 마약을 하고 있다는 말은 아니겠지, 분명 그건 아니겠지? 내 아이들은 내가 잘 안다. 술을 좋아하는 건 알지만, 마약에 대해서는 절대로 손대면 안 된다고 우리가 확실하게 경고했다고 생각했다. "어떤… 어떤 종류… 진통제 같은 거?" 나는 속삭였다.

"알약이야." 그리고 이름을 말해줬다. 한 번도 들어본 적 없는 이름이었다. "조그만 은색 주머니에 들어 있었어. 침대 밑에 숨겨뒀더라."

이렇게 오랜 시간을 조시와 함께 살았는데, 조시의 껍데기를 깨고 마음을 열게 하려고 그렇게 노력했는데, 대학입학시험을 치르기 전에 문제가 있어 보였을 때도, 결국 실제로 문제가 생겼을 때도 무슨 일이 벌어지고 있는지 모르기는 마찬가지라는 게 너무 슬프고 답답했다.

불가능한 수수께끼를 풀려고 애쓰다 지쳐 나가떨어진 기분이었다. 나는 조시를 도와 문제를 해결하는 걸 언제나 최우선에 뒀지만, 한편으로는 도대체 왜 내 아들이 이렇게 마음을 꼭꼭 닫아거는지 늘 걱정되고 괴로웠다. 그런데 시므온이 약 이야기를 하는 것이다. 숨겨놓은 약을 발견했다니. 그 때문에 조시가 우울한 걸까? 이게 내가 찾던 해답일까?

부끄럽지만 안도감이 밀려왔다. 만약 내 아들이 마약을 했고 그 때문에 불안증과 정신질환이 생겼다면, 그렇다면 아무리 불쾌하고 힘든 문제라 해도 드디어 뭔가 구체적인 이유가 나타난 것이다. 그걸 파헤쳐가다 보면 조시를 이해할 수 있을지도 모르고, 그러면 해결책을 찾을 수도 있을 것이다. 내가 바라는 건 오로지 조시를 고쳐놓는 것뿐이니까….

나는 즉시 조시가 그 못된 독성물질에서 벗어나는 치료를 받을 수 있는 재활원 생각부터 하기 시작했다. 언제나처럼 나는 질문도 제대로 하지 않고 해결 모드로 무작정 돌진하고 있었다. 내 아들이 무슨 약물에 중독되었는지도 모르면서 이런 문제에 나보다 경험이 있는 사람들, 조언을 구해볼 만한 사람들이 누가 있나 꼽아보기 시작했다.

하지만 물론 독자 여러분은 지금 나보다 몇 발짝 앞서 있다. 내 남편과 마찬가지로 조시가 마약에 중독된 게 아니라는 걸 알고 있다. 시므온은 군 장교로서 마약에 대해 잘 알고 있었다, 마약에 대한 군의 철저한 무관용 정책에 맞춰 필요 지식을 가지고 있어야 했고 신병들의 건강문제에 굉장히 신경 쓰고 있었다. 시므온은 자기가 발견한 약이 뭔지 알고 있었다. 시므온이 심호흡을 하더니 내가 기함할 소리를 했다. 그 말이 주먹처럼 내 머리에 날아와 박혔다.

"자살을 위한 약이었어, 맨디. 정말 상태가 엉망이었어."

말을 하려고 했지만 목소리가 안 나오고 목이 막혔다. 온몸이 떨렸고 속이 울렁거렸다. 나는 눈을 감고 차창에 머리를 더 바싹 갖다 붙인 채 버스 안의 소음과 잡담 소리를 차단하려고 애썼다.

혹시라도 조시가 그런 선택을 한다면 어떤 방법을 택할 것인지 생각해보지 않은 것은 아니었다. 밧줄일까, 배기관일까, 칼날일까? 내 아들은 어떤 도구나 방법을 택할까? 시므온이 약을 찾았으니 이제 그 답을 알았다.

"이해가 안 돼. 뭘? 어떻게? 당신 어디야? 조시는 어디 있고? 무슨 일이야?" 목소리가 갈라졌다.

"다 괜찮아. 조시도 괜찮아. 괜찮아, 맨디…."

하지만 괜찮지 않았다. 아무것도 괜찮지 않았다. 시므온의 말에 짜증이 났다. 시므온이 내게 진정하라고 거듭 되풀이해서 말했던 기억이 난다. "좀 진정해봐." "다 괜찮을 거야." 거짓말이었다. 마음속에서는 오만 가지 생각들이 질주하는데 말이 따라가지 못했다. 나는 울며 말했다. "그러니까 조시가, 어…, 괜찮다고?" 목소리가 나오지 않았다. 나중에 시므온은 내가 조시는 괜찮은지, 지금 어디 있는지 묻고 또 물었다고 했다. 아무리 안심시켜줘도 그 말을 믿을 수 없는 것처럼, 아예 들리지 않는 것처럼. 시므온이 천천히 숨을 들이마시는 소리가 들렸다. 피곤한 건지 울고 있는 건지 알 수가 없었다. "자고 있어." 시므온이 겨우 말했다. 그 말에 마음이 진정됐다. 조시가 자고 있고 시므온이 지켜보고 있으니, 적어도 당분간은 안전했다. 그 순간 시므온이 울고 있다는 걸 확실히 알 수 있었고, 우리는 함께 울었다. 우린 지구 반대편에 있었고, 침묵을 깨뜨리는 것은 우리 눈물뿐이었다.

그 순간은 평생 잊지 못할 것이다.

우리는 나중에 이야기하기로 하고 전화를 끊었고, 나는 빙빙 도는 세상이 멈추기를 기다리며 꼼짝도 하지 않고 앉아 고요히 흐느꼈다. 버스 안 분위기는 흥겨웠다. 사람들은 오전에 했던 일들, 나중에 할 일들에 대해 이야기를 나누며 큰 소리로 웃고 있었다. 나는 그 모든 것에서 동떨어져 있다고 느꼈다.

살다 보면 전혀 모르는 사람의 친절이 큰 의미를 지닐 때가 있다. 우주가 힘내라고 수호천사를 보내주는 것 같은 경험이다. 내가 생각보다 큰 소리로 울었는지는 모르겠지만, 다음 순간 조시와 나의 회복에, 무엇보다 조시의 병을 바라보는 내 시각에 도움을 준 아주 중요한 일이 벌어졌다.

고개를 들어보니 앞자리에 앉아 있던 남자가 좌석들 사이로 손을 내밀고 있었다. 그는 이 호주 모험 투어에 다른 일행들과 함께 참가한, 굉장히 웃기고 몹시 친절하고 시원스럽게 솔직한 사람이었다. 그는 그와 마찬가지로 아름다운 영혼을 지닌 여자 친구와 나란히 앉아 있었다. 그가 내밀고 있는 손을 보자, 그 손을 잡는 게 세상에서 가장 자연스러운 일 같았다.

"괜찮아요?" 그가 물었다.

나는 내 아들이 우울증이라고, 상황을 들어보니 애가 극단적 선택하려고 한 것 같다고 주절주절 말했다. 이상하고 상상도 할 수 없는 일이었지만, 별로 알지도 못하는 이 사람에게 이야기를 하니 기분이 나아졌다. 그는 조시가 혼자 있지 않아서 다행이라고 말했다.

그는 비슷한 상황에 놓였던 친한 지인의 이야기를 나직이 들려줬다. 그러고는 어떤 허세도 없이 약간의 조언을 해줬다. 그 사람은 그 일이나 자기가 했던 말을 기억할지 모르겠지만, 나한테는 그 말들이 오랫동안 남았다. 요즘도 상황이 힘들고, 해결책이 없는데도 종종 그러듯이 어찌할 바를 모르고 해결 모드로 돌진할 때면 그 사람 말을 떠올린다.

그는 말했다. "당신 잘못이 아니라는 거 알죠?"

그게 다였다.

나는 약간 환한 미소를 지으며 말했다. "고마워요. 어쩌면 내가 한 잘못이나 내가 하거나 하지 않은 일들 때문에 생긴 일이 아닐지도 모른다는 거 알아요."

"그래요." 그는 고개를 저으며 미소 지었다. 나는 완전히 잘못 생각했다. "제 말은, 당신과 전혀 관계없다는 뜻이에요. 이건 조시의 여행, 조시의 싸움이에요. 조시가 해결해나가야 해요. 당신이 대신 해줄 수 있는 일이 아니에요."

머릿속에 반짝하고 불이 들어오는 것 같았지만, 내가 바라던 말은 아니었다. 조시의 문제에 대한 해답이 보란 듯이 나타나 그대로 따를 수 있었으면 하고 바랐던 내 꿈은 박살 났다. 끔찍한 날이었다. 내가 세상에서 가장 사랑하는 아들이 이 세상을 떠나고 싶어 하다니, 이제껏 겪은 그 어떤 일보다 더 이해하기 힘들었다. 당장 떠오른 고통스럽고도 자기중심적인 생각은, 내가 뭔가를 잘못했다는 것이었다. 내가 나쁜 엄마였다는 생각, 내가 뭔가를 다르게 할 수 있었다는, 다르게 했어야 한다는 생각이었다.

그 착한 남자의 말이 옳았다. 물론 옳았다. 그 깨달음의 순간 내 어깨는 조금 가벼워졌고 앞으로 어떻게 할 것인지 생각할 수 있었다. 그 말이 무슨 뜻인지 이해했다. 조시에게 일어나는 일은 조시 스스로 헤쳐 나가야 했다. 조시가 자기 정신건강의 수수께끼를 해결하려고 해야 했고, 스스로 그 수수께끼를 이해하고 자신이 길을 잃은 미로를 파악해야 거기서 빠져나올 수 있을 것이다.

통찰력이 있으나 감정적이지 않은, 차분하고 명료한 그분의 말 덕분에 여행을 무사히 끝낼 수 있었다. 그 낯선 이의 친절에 매일 감사드린다.

버스가 우리가 머물고 있던 멋진 호텔로 돌아오자 나는 허둥지둥 방으로 달려갔다. 시므온과 얼른 이야기하고 싶었다. 멋진 침실의 푹신한 침대에 앉아 있었지만 집에 가고 싶은 생각뿐이었다.

시므온은 조시는 모르고 있지만 자기가 그 약들을 가지고 왔다고 전화기를 꽉 쥐고 말했다.

"조시는 내가 약을 가져온 줄 몰라. 아슬아슬했던 것 같아, 맨디. 내가 갔을 때…. 울지, 마, 여보. 울지 마…."

시므온은 조시에게 갔을 때 목격한 상황을 아주 기본적인 것들만 이야기했다. 내가 혼자서 충격을 감당하지 않도록 진짜 끔찍한 이야기들은 내가 집에 갈 때까지 함구했다.

시므온은 은색 주머니가 어떻게 생겼는지 이야기해줬고, 우린 그런 죽음의 꾸러미를 싸서 테이프를 붙이고 소인을 찍어서 전 세계의 절박하고 상처받고 망가진 사람들에게 돈을 받고 보내는 얼굴 없는 사람이나 조직은 도대체 누굴까 생각했다.

우리 아들 같은 사람들에게 말이다.

한 발만 늦었어도 조시를 잃을 뻔했다는 생각을 하면 숨을 쉴 수가 없다. 정말이었다. 시므온은 그 약들이 약국에서 파는 진통제로 얼마든지 오인할 수 있는 조그만 반투명 젤 캡슐이라고 했다. 그런 조그만 알약에 우리 아들을 잠재워 우리에게서 영원히 데려갈 힘이 담겨 있다니. 너무 슬퍼서 울부짖고 싶었지만 그럴 수가 없었다. 그 대신 폭포 같은 눈물만 조용히 흘렸다. 나는 말문이 막힌 채 침대에 털썩 쓰러져 웅크리고 몸을 들썩거리며 흐느꼈고, 남편은 세상 반대편에서 온갖 상투적인 위로의 말을 속삭이며 나를 안심시키려고 애썼다. 시므온이 고통스러운 이야기를 쏟아내며 절박함에 목이 메고 숨을 헐떡이고 있다면 나도 그렇게 했을 것이다.

"그래도 내가 발견해서 정말 다행이야, 맨디."

"그 약을 정말 먹을 생각이었으면, 즉시 그랬겠지."

"그 이야기는 적당한 때를 봐서 조시에게 하자."

"조시는 아직 여기 있어, 맨디. 아직 여기 있어!"

"내가 한순간도 눈을 떼지 않고 지켜볼게…."

그때도, 지금도 늘 시므온의 말에 감사하지만, 이런 생각을 떨칠 수가 없었다. 그래, 그 약들은 없애버릴 수 있지만 조시가 더 구입하는 건 어떻게 막지?

나는 절망하고 지쳤고, 너무 멀리 있었다.

정말이지 내 인생 최악의 날이었다.

나는 화려한 호텔에 머물며 지금도 여전히 친하게 지내는 멋진 사람들과 근사한 프로젝트에 참여하고 있었다. 정신을 차리고 밝은 모습을 보이려고 애썼지만, 아무리 찰나의 순간이라 해도 우리 아들이 극단적 선택을 생각했다는 증거를 시므온이 발견한 상황이니 머릿속에 똑같은 질문만 계속 맴돌았다. 내가 왜 여기 있는 거지? 여기서 뭘 하고 있는 거야? 부서진 우리 가족만 생각났고 가족들에게 돌아가고 싶어 속이 타들어갔다.

나는 그 끔찍한 사실을 혼자서만 간직하고 사람들 분위기를 망치지 않겠다고 결심했고 최선을 다해 미소를 지으며 할 일을 했지만, 속으로는 일분일초 시간을 재며 집에 돌아갈 날만 기다렸다. 내가 집에 돌아간 건 그 전화를 받고 닷새 정도가 흐른 뒤였다. 조시가 미치도록 보고 싶었다. 조시의 얼굴을 볼 때까지는 마음을 놓을 수가 없었고, 시므온이 모든 이야기를 다 하지 않았을지도 모른다는 말도 안 되는 두려움에 시달렸다. 조시가 다친 걸까? 손상을 입은건가? 그 질문에 대한 대답은 늘 그렇다였다. 조시는 내 전화를 받지 않으려 했고, 나중에야 알았지만 누구와도 이야기하고 싶어 하지 않았다. 그냥 침대에 누워 계속 잠만 잤다.

비행기가 착륙했을 때 그렇게 안도해본 것은 처음이었다. 시므온은 조시를 우리 부모님과 함께 있도록 집에 두고 마중 나왔고, 집으로 가면서 내가 없는 동안에 조시에게 무슨 일이 있었는지 하나도 빠짐없이 이야기했다. 시므온은 아주 지쳐 보였다. 조시를 억지로 차에 집어넣다시피 해서 집에 데려온 이후 문자 그대로 계속 감시했다고 했다. 대부분 수프지만 같이 식사도 좀 했고 조시 목욕물도 받아주고 물도 꼭 마시게 했다고 설명했다. 꼭 필요한 것들이다. 나는 조용히 앉아 있었다. 마치 오디오 극을 듣는 것 같았다. 너무 듣기 힘든 이야기라 말도 못 하면서 그게 사실이 아니라서, 자기가 사랑하는 사람 이야기가 아니라서 감사하다는 생각만 하게 되는 그런 상황 같았다…. 하지만 그 이야기는 사실이었고, 우리가 이야기하는 사람은 조시였다. 사실 감정이 마비되어 울지도 못했다. 시므온은 조시의 멋진 방이 엄청나게 지저분하고 누추한 꼴이 되어 있었고, 조시가 씻지도 않고 냄새를 풍기며 쓰레기 더미 속에서 살고 있었다고 이야기해줬다. 조시가 어둠 속에서 혼자 있지 않도록 침실 바닥에서 잤다는 이야기도 했다. 하지만 그보다 더한 것은 시므온이 말해준 조시의 표정이었다.

"몸만 있지, 혼이 나간 얼굴이었어…. 눈이 텅 비어 있더라고."

"어디로 간 걸까, 조시는?" 나는 속삭였다.

그는 그저 고개만 저었다. 우리 둘 다 그 해답을 몰랐다.

내가 없는 사이 시므온 혼자서 이 일을 감당했다는 게 너무 끔찍했다. 속이 울렁거렸다. 나중에 시므온은 말이 안 되는 상황이지만 어쩌면 내가 없었던 게 더 나았다고 했다. 내가 없었기 때문에 어떤 간섭도 머뭇거림도 없이 상황을 처리할 수 있었고, 나는 가끔 지나치게 감정적으로 대응하기 때문에 누구에게도, 특히 조시에게는 도움이 되지 않는다는 것이다. 그래도 조시가 가장 힘들었던 순간 구해주러 간 사람이 시므온이었고 조시가 시므온에게 의지했다는 점에서 질투심이 들었다. 그건 늘 내가 하던 일이었다! 하지만 그 생각은 나 혼자만 간직했다. 충격과 혼란으로 제정신이 아니었지만, 영원히 감사해야 할 남편에게 오히려 질투심을 운운하지 않을 정도의 분별은 있었다.

우린 앞으로 어떻게 해야 할지 논의했다. 시므온은 내게 정신을 단단히 차려야 한다고, 조시에게 평화와 휴식을 주고 조시가 자기 페이스에 맞춰 회복할 수 있도록 도우려면 최대한 차분한 분위기를 만들어줘야 한다고 상기시켰다.

"우린 도움이 필요해, 조시에겐 전문가의 도움이 필요해. 조시가 필요 없다고 하거나 거절하더라도 우린 조시에게 옳은 일을 해야 해."

"맞아."

우리는 의견을 같이했지만, 그런 도움을 어디서 어떻게 찾을 것인지 앞날이 보이지 않았다.

당분간 조시에게는 약을 찾은 이야기를 하지 않기로 했다. 조시는 상태가 좋지 않았고, 우린 안 그래도 아슬아슬하게 벼랑 끝에 서 있는 조시와 그런 민감한 문제를 억지로 논의하거나, 조시에게 부담을 주거나 부정적이고 비판하는 모습을 보이는 것은 좋지 않다는 데 동의했다. 집에 들어가 조시를 보니 드디어 마음이 놓였다. 조시는 다크서클이 심한 퀭한 눈에 창백한 얼굴을 하고 있었고 움찔거리며 경계했지만, 그래도 살아서 여기 있었다.

조시에게 달려가 품에 안고 쓰러져버리고 싶은 마음이 굴뚝같았지만, 그건 절대 조시에게 도움이 안 될 행동이었다. 나는 꾹 참고 간신히 정신을 다잡았다.

며칠이 가고 몇 주가 지나는 동안, 우리 가족은 필사적인 심정으로 하나로 뭉쳐 버텨나갔다. 누가 뭐랄 것 없이 순번을 정해 언제나 한 사람은 집에 있으면서 가까운 곳에서 조시를 지켜봤다. 모두 조시 옆에 있어주는 일에 전념했다. 엄마와 아빠도 무슨 일이 있었는지 알았고, 벤에게도 이야기했다. 모두가 그 소식을 들었을 때 나처럼 망연자실한 표정을 지었다. 그때도 지금도 그 사건은 생각조차 하기 싫은 충격이었다. 우리는 문자 그대로 24시간 내내 조시를 감시했다. 한밤중에 조그만 소리만 들려도 잠에서 깼고, 악몽을 꾸느라 일그러진 조시의 얼굴을 바라보고 이불을 다시 덮어주고 물을 가져다주며 번갈아 조시를 유심히 지켜봤다.

한번은 친구에게 파티에 못 가겠다고 말한 적이 있다. 내 변명은 아마 빈약했을 것이고, 그들은 그 후로 나와 말도 하지 않았다! 그렇게 온 힘을 다 바쳐야 하는 무서운 상황에서 파티나 사교생활 같은 것이 얼마나 가당치도 않은지 설명할 기회조차 없었다. 이런 일이 생기면 누가 진정한 친구인지 진짜로 알게 된다. 집 안에 들어서는 순간, 삶의 무게가 어깨를 짓눌러 걷기조차 힘들었다.

나는 버스에서 들은 동료 여행자의 말을 기억하며 조시가 그냥 '존재'할 수 있는, 스스로 상황을 파악할 수 있는 무심한 분위기를 만들어주려고 애썼다. 다음 몇 주 동안 나는 조시 앞에 식사를 차려주고, 물을 마시러 부엌으로 내려오면 "안녕"하고 인사를 하고 계단에서 마주치면 미소를 지었다. 아무렇지도 않은 분위기를 만드는 게 고문처럼 힘들었다. 나는 속으로는 비명을 지르고 있었다.

우린 네 약을 발견했어! 그걸 어디서 샀니? 왜 샀어? 이야기해봐, 조시! 아무에게든 이야기를 좀 해! 우리가 여기 있잖아! 우린 너를 사랑해! 제발 우리를 떠나지 마! 좋아질 거야! 그럴 거야! 제발, 제발, 제발 부탁인데, 조시, 우릴 떠나지 마! 그러지 마, 절대 그러지 마! 우린 널 사랑해! 우리 모두 널 너무 사랑해!

생각해보니 이 말—우린 널 사랑해!—을 나는 조시에게 내내 마치 만병통치약처럼 써왔다. 우리가 반대쪽으로 나오기 시작한 지금에 와서야 나는 세상에서 어떤 사랑도 느끼지 못하는 사람, 아무것도 느끼지 않는 사람, 삶을 그만두는 게 최고라고 믿는 사람에게 그런 말이 얼마나 무의미하고 하찮을지 이해한다.

조시는 우리에 갇힌 야생동물처럼 보였고 그렇게 행동했다. 눈을 마주치는 일이 거의 없었고, 몸과 얼굴은 씰룩거리며 경련을 일으켰고, 방은 쓰레기장이었다. 바닥에 옷가지들뿐만 아니라 온갖 쓰레기, 빈 음료수 캔, 음식 찌꺼기가 말라붙은 접시들이 널려 있었다. 조시는 방에 뿌리를 내렸고, 나는 이해했다. 이 조그만 집 한 구석의 조그만 공간이 조시의 피난처이고 안식처였다. 조시가 거기서 방해받지 않고 살고 싶다면, 내가 뭐라고 간섭하겠는가? 그 혼란스러운 난장판이 맘에 들지는 않았지만, 삶이 걷잡을 수 없이 나락으로 치닫고 있을 때 조시에게 자기 마음대로 할 수 있는 여지를 조금이라도 주는 게 중요하다고 생각했다.

씻고 싶지 않니? 그래.

내가 네 방 청소 좀 해도 되겠니? 알았어.

이불 밑에서 혼자 먹고 싶니? 그럼 그렇게 해.

매일 잠들 때마다 한 가지 생각이 나를 괴롭혔다. 어린 시절 통통한 손으로 내 손을 잡으며 웃던 조시의 모습이 자꾸 생각났다. 그때는 내가 모든 걸 더 낫게 만들어줄 수 있는 사람이었다. 하지만 조시가 나를 가장 필요로 할 때 내가 옆에 없었다는 사실. 그 생각만 하면 온 방이 빙빙 돌아서 내가 단단한 바닥 위에 있다는 것을 확인하기 위해 발로 바닥을 차지 않을 수가 없었다. 조시가 절박할 때 내가 지구 반대편에 있었다는 생각을 하면 슬픔이 차오르고 죄책감이 든다. 조시가 성공했더라면, 그날이 조시가 지상에서 보내는 마지막 날이었다면 내 기분이 어땠을지 이제야 조금이나마 상상이 된다.

극단적 선택으로 인해 아이를, 연인을, 친구를, 파트너를, 부모를, 형제자매를 잃은, 다양한 직종의 수많은 사람을 만났다. 그 사람들에게는 내가 가질 수 없을 것 같은 부럽고 감탄스러운 힘과 회복력이 있었다.

한 여성분은 그 일을 절대, 영원히 극복하지 못할 거라면서도 이렇게 말했다. "인생은 계속돼요. 달리 뭘 할 수 있겠어요?"

그 말을 많이 생각한다. 달리 뭘 할 수 있겠는가? 그분뿐만 아니라 내가 이야기해본 모든 사람이 스스로를 비난하는 마음을 가지고 있었다.

왜 내가 확인을 안 해봤을까?

그날 아침 왜 전화를 안 했을까?

어떻게 우리를 두고 갈 생각을 할 수 있지?

내가 무슨 신호를 놓친 걸까?

뭘 다르게 할 수 있었을까?

그건 내 잘못일까?

그런 마음은 아픈 가슴만큼이나 무익하다. 남겨진 사람들의 고통을 나는 상상조차 할 수 없다.

최근 조시에게 죽고 싶었을 때 어떤 생각이 떠올랐는지 물어본 적이 있다. 조시의 대답은 단순하면서도 복잡했고, 거슬리면서도 이상하게 안심됐다. "약간 신이 나고, 그 피로가 끝날 거라는 데 안도했어요. 내 마지막을 모두 생각해뒀거든요. 기억나는 한 처음으로 마음이 평화로웠어요. 어깨를 누르던 짐이 조금 가벼워졌고, 방 안에서 안개가 빨려 나가듯이 정신이 맑아졌어요. 피곤한 것과 약간 비슷하기도 한데, 아니, 피곤과는 비교가 안 돼요. 뼛속까지 완전히 탈진해 있는데, 누군가가 내 어깨에 손을 올려놓으며 말하는 거예요. '이제 자도 좋아. 괜찮아, 조시, 자도 좋아….'"

기이하게도, 그 말이 위안이 됐다. 상상할 수도 없는 그 일이 벌어졌다면, 마지막 순간 조시는 이런 생각을 하고 있었을 것이다. 평화와 고요, 감히 말하자면, 행복 비슷한 느낌. 물론 나는 조시에게 이런 질문을 할 수 있는 호사가 내게 허락되었다는 걸 너무나 잘 알고 있다. 지난 몇 년 동안 자신의 이야기들을 내게 들려주는 것은 다른 사람에게는 가슴 아프게도 허락되지 않은 기회다.

약간 견디기 힘든 두려움이 휘몰아치는 날이면 이 한 가지를 생각하고 또 생각한다. 내가 아무리 힘들어 해도 조시는 백만 배는 더 힘들다고. 그리고 또다시 그분의 현명한 조언을 생각한다. 이건 조시의 여행이고, 나는 그저 내가 할 수 있는 일, 때로는 정말 작게 느껴지는 일들만 할 수 있는 구경꾼에 불과하다고. 지구 반대편 버스 안에서 받은 그 짧은 전화는 나를 아들의 인생을 다음 해… 다음 10년…의 견지에서 바라보던 엄마에서 24시간 단위로 바라보는 엄마로 바꾸어 놓았다.

심지어 3년이 넘게 지난 지금도 집에 도착하면 문을 열며 '안녕! 다들 잘 있었어?' 하고 크게 외치고 조시의 대답을 들어야 맥박이 진정된다.

상상할 수 있을까? 집에 돌아올 때마다, 그리고 조시의 목소리를 듣고서야, 나는 긴 숨을 토해낸다. 조시가 아직 여기 있으니 오늘도 좋은 하루였다. 내 아름다운 아들이 또 하루를 살아냈다.

16장

조시

내 잘못이 아니야!

"의사들은 전혀 알지도 못하는 병을 치료한답시고 거의 알지도 못하는 약을 그보다 더 모르는 몸에 집어넣는다."

볼테르

사우샘프턴에서 돌아온 직후의 시간에 대해서는 사실 거의 기억이 없다. 안개처럼 흐릿하다. 내 상태가 굉장히 안 좋았다는 것, 그대로 침대에 쓰러져 꼭 필요한 때 아니면 꼼짝도 하지 않았다는 것만 안다. 엄마와 시므온이 계속 나를 지켜본 건 어렴풋이 알고 있었다. 한시도 눈을 떼지 않는 통에 미칠 지경이었다. 침대 위의 수평적 생활이 내겐 너무 정상적인 삶이어서 다른 사람들이 침대에서 일어나 샤워하고 옷을 입고 바깥으로 나가 사람들과 상대하는 게 난 늘 좀 놀라웠다. 그래서 고립감이 더 커졌다. 저 사람들은 저렇게 할 수 있는데 난 왜 못할까? 내게는 저런 일들이 달나라로 날아가지 못하는 것만큼이나 불가능한 일들이었다.

엄마와 시므온은 계속 걱정스레 나를 지켜봤다. 두 사람의 두려움이 파도처럼 밀려왔고, 그건 내 두려움만 더 키웠다. 운전대를 잡고 상황을 진두지휘해야 할 사람들이 저렇게 겁먹고 있다니, 이런 젠장, 그런 차에 타고 싶지는 않았다. 정신이 조금 또렷할 때는 결심했던 일을 하지 못하고 있어서 화가 나곤 했다. 도무지 혼자 두질 않으니 화가 났다. 그래도 방 침대 밑에 숨겨둔 알약들을 생각하면 화가 좀 가라앉았다. 약은 쉽게 더 구할 수 있고, 나만 열쇠를 가지고 있는 방 안에 잘 보관되어 있었다. 약을 들켰다는 생각은 전혀 하지 않았다.

내 생활은 극도로 단순해져서 아주 기본적인 욕구 충족 외엔 아무것도 하지 않았다. 화장실에 가고 조금 먹고 물을 마시고…. 그게 다였다. 나는 이메일을 열고 전화를 받는 것을 극도로 두려워하게 됐다. 이유는 설명할 수 없지만, 내게 오는 전화나 이메일에는 모두 나쁜 소식만 있어서 무슨 수를 써서라도 피해야만 할 것 같았다. 그 문제는 쉽게 해결했다. 이메일은 절대 체크하지 않고 전화기는 꺼놓았다. 간단했다. 할아버지와 할머니는 애정 어린 당혹스러운 표정으로 나를 쳐다보셨다. 두 분은 내가 낫기만을 바라고 계셨고 도와줄 수 없어서 가슴 아파하고 했다. 그런 걸 잘 알고 있었고 이런 아픔을 드린 게 나도 괴로웠다. 벤은 집을 들락거릴 때마다 내 방을 들여다봤다.

"안녕."

"안녕."

나는 반쪽짜리 삶을 살고 있었다.

이건 삶이 아니었다. 영원히 끝나지 않을 것만 같았다.

엄마와 시므온은 상담전문가와 이야기해봐야 한다고 계속 말했지만, 난 단호하게 거절했다. 이유는 딱히 설명할 수 없다. 내 상황이 얼마나 나쁜지 확인하고 싶지 않았던 것 같기도 하고, 엄마와 시므온이 그걸 확인하는 게 싫었던 것 같기도 하다. 무엇보다—내가 아는 한—두 사람은 내가 삶을 끝내려 했던 것을 모르고 있었다. 하지만 내 상태가 점점 악화되고 두 분의 괴로움도 커지다 보니, 결국 나는 마지못해 공공보건의에게 가기로 했다.

차에 타는데 엄마가 말했다. "옷 갈아입고 싶니, 조시?"

나는 음식 찌꺼기가 말라붙은 트레이닝 바지와 낡아빠진 티셔츠를 내려다봤다. 머리에는 기름기가 흘렀지만, 그런 것들은 내 안중에도 없었다. 나는 어깨를 으쓱했고, 차가 출발했다.

어떤 면에서는 치료에 큰 기대를 품고 있었다. 나는 육체적으로, 정신적으로 지쳐 있었다. 그렇게 침울한 상태로 지내는 게 진절머리가 났다. 나는 즉각적인 해결책, 치료제를 원했다. 감기가 떨어지기 직전, '완전히 낫기' 바로 전날 잠에서 깼을 때의 느낌, 안개처럼 나른한 몸살기가 가시고 세상이 좀 더 밝아 보이고 동굴처럼 텅 비어 있던 장에 허기가 밀려오는 그 느낌을 원했다. 숨도 편하게 쉬어지고, 샤워할 생각을 해도 괴롭지 않고, 머리도 더 이상 빙빙 돌지 않고, 몸이 가볍고, 가운데가 푹 꺼진 베개에서 머리를 들어 올리고 그동안 처박혀 있던 방 바깥의 세상에 기대감이 생기는 바로 그 느낌. 물론 나는 그걸 원했다. 누군들 안 그러겠는가? 그게 뭐가 그리 어려울까? 지금은 21세기다. 장기를 이식해 생명을 연장하고 에이즈를 치료하는 시대가 아닌가! 심지어 암 진단도 이젠 더 이상 사망선고가 아니고, 도움이 필요한 부부에게는 체외에서 수정시킨 난자를 몸 안에 넣어 생명을 창조하는 시대다. 그러니 온갖 직종에서 우울증에 시달리는 사람이 급증하고 있는 현 상황에서 당연히, 당연히 알약 같은 게 있지 않을까? 꿀꺽 삼키면 되는 약, 피부에 붙이는 패치, 증상을 완화해줄 운동, 그런 치료제가?

그런 건 없었다.

나는 공공보건의 앞에 앉아 의사의 한숨 소리를 듣고 있었다. 어떤 치료법들이 있으며 무엇을 추천하겠냐고 질문하자 의사는 깊은 한숨을 내쉬었다. 몇 분 동안 의사가 감기나 발목 염좌 환자를 대하듯 던진 피상적인 질문들을 들으며 내 기대는 이미 낮아져 있었다. 의사는 나를 그 방에 들어온 다른 환자들과 전혀 다를 바가 없이 대했고, 내게 관심도 없어 보였다.

"그렇게 간단한 문제가 아니에요." 의사가 이야기를 시작했다.

그거야 저도 알겠네요….

"먼저 몇 가지 약을 좀 써보고 추이를 봐보죠." 의사는 확신 없이 재빨리 말했다. 내 몸에 넣으라는 약에 대한 신뢰를 심어주려는 어떤 노력도 하지 않았다. 심지어 그 약이 뭔지, 어떤 효과를 내는지 설명조차 해주지 않았다. 나는 뭔가 더 확실한 것을 기대했었다. 의사는 내가 대답이나 질문을 할 틈도 없이 이제 결정이 다 끝났다는 듯이 키보드를 타닥타닥 두드리기 시작했다. 나는 어리둥절했다. 내가 뭘 놓친 건가, 이게 끝이야? 의논도, 다른 과로 보내는 소견서도, 아무것도 없었다. 그 방에 들어간 지 겨우 몇 분 만에 우리는 의사가 서명한 처방전을 들고 있었다. 이게 다였다. 하거나 말거나, 둘 중 하나였다. 하지만 결국 이건 내가 원한 일이었다.

항우울제 치료는 가볍게 내린 결정이 아니었다. 부끄럽지만 그 당시 난 처방 약을 복용하는 사람들을 그다지 좋게 보지 않았다. 그 사람들은 쉬운 길을 택했고 치료된다는 거짓 약속에 속아 넘어갔다고 생각했다. 하지만 그 의자에 앉아서 나는 실소했다. 그런 편견이 있었고 성공한다는 보장도 없는데도 나 또한 그걸 원하고 있었다. 누가 나를 비난할 수 있겠는가? 나도 다른 길이, 더 나은 길이 있다고 믿고 싶었다. 약물에 의존한다는 생각 자체를 싫어했고 내 머릿속을 엉망으로 만들 뭔가를 매일 복용하고 싶지도 않지만, 나조차 인정하지 않을 수 없었다. 내 머리는 이미 망가졌는데 잃을 게 뭐가 있어?

꼬박꼬박 항우울제를 먹는 사람을 상상하면, 약을 먹지 않으면 침대에서 나오지도, 제구실을 하지도 못하는 멍한 사람이 떠올랐다. 하지만 그 단계에 이르자 나는 절박했고, 절박함은 강력한 동기가 됐다. 고통을 멈추게 할 수만 있다면 어떤 추천을 받건 다 따랐을 것이다. 게다가 이미 나는 멍했고 제구실을 하지도, 침대에서 나오지도 못했다. 여기서 뭐가 더 나빠질 수 있겠나?

문제는 우리 가족이 병이 났을 때 가장 먼저 약을 찾는, 그런 집이 아니었다는 것이다. 우리 집에서는 두통이 있으면 물을 한 잔 가득 마시고 신선한 공기를 마시고 낮잠을 잤다. 감기에 걸리면 뜨거운 물과 꿀, 레몬으로 해결했다…. 그런 식이었다. 그러니 상담사들이 들이민 처방전으로 약을 산다는 게 엄청난 일처럼 느껴졌다.

지난 몇 주 사이 항우울제를 복용해보는 게 어떨까 하는 이야기를 부모님과 잠깐 해봤다가 두 분 다 즉시 동의해서 깜짝 놀랐다.

"안 될 게 뭐 있어?"

"이것저것 다 해봐야 해."

"그게 도움 될지도 모르지…."

"항우울제를 먹는 사람들은 수도 없이 많아."

두 분이 내 치료법을 얼마나 절박하게 찾고 있는지 그때 알았다. 엄마는 한 번도 유기농 대체요법 이야기를 꺼내지 않았고, 시므온은 거의 애원하는 표정을 짓고 있었다.

그래서 나는 시탈로프람이라는 약을 처방하는 공공보건의 앞에 앉아 있었다. 이제 이 약을 내 몸에 넣는 것은 거의 피할 수 없는 일처럼 느껴졌고, 일단 그 결정을 받아들이고 나자 약간 낙관적 희망이 생기기 시작했다. 이게 정말로 내 기분을 더…. 아니 뭐라도 느끼게 해줄까?

나는 시탈로프람이라는 이상한 이름의 약을 하루 한 번 15밀리그램씩 복용하라는 처방을 받았다. 공공보건의는 처방전에 휙 하고 서명했고, 나는 처방전을 들고 옆에 있는 약국에 갔다. 내가 못난 인간 같으면서도 약간 희망을 느꼈다. 손에 든 종이상자 안의 약들이 달각거리며 기분 좋은 소리를 냈다. 이게 내가 매달려야 할 치료제였다. 그러기를 바랐다. 나아지려고 주도적으로 뭔가를 시도해보는 것은 처음이었다.

돌아오는 차 안에서 엄마는 기분이 좋았다. 내 낙관주의가 1퍼센트라면, 엄마는 100퍼센트였다. 늘 저런 식이다. 그게 얼마나 짜증나는지, 그런 행동이 얼마나 부담스러운지—나는 나아져야만 했다. 이 약은 효과가 있어야 했다—엄마는 전혀 눈치 채지 못했다.

이 요법을 얼른 시작하고 싶은 마음에 나는 집에 도착하자마자 물 한 잔과 함께 약 한 알을 삼켰다. 일단 약을 먹고 나자 약의 성분과 부작용에 대한 걱정이 완전히 사라졌다. 그렇다, 이제 시작이다. 나는 침대로 돌아가 기다렸다.

약을 삼키고 있으면 엄마는 식탁 건너편에서 마치 '어때?' 하고 묻는 것처럼 미소 지었고, 그러면 '꺼져'라고 소리 지르고 싶었다! 도대체 무슨 생각을 하는 걸까? 한 알만 먹으면 회복될 거라고 생각하나? 멀쩡하게? 예전처럼? 나는 뭐든 변화가 생기려면 적어도 2주는 지나야 한다고 엄마에게 말했다.

정말로 그랬다.

2주가 지나자 변화가 나타났지만, 내가 기대했던 변화는 아니었다. 우리 중 누구도 그런 변화는 바라지 않았다. 서서히 벌어지는 모든 일이 그렇듯이, 효과가 최고점에 달해야 변화가 확실하게 느껴진다. 머릿속은 더 몽롱해졌다. 몸이 안 좋고 혼란스러웠다. 기분도 안 좋고 에너지도 여전히 바닥을 쳤다. 실망스러웠다. 그 공공보건의가 말한 대로 2주 후 다시 병원에 가서 내 증상을 설명했지만, 의사는 이에 대해 거의 아무 말도 하지 않았다. 그때 내 상태로는 전에도 머릿속이 흐릿했지만 이제는 더 흐릿하다고, 전에도 피곤했지만 지금은 더 피곤하다고 설명하기조차 힘들었다. 하지만 그게 사실이었다. 의사는 즉각 내 복용량을 하루에 30밀리그램으로 더 올리자고 제안했다. 겨우 두 주 만에 말이다. 나는 집에 돌아와 즉시 전의 두 배인 30밀리그램을 복용했다. 며칠이 지나자 피부에 벌레가 스멀스멀 기어가는 것처럼 온몸이 가려웠다. 하지만 그 가려움증이 시탈로프람으로 인한 건지 확신할 수가 없어서 약을 계속 복용하면서 새로운 복용량이 긍정적인 효과를 내기를 기다렸다. 참다못해 엄마가 전화로 문의하자, 의사는 보통 몸이 새로운 약에 적응하는 데는 통상 2주가 걸리니 가려움증도 아마 멈출 거라고 했다.

하루 정도가 지나자 반응이 더욱 심해지면서 상태가 몹시 안 좋

232

아졌다. 정신뿐만 아니라 몸도 아팠다. 그건 경험해보지 못한 바닥이었다. 몽롱한 머리에는 이미 익숙해져 있었지만, 지금은 그 이상이었다. 늘 시달리던 관절통뿐만 아니라, 심한 알레르기 반응으로 엉덩이와 등, 팔, 다리 가리지 않고 온몸에 두드러기가 돋아났다. 끔찍했다. 몸은 아프고 정신상태도 계속 악화되어, 마침내 나는 약에 취해 흐릿한 정신으로 비틀거리며 제대로 걷지도 못했다. 두렵고 계속 눈물이 났다. 이렇게 지나치게 감정적인 상태도 처음 겪어보는 일이었다. 지난 몇 달 동안 몇 번 운 적은 있었지만, 그때의 눈물은 쌓인 감정을 해소해줬다. 이번은 전혀 달랐다. 긍정적인 면이라고는 전혀 없이 그저 괴롭기만 했다.

잠옷 차림으로 눈물을 줄줄 흘리며 부끄럽고 괴롭고 공허한 심정으로 부엌에 서 있던 기억이 난다. 사람들 얼굴을 보는 게 괴로웠다. 특히 내가 치료 약을 먹는다는 걸 알고 나를 유심히 지켜보는 할아버지와 할머니를 대하기는 더 힘들었다. 두 분은 내 눈 속에서 예전의 조시를 찾고 있었다. 얼굴은 퉁퉁 붓고 피부는 온통 뒤집어진 채 비척비척 방에 들어가 머리를 벽에 부딪치며 울부짖고 있으면, 두 분은 너무나 괴로워하셨다. 평소처럼 억지 미소를 지으며 "아직 효과가 없니, 얘야? 좀 나아지지 않니?" 하고 묻는 것보다야 나았지만, 그래 봤자 별 차이도 없었다.

***

두드러기는 좀 가라앉았지만, 무기력과 슬픔은 가라앉지 않았다. 엄마는 정신과 의사를 만나보기로 결정했다. 그 공공보건의의 관심 부족 탓도 있었지만, 고통스러울 정도로 효과가 느렸기 때문이다. 왕립정신과협회에서 영국 전역의 정신과 환자 500명을 대상으로 한 설문조사에 따르면, 치료를 받기 위해 최고 13년을 기다린 환자들도 있다.[12] 그중 4분의 1은 국민의료보험 정신건강 전문가를 만나려고 3개월 이상 기다렸고, 6퍼센트는 적어도 1년을 기다렸다.

나는 사실상 악화되고 있었다. 그 약이 내 기분을 개선해줬다면 그 정도 부작용은 감당했겠지만, 나아지는 게 거의 느껴지지 않으니 그럴 가치가 없었다. 나는 정신과 의사는 만나지 않겠다고 고래고래 소리 지르며 난리를 쳤다. 그 길은 가고 싶지 않았다. 치료사와 공공보건의에게 느꼈던 실망을 또 느끼고 싶지 않았다. 정신과 의사라는 말만 들어도 겁이 났다. 거긴 잉크 얼룩을 보여주면서 어떤 생각이 드냐고 묻는 곳 아닌가? 미친 사람들이 가는 곳 아닌가? 내가 거기 가야 하나? 난 정말 미쳐가고 있는 걸까? 그런 생각을 하니 망연자실했다. 물론 정신과 의사는 자격증을 가진 의사로 처방전을 쓸 수 있다는 점에서 치료사와는 다르다는 것은 알고 있었다. 하지만 그러거나 말거나 거긴 가고 싶지 않았다.

엄마와 시므온의 압력에 못 이겨 한번 가주면 적어도 더 이상 부담을 주진 않겠지 하고 생각했다.

하지만 막상 가보니 이제까지 경험 중 가장 긍정적인 만남이었다. 마음에 드는 똑똑한 분이었다. 우린 마음이 통했고, 선생님은 내게 잉크 얼룩도 보여주지 않았다. 공공보건의와는 달리 나를 빨리 내보내려고 시계를 보고 있다는 느낌도 주지 않았다. 정신과에서 무슨 기대를 해야 할지, 어떤 도움을 줄지 몰랐지만, 솔직히 더 빨리 만났으면 좋았을 거라는 생각이 들었다. 선생님은 책상 뒤에 앉아 있었는데 그러니 의사보다는 사업가처럼 보였고, 나는 그게 더 좋았다. 내 공부에도 관심을 가지며 동등한 사람 대하듯 차분히 말을 걸었다. 신뢰가 갔다. 그게 근본적인 차이 같았다.

이 선생님도 옛날에 무슨 일이 있었냐고, 트라우마를 남긴 일이 있었냐고 물었다. 상처를 남긴 기억, 이 병의 원인으로 꼽을 만한 기억이 있냐고. 하지만 또다시 나는 고개를 저으며 그런 일은 없다고 대답할 수밖에 없었다….

그러자 선생님이 말했다. "분명 그런 일이 있었으면 하고 바랄 거야. 정말 끔찍한 일이기는 하지만, 그러면 적어도 본인과 주위 사람들 모두가 이해는 할 수 있을 테니까. 그게 출발점이 될 수 있거든."

"맞아요." 맞는 말이었다.

선생님은 내 병력과 가족 병력에 대해서도 물었고, 내가 잘 이해할 수 있는 생물학적 차원에서 설명해주셨다. 그리고는 단순하면서도 근본적인 이야기를 해주셨다. 아직도 기억한다. 그런 말을 명백히 들은 것은 처음이었고, 그건 내 병을 바라보는 시각을 바꾸어놓았다. "이게 네 잘못이 아니라는 거 알지, 조시?"

나는 약간 감정에 복받쳐 선생님을 물끄러미 바라봤다.

그리고 고개를 끄덕였다. 지금까지 사실들에 대해 이야기를 나누었는데도, 나는 그 말을 반밖에 믿지 않았다.

"정말이야, 조시." 선생님은 몸을 앞으로 내밀고 눈을 맞추며 좀 더 진지하게 말했다. "이건 병이고 네 잘못이 아니야. 암이든 뭐든 몸에 병이 생겼다고 해서 자신을 탓하진 않을 거 아니야?"

나는 다시 고개를 끄덕였다.

"자, 이것도 다르지 않아. 넌 병에 걸린 거야. 심각한 우울증이라는 병. 다른 병들과 마찬가지로 스스로에게 잘해주면서 치료할 시간을 줘야 해. 우린 그 과정을 도울 수 있는 약을 줄 거고. 알겠지?"

"알겠어요." 나는 다시 울었다.

이상하게 들리겠지만, 그 말을 듣기 전까지는 내가 아프다는 생각을 하지 않았다. 정상이 아니라는 건 알았지만, 약한 거라고, 일시적인 문제, 위기를 겪고 있다고, 미쳤다고…. 그게 뭐든 그런 식으로 생각했다. 하지만 아프다고? 세상에, 그거였구나. 난 아픈 거였어!

선생님의 말씀이 가위가 되어 나를 우울증에 묶어두고 있던 끈일부를 잘라냈다. 그게 회복으로 이어진 출발점이었다. 공기가 통하지 않던 방 창문에 난 조그만 틈, 캄캄한 방에 들어온 가느다란 빛줄기, 귀마개를 빼자 고요를 깨뜨리고 들어온 조그만 소리처럼 미약한 시작이었다. 그 단어를 말하는 선생님의 입 모양을 보고 그 목소리를 듣자, 그게 내 잘못이 아니라는 걸 깨달을 수 있었다…. 내 잘못이 아니야…. 내 잘못이 아니야….

선생님은 거의 무한한 종류의 약들과 거의 무한한 조합들이 있으니 여러 가지를 시험해보면서 내게 맞는 약과 복용량을 찾자고 설명했다. 그 말을 듣자 희망이 꺾였다. 효과가 있는 약을 찾기 위해서는 여전히 거대한 산을 올라야 하는 것이었다.

선생님은 풀죽은 내 표정을 보고 말했다. "새 처방을 써줄게. 좋은 소식은 이게 효과가 없으면 다른 약이 또 있다는 거야. 그리고 또, 그리고 또."

나는 몹시 실망했지만 미소를 지었다. 그런 일을 겪고도 난 여전히 모든 걸 사라지게 할 마법의 알약이 있을 거라는 희망을 가지고 있었다.

이번 약은 미르타자핀Mirtazapine이라는 약이었다. 전에도 해봤으니 곧장 약국으로 갔다. 이번에는 처음 며칠 동안은 15밀리그램 한 알을 먹고, 그러다가 복용량을 30밀리그램으로 올릴 예정이었다. 미르타자핀의 효과는 훨씬 더 빨리 나타났다.

정신이 온통 몽롱하고 술에 취한 기분이었다. 말이 어눌하고 헛나왔고, 무엇보다 결정적으로 하루 18시간까지 잠을 잤고, 마지못해 깨면 엄청나게 늘어난 식욕을 채우기 위해 마구 먹어댔다. 몸무게가 순식간에 늘어났고 얼굴은 붓고 눈은 움푹 들어갔다. 거울에 비친 내 모습을 쳐다볼 수가 없었다. 그 시기 내 자기혐오는 극에 달했고 그로 인해 우울증도 더 심해졌다. 나 자신이 인간 같지가 않았다. 나는 자고 먹고 악몽과 싸우는 일만 되풀이하며 사는 낯선 생물처럼 사회에서 고립됐다.

그렇게 6개월을 살았다.

정말 끔찍했다. 생각하기조차 싫다.

그건 삶이 아니었다.

17장

어맨다

모든 것을 가진 아이

"사랑에는 위로의 힘이 있다. 사랑은 머리를 어지럽히고 가슴을 아프게 할 일을 인내하게 만든다."

윌리엄 워즈워스

조시는 두 번째 약을 복용 중이었고 그 효과는 참혹했다. 온몸이 퉁퉁 부었고 가끔은 온몸이 뻣뻣해지면서 거의 아무런 반응도 보이지 않았다. 침대에서 일어나는 건 먹을 때뿐이었고 그러고 나면 곧장 다시 쓰러져 잠이 들었다. 약이 조시에게 너무 독한 것 같았다. 효과를 조사해봤더니 다들 몸이 적응하는 데 시간이 걸린다, 약이 효과를 발휘하는 데 시간이 걸린다 등 비슷한 소리를 했다. 조시는 버텨나갔고, 우리는 지켜봤다. 그것 말고 또 무엇을 시도해봐야 할지는 몰랐지만, 조시가 뭔가 해볼 자세를 취했다는 사실 자체가 고마웠다. 그 약들이 약속한 효과를 발휘해서 조시가 나아지기를 계속해서 기도하며 희망을 가졌다. 완전히 좋아지지는 않아도 적어도 우울증에서 조금 휴식을 취할 수 있기를, 이런 녹초 상태에서 한숨 돌릴 수 있기를 기도했다. 휴식을 통해 기력을 회복해서 그 힘으로 나을 수 있기를 바랐다. 항우울제에 의존하게 될까봐 걱정됐지만, 결국 조시를 공공보건의에게 데려갔을 무렵에 나는 뭐든 시도해볼 자세가 되어 있었다. 조시에게 도움만 될 수 있다면 정말이지 뭐든 좋았다. 극단적 선택 시도만 하지 않게 할 수 있다면 우린 뭐든지 해볼 작정이었다.

그때쯤에는 우리 집에 오는 수많은 손님들 누구나 조시의 상태를 명백하게 볼 수 있었다. 조시가 잠옷 차림에 덥수룩한 머리를 하고는 마치 아는 사람이 있는지 자기가 뭘 해야 하는지 파악하려는 듯이 손님들 쪽을 흘낏 보고 눈길을 피할 때 그 사람들이 어떤 표정을 지었는지 생각난다. 그럴 때면 나는 조시가 힘들게 사람들과 상대하지 않아도 되도록 얼른 미소를 띠며 쾌활하게 말했다. "아, 오늘 조시가 기분이 별로 안 좋아요. 조시, 다시 가서 눕지 그러니? 뭐 좀 갖다줄까?"

우리가 방방곡곡에 조시가 심각한 우울증을 앓고 있다고 고지하지는 않았지만, 가족들과 친구들, 질문하는 사람들에게는 솔직하게 말했다. 처음에는 인정하기 부끄러웠다. 마음 한구석에서는 여전히 '말이 많으면 탈이 난다'는 옛말을 믿는 마음이 있었다. 그 말이 맞아서 조시가 평생 우울증이라는 낙인을 달지 않고도 나을 수 있기를 바랐다. 놀라운 일들도 겪었다. 조시가 우울증을 앓고 있다고 고백하자, 생각지도 않았던 온갖 다양한 반응이 나타났다. 잘난 척하지 않고 다정하게 응원해주는 사람들도 있었지만, 무지하고 못된 데다 분노가 치밀어 오르게 하는 사람들도 있었다.

이런 식이다. 내 아들은 모든 것을 가지고 태어난 아이였다. 의료기구와 약이 넘치는 깨끗한 병원에서 장애 없이 태어났고, 병원은 전쟁과 기아, 자연재해의 위험이 없는 부유한 나라에 있었다. 애지중지 키워주는 가정에서 태어났고, 걱정 없이 살 수 있는 편안한 집이 있었다. 가족들의 보살핌과 응원을 받고 교육도 받았다. 그러니 도대체 뭣 때문에 우울해야 한단 말인가, 안 그런가?

틀렸어! 틀렸어! 틀렸어!

이게 내가 종종 받는 질문들이다.

"걔가 우울해야 할 일이 뭐가 있어?"

"우울하다고? 걔가 왜 우울해요?"

"조시가? 우울하다고? 어쩌다가?"

"그냥 일을 해보라고 해요."

이게 다가 아니다…. 이건 몇 년 동안 내가 받아온 질문들을 살짝 변형한 일부에 불과하지만, 모든 질문에는 똑같이 삐딱한 시각과 숨겨진 의미가 담겨 있었다. 무지하고 잘 모르는 사람들, 냉소적인 사람들, 못 믿는 사람들, 그리고 우울증이라는 불행한 병 같은 건 전혀 경험해본 적도 없으면서 자신만만하고 유쾌하게 전문가를 자처하는 사람들이 주로 보이는 태도들이다. 그런 질문들을 받으면, 그때도 분노했고 지금도 너무 화가 난다!

그런 사람들이 실제로 하려는 말은 이런 것이다.

"그렇게 모든 것을 가진 사람이 어떻게 우울할 수가 있어요? 말도 안 돼. 그냥 정신 차리면 돼요. 제 말은, 완전히 멀쩡해 보이잖아요…. 그냥 게으른 거 아니에요? 바로 지금도 길거리에 굶주린 사람들이 있는데, 조시는 아니잖아요! 이해가 안 돼요! 조시가 집에 편히 앉아 바로 눈앞에 있는 텔레비전을 리모컨으로 조종하고 있을 때, 전쟁을 치르는 사람들도 있다고요! 집을 잃고…. 화재로 다치고…

상실과 싸우고…. 빚을 갚으려고 고생하는 사람들이 있어요…. 전 그보다 더한 일도 있었지만 우울해하지 않아요!"

그럴 때면 이렇게 소리 지르고 싶은 충동과 싸워야 한다. "그래요, 정말 좋으시겠어요!"

그런 일은 계속된다. 물론 이 넓고 넓은 세상에는 조시보다 훨씬, 훨씬 더 불행한 사람들과 불행한 상황들이 수두룩하다. 그래도 이게 우리 상황이다!

이마를 찌푸리고 입술을 꾹 다물고 고개를 꼿꼿이 들며 비판적인 자세를 취하는 그 모든 사람에게 이런 이야기를 해주고 싶다.

이런 상황을 상상해보라. 아침을 만드느라 정신이 없다가 돌아봤더니 사랑하는 사람이 팔이 부러져서 울고 있다. 그냥 부러진 정도가 아니라 부서지고 찢어지고 으깨지다시피 해서 덜렁거리고 있다. 병원에 데려갔더니 의사는 "음, 어떻게 해야 좋을지 잘 모르겠군요. 가능한 방법이 몇 가지 있을 것 같은데…. 효과가 없을 것 같기도 하고"라고 말할 뿐이다.

하는 수 없이 조심조심해가며 다시 차로 데려와 직장이나 학교에 이런 끔찍한 일이 생겼다고 전화로 알린다. 그런데 전화 받는 상대방은 문제가 장기화되면 귀찮고 불편하고 피해가 크니 오래가지 않았으면 좋겠다며 **최대한 빨리 정상화**되는 게 모두를 위하는 길이라고 말하는 것이다.

그러는 내내 사랑하는 사람은 고통으로 흐느껴 울고 있다. "제발 어떻게 좀 해줘요! 너무 아파요! 안 아프게 해줘요! 도와줘요!"

당신은 도와줄 방법을 모르니 그저 두렵고 당황해서 발만 동동 구른다! 방법을 찾느라 머리를 쥐어뜯는다! 하지만 당신은 그런 훈련을 받은 사람이 아니다. 게다가 공포에 빠져 있다. 어떻게 하면 고통을 없애줄 수 있을까? 부서진 뼈가 덜렁거리고 손가락이 떨어져 나가고 피부가 벗겨지고 있는데 어떻게 도와줘야 삶을 살아갈 수 있을까….

"제발 이거 좀 멈춰줘! 너무 아파! 제발! 못 참겠어!" 비명은 점점 더 커지고, 그 고통과 자신의 무능력 때문에 당신은 애가 타 죽을 지경이다.

당신은 용기를 있는 대로 끌어모아 도움을 요청하기로 한다. 혼자서는 할 수 없으니 가족과 친구, 이웃들에게 말하는 게 최선이다. 당신은 사랑하는 사람에게 문제가 좀 있어서 모습을 보일 수 없었다고 ―파티에 가거나 커피 약속을 하거나, 영화를 보거나 산책할 수 없었다고― 설명한다. 사랑하는 사람에게 원치 않은 끔찍한 일이 일어났고 응원과 이해가 필요하다고, 당신이 어울리기 재미없는 사람이 된 것도 이해해달라고 말한다. 팔이 망가져서 쓸모없어졌고 고통이 너무 크다고! 쉴 수도 없고, 일하지도, 잠자지도 못하고 생각조차 제대로 하지 못한다고! 고칠 방법을 생각하려 해도 쉽지도 않을뿐더러 아예 불가능할지도 모른다고. 망가지고 고통스러운 이 상태가 사실은 최선일지도 모른다고.

그런데 당신이 용기 내어 사랑하는 사람의 상처와 고통을 솔직하게 털어놓았더니 그 가족/친구/이웃이 이런 반응을 보인다고 상상해보라.

"아, 내 친구도 그랬는데, 지금은 괜찮아요. 친구는 요가를 하고 마음을 안정시키는 차를 마셨어요. 내 동생도요. 걘 채식주의자가 됐고 스쿠버다이빙을 시작했죠."

당신은 얼떨떨한 얼굴로 말한다. "고마워요. 생각해볼게요."

하지만 그게 끝이 아니다.

"팔을 써볼 생각은 했어요? 그냥 상자 하나도 못 든대요? 해보기는 했어요? 침대에서 나와 들어보라고?"

"조시는 왜 산책을 안 해요? 신선한 공기를 마시면 좋아져요!"

당신은 처음에는 미소를 지으며 대답한다. "음, 아뇨. 팔을 쓸 수가 없어요. 뼈가 부러져서 덜렁거려요. 피부도 다 벗겨졌고. 엉망진창이에요…. 고통도 너무 심하고."

"조시는 못 일어나요. 깨어 있질 못해요…."

"큰 상자를 들라는 게 아니에요. 우선 조그만 것부터 시작하는 게 어때요? 그러고 나면 혹시 알아요?"

이번에는 조금 더 단호하게 대답한다. "어, 아뇨. 팔을 전혀 쓸 수가 없어요. 그게 다른 쪽 팔에도 영향을 미치고, 사실 오만 데가 다 안 좋아요. 아파서 침대에만 있어요. 이렇게 사는 게 너무 힘들어서 기진맥진해 있어요."

"머리가 엉망이 돼서 어떤 생각도 할 수가 없어요. 전혀 못 해요…."

"아주 콩알만 한 상자는 어때요?"

이쯤 되면 당신은 이를 악물고 그 은유적인 상자를 그 은유적인 엉덩이에 처박아주고 싶은 유혹과 싸워야 한다. 그런 인간들은 도대체 말귀를 알아먹질 못한다!

뭔가가 고장 났다는 건, 말 그대로 작동이 되지 않는다는 뜻이다! 우울증은 머리가 고장 났다는 뜻이다. 그건 병이다. 골절. 질환. 불안한 문제다. 어디서 어떻게 태어났건, 어떤 복을 가지고 혹은 안 가지고 태어났건, 세상 그 누구도 우울증에 걸리겠다고 택하진 않을 것이다. 이해가 가나?

좋다.

이제 그런 대화를 환자 입장에서 한다고 상상해보라. 병과 싸우는 것만 해도 고통스럽고 기진맥진한데, 세상의 편견과 오해, 아는 척하는 헛소리까지 극복해야 한다. 이게 내 경험이다. 한 지인은 내가 고민을 털어놓았더니 이렇게 말했다. "사람들은 다 우울해. 나라면 좋을 것 같구만. 일주일 내내 침대에 누워 있으면 누가 차도 가져다주고. 얼마든지 하겠네!" 말문이 막혔다. 노인처럼 수척한 얼굴로 새벽 3시에도 권태와 피로, 시끄러운 머릿속과 싸우며 침대 위에서 뒤척이는 조시의 모습만 떠오르면서 눈물이 차올랐다.

이런 게 정신병은 예측 불가능하며 최악의 경우 전염된다는 공포와 낙인까지 가기도 전에 듣는 말들이다! 정말이다, 정말로 정신병이 옮는다고 생각하는 사람들이 있다. 또 화가 치밀기 시작한다. 노트북을 닫고 안정에 도움 되는 차를 마시러 가야겠다. 마음을 진정시켜야 한다….

***

자, 두 잔을 마시고 나니 조금 진정이 됐다.

나는 조시의 우울증을 우리 집에 사는 무서운 괴물, 무섭고 거대한 괴물이라고 생각하게 됐다. 놈이 너무 무서워서 때로는 언급하지 않는 게 최선이라고 생각했다. 그것만으로도 모자라 우리 모두 그 괴물이 안 보이는 척했다!

상상이 가나? 끔찍하기 짝이 없는 팬터마임을 하며 조심조심 걸어 다니고, 조시 근처에서는 까치발을 하고, 다 괜찮은 척 가면을 쓰고, 아침 식탁에서 라디오를 틀어놓고 그날 할 일에 대해 이야기하며 시리얼을 먹고 있지만, 반대편에 앉은 조시는 울고 있는 광경이.

"놈이 뒤에 있어요!"

그렇다, 놈은 우리 뒤에 있었다. 식사 때는 식탁에 앉아 있고, 밤에 이를 닦을 때는 어깨 너머로 구경하고, 심지어 침대 발치에 앉아 밤중에 화장실에 갈 때마다 나를 빤히 지켜본다. 화장실에 한번 갔으면서도 한 시간 뒤 하릴없이 또 간다. 깊은 새벽에 서늘한 집에서 깨어 있으면 우리 앞에 도저히 오를 수 없는 태산이 놓여 있는 것 같아 머릿속이 시끄럽다. 밤새 잠드는 일은 거의 없다. 새벽에 잠이 깨면 그걸로 끝, 다시 잠들지 못한다. 그 시각 세상은 한없이 외롭고 적막하다. 어둠 속에 누워 있으면 조시가 복도를 걷고 침대 옆 탁자에 물잔을 놓고 등을 껐다 켰다 하고 우는 소리가 들린다. 휴대폰에서 나오는 푸르스름한 불빛이 방문 아래 틈으로 흘러나온다. 잠들 수 있다 해도 잘 수가 없다. 내 아들이 저렇게 잠을 못 이루고 괴로워하는데 잔다는 건 죄스러운 짓이다. 그건 굶주린 사람 앞에서 음식을 먹는 것과 같다. 생각할 수도 없는 일이다.

문제는 이거다. 난 그 괴물을 어떻게 인정해야 할지 몰랐다. 난 괴물의 포로가 되어버렸다. 무슨 말을 해야 할지 몰랐다. 당당하게 버티고 서서 넌 무단침입자라고 하며 맞서야 할까? 그 끔찍한 것이 내 아들을 붙들고 있는데. 나는 우울증이라는 용어를 피했고

"조시가 몸이 안 좋아요"라거나 "오늘은 상태가 안 좋네요…"라며 얼버무렸다. 집 안에 그 말을 들이지 않으면 놈이 우리 집에 뿌리 박지 못할 것만 같았다.

그 괴물과 어떻게 싸워야 할지 알 수가 없었다. 우리 누구도 몰랐다. 놈에게 반격해 아들을 잡고 소리를 질러볼까 생각하면, 놈이 더 미쳐 날뛰면서 악을 쓰고 몹쓸 짓을 저지르도록 조시를 밀어붙여 내게서 영원히 빼앗아버릴까봐 무서웠다. 어떻게 해야 했을까? 난 이미 너무 오래 고개를 숙이고 살았고 예전의 일상은 모두 흐트러지고 망가졌다. 계속 무시해버리기가 제일 쉬웠지만, 그건 내 자존심에 도움이 되지 않았다. 자신감도 무너졌고, 가족에게 옳은 일, 가족을 안전하게 지키는 데 필요한 일을 하겠다는 믿음도 약해지기만 했다.

놈에게 말하지 않은 비밀도 있었다. 지금껏 만난 그 어떤 것보다 놈이 더 무서웠지만 말할 수 없었다. 왜냐고? 내가 가장 사랑하는 사람을 팔로 휘감고 있으니까. 조시를 단단히 붙들고 앉아서는 귀에다 속살거리며 불안의 불을 지피고 있으니까. 나는 예전의 내가 아니라 잔뜩 움츠러든 그림자가 됐다. 내 아들이 달려 있으니 어쩔 수가 없었다. 계속 미소를 머금으며 울렁거리는 불안을 집어삼켰다. 손이 떨리고 머리가 울렸다. 기진맥진했고 침울했다. 밤마다 욕실에서 울었고, 아침마다 샤워하면서 울었다. 내가 사랑하는 사람이 괴물이 시키는 대로 하고 있는 게 참을 수가 없었다.

조시를 상으로 걸고 괴물과 줄다리기를 하고 있는 것 같았다.

놈에게 소리 지르고 싶었다.

"이 집에서 나가, 애한테서 손 떼!"

하지만 감히 그럴 수가 없었다. 솔직히 누가 이길지 자신이 없었다. 그래도… 그 괴물이 우리 문간을 신중하게 살금살금 넘어 집 안에 떡하니 자리를 잡기 전까지는, 난 조시를 노리는 어떤 적이라도 무찌를 수 있다고 정말로 믿었다!

다른 비밀들도 있었다.

조시가 전화를 받지 않으면 심장이 덜컥 내려앉으면서 온갖 끔찍한 장면들이 머릿속에 떠올랐다. 지금도 그 생각을 하면 눈물이 난다. 입에 담기조차 소름 끼치는 가능성들을 상상했지만, 그중에서도 조시가 방황하다 결국 굴복하는 가능성은…. 그러면 나도 무너졌다.

지금 이 글을 쓰면서도 흐느껴 울고 있지만, 심장을 두드리는 두려움과 함께 이런 생각도 어쩔 수 없이 슬며시 든다. 최악의 사태가 진짜로 벌어진다면 적어도 사랑하는 내 아들이 더 이상 고통스럽지는 않겠지, 어쩌면 그게 최선일지도 몰라, 이런 생각. 맙소사, 그런 끔찍한 생각을 하다니! 그게 조시에게 최선의 선택일 수도 있었다니! 조시의 고통에 비하면 내 고통은 당연히 비교조차 할 수 없었고, 절대 그 사실을 잊지 않았다. 조시는 가차 없는 전투를 치르고 있었다.

확실한 것은 절대 조시를 포기하지 않겠다는 마음뿐이다.

절대로.

고백하기 힘들지만, 조시가 차라리 몸이 아프다면 얼마나 좋을까 하는 생각도 했다. 물론 조시가 어떤 고통도 겪지 않길 바라지만, 꼭 아파야 한다면 차라리 그게 나을 것 같았다.

아이의 병을 바라는 부모의 심정을 상상할 수 있겠나? 절대 불가능하다. 우울증이 우리 집에 찾아오기 전까지는 나도 그랬다. 우울증도 뼈와 세포를 공격하는 다른 병들처럼 눈치채지도 못하는 사이에 찾아오지만, 이건 더 교활하고 정확한 진단이 힘들며 간절히 바라는 보장된 치료법도 없는 병이다. 무엇보다 힘든 것은 환자가 마치 치료 같은 건 상관없다는 듯이, 아니 심지어 거의 반대하는 것처럼 치료 의지를 보이지 않는다는 점이다.

의식적으로 그러는 게 아니라 우울증에 깊이 빠졌기 때문이다.

울고 비명을 지르고 주먹으로 벽을 쾅쾅 치고 싶다.

"제발, 조시! 제발! 우리 힘만으로는 못 해! 네가 우리를 도와줘야 해, 네가 나를 도와줘야 한다고!"

그렇다, 우리 집에는 절망도 함께 살고 있다. 절망이 창문에 드리운 어두운 그림자 때문에 온 집 안은 늘 한밤중 같고 기쁨이 사라진 지 오래다. 시므온과 나는 잠을 못 이루고 희미한 불빛 아래 말다툼을 했고 벤은 집 밖으로만 나 돌았다.

절망의 블라인드가 내려와 모든 빛을 차단했다.

모든 빛이 차단됐다.

18장

조시

그래서, 메리 크리스마스!

"나는 굽어지고 망가졌지만 더 나아졌다(고 희망한다)."

찰스 디킨스

미르타자핀을 복용한 지 몇 주가 지났다. 나는 하루하루 약효가 나타나기를 희망했다. 뭐라도 나타나서 통통 부어 잠만 자는 내 행동에 대한 이유를 설명할 수 있기를 바랐다. 하지만 머리가 너무 몽롱해서 약이 제 역할을 하고 있다고 해도 알아차리기조차 힘들었다. 실망스러운 하루하루가 커다란 낫처럼 어떠한 낙관주의의 암시도 싹둑 베어내는 것만 같았다.

집에 온 지 6주 정도 되자 날씨가 추워졌다. 크리스마스가 다가온다는 생각이 어슴푸레 들었지만 흥분도, 기대도 되지 않았다. 다빨리 지나가버렸으면 싶었다. 이 또한 내가 얼마나 '정상'에서 동떨어져 있는지 보여주는 지표였다. 나는 늘 축제 기간이 싫었다. 불과 몇 년 전 크리스마스 이브에 나는 엠파이어스테이트빌딩 전망대에 서 있었다. 그때 눈이 내리기 시작했고, 심지어 나조차 '마법' 같은 축제 분위기를 느낄 수 있었다. 그 느낌도 이젠 우울증이라는 수증기에 가려 뿌옇게 변한 깨진 거울 너머로 바라보는 과거 경험처럼 희미한 기억에 불과했다.

심한 우울증에 빠진 채, 병에 전혀 도움이 되지 않는 약을 먹고 있으니 시간이 마구 왜곡됐다. 예전 일을 생각하면 어느 날이 어느 날인지 구분이 되지 않았다.

매일이 슬펐다.

매일이 똑같았다.

매일이 피곤했다.

이젠 거의 말도 하지 않았다. 할 말이 없었을 뿐만 아니라 다른 사람 생각을 듣고 싶지도 않았다. 내 생각만 해도 벅찼고, 내가 입을 다물면 다른 사람들도 덜 간섭할 것 같았다. 엄마와 시므온은 다시 정신과 의사에게 가보지 않겠냐고 자꾸 권했다. 긍정적이었던, 혹은 적어도 뭔가 효과가 있었던 유일한 것을 아마 다시 해보고 싶어 하는 눈치였다. 그러고 싶지 않았다. 그 사람이건 나를 도와줄 다른 누구건 이야기해봤자 소용없어 보였기 때문이다. 나는 다른 식구들이 오가고 식탁 너머에서 이야기하는 모습을 보는 관찰자 같았고, 식구들이 내게 말을 걸면 깜짝 놀랐다. 투명인간 같은 기분이었다가 갑자기 내가 보인다는 게 실감 났기 때문이다.

유튜브를 보고 트위치 스트리밍을 보고 오더블에서 팟캐스트를 듣는 것 외엔 바깥세상과도 거의 접촉하지 않았다.

친구들은 내 병에 잘 대처하지 못했다. 이해한다. 나도 친구들에게 연락하지 않았지만, 벤과 내 친구들이 겹쳤기 때문에 그들이 내 소식에 대해 알고 있다는 것을 나는 알고 있다. 친구들에게 섭섭한 마음은 전혀 들지 않았다. 어차피 상태가 너무 안 좋아서 친구들을 만날 수도 없었다. 20대를 즐기느라 바쁜 친구들을 부러워하기엔 나 자신이 너무 엉망진창이었다. 정상적인 삶은 나와 거리가 멀었다. 잠에서 깨는 데만도 안간힘이 필요했고, 대부분의 날은 샤워도 하지 못했다. 처음에는 이렇게 지내는 게 내가 선택한 일이었지만, 나중에는 사람들과 상대하는 것은 고사하고 집 밖에 나가는 것조차 두려울 지경으로 불안증이 심해졌다.

안개 속에 있는 것처럼 동작이 굼뜨고 생각이 종잡을 수 없어졌다. 되돌아보면 그때가 아마 제일 무서웠던 시기 같다. 나는 집에 처박혀 꼼짝도 하지 않았다. 가로 4.3미터 세로 5미터 공간이 내 세상 전체였다. 우울증이라는 건 알고 있었다. 아프다는 건 알고 있었지만, 내가 몰랐던 것, 누구도 말해주지 않았던 것은 언제 다시 명쾌한 사고를 할 수 있냐는 것이었다. 내가 늘 자랑거리로 생각했던 것 한 가지는 명석한 머리였다. 육체는 실망스러웠을지 몰라도 내 머리는…. 예전처럼 아이디어가 끊임없이 샘솟고 명쾌한 사고를 하며 살지 않는다는 것은 상상조차 할 수 없었다. 뭔가 새로운 느낌이 들기 시작하긴 했다. 그건 분노와 초조함이었다. 지금 생각해보면 그런 감정들이 든다는 것 자체가 마비상태가 서서히 걷히고 있다는 긍정적인 신호였다. 하지만 물론 그때는 그걸 깨닫지 못했다.

집 안 분위기는 말할 필요도 없이 긴장으로 팽팽했다. 내게 잠은 더 이상 잠이 아니라 도피처였고, 아무리 많이 자도 회복되지 않는 탈진상태였다. 눈을 감고 침대에 누워 있는 게 내가 아는 유일한 생존방식이었다. 깨어 있고 눈 뜨고 있는 것만 해도 힘들었다. "기분 좋게" 산책을 하라거나 "친구를 만나라"는 말은 에베레스트산에 올라가라거나 몸무게를 줄이기 위해 꼭대기까지 팔 벌려 뛰기 동작으로 올라가라는 말이나 마찬가지였다. 제발 나한테 이래라저래라 하지 않았으면 싶었다. 내 상태가 어떤지 사람들은 조금도 모르고 있었다. 친구건 가족이건 집에 오는 거의 모든 사람이 온갖 제안을 늘어놓았다.

"잠깐 산책하는 게 어때?"

"산책하러 갈까?"

"산책 어때, 조시?"

"나가서 바람 좀 쐴까?"

그럴 때마다 나는 공손히 거절해야 했고 기분이 엿 같았다. 산책할 기운도 없었지만, 그 사람들이 아무것도 모르고 있다는 사실 때문에 더 외로워지기만 했다.

나는 몸이 미르타자핀에 익숙해질 거라 생각하며 계속 약을 복용했다. 내가 상상한 변화가 나타나길 절박하게 기다렸다. 정신과 의사는 우울증 환자의 숫자만큼이나 다양한 약과 복용량이 있다고 했지만, 나는 얼토당토않게도 먹다 보면 안정 상태에 도달할 거라고 생각했다. 이제 와서 보니 그런 일은 일어나지 않는다는 걸 알지만, 그때는 악순환 속에 갇혀 있었다. 그 약밖에 없으니까 그냥 먹었다. 뭔가를 하고 있으니 기분이 좋았고, 일단 먹기 시작하니 그 약이 효과가 없다고는 믿고 싶지 않았다. 그 끔찍한 부작용을 헛되이 겪고 있다고 생각하고 싶지 않았다. 그래서 계속 먹었다….

크리스마스가 오고 갔다. 끔찍했다. 집에는 시끄러운 사람들이 가득했고, 내가 원하는 것은 고요밖에 없었다. 원래도 크리스마스

캐럴을 좋아하지 않았지만, 그때는 징글벨과 흥겨운 노랫소리가 내 두개골 안에 있는 모루를 망치로 두드려대는 것만 같았다. 침대를 벗어나 아래층에 가봤다가 사람들 숫자에 기함했던 기억이 난다. 많은 사람이 내게 선물세례를 퍼부었다.

그 모든 게 내게는 너무 버거웠다.

거실에 들어가니 사람들이 가득했다. 크리스마스 스웨터와 반짝거리는 옷을 입고 술을 마시는 사람들이 가득했고 흥겨운 축제 분위기가 넘쳐흘렀다. 내가 들어가자 사람들이 모두 나를 쳐다보는 것 같았다. 분위기가 돌변하면서 조용하고 엄숙해졌다. 그야말로 코끼리가 내려와 방에 들어온 형국이었다.

크리스마스 식사는 함께하지 않았지만, 내 방바닥을 통해 사람들의 대화 소리가 떠다니듯 올라왔다. 나는 방에서 샌드위치를 먹고 울다 잠들었다. 잠옷을 입고 터벅터벅 계단을 오르는데, 내가 예의 없이 굴고 있기라도 한 것처럼 한두 사람이 눈살을 찌푸리는 모습이 보였다. 정말 너무 했다. '한 달 전쯤 내 뜻대로만 되었어도 크리스마스 때 여기 있진 않을 텐데'라는 생각이 나도 모르게 들었다. 물론 한순간 스친 생각에 불과하다. 나는 프라이어리 그룹(영국의 정신건강 관리 시설 제공 업체—옮긴이)이 내놓은 "우울증과 크리스마스" 조언 중 이 주의사항을 좋아한다. "온 세상이 크리스마스는 기쁨과 웃음, 즐거움, 파티의 시간이라고 못이 박히게 말합니다. 하지만 우울증에 시달리고 있는 사람들에게는 행복해야 한다고 상기시키는 것 자체가 더 힘든 일이 될 수 있습니다."[13]

새해가 되자 엄마와 시므온은 사우샘프턴의 작은집을 정리해서 넘기러 간다고 했다. 나는 침대 아래 숨겨뒀다고 생각한 물건에 대해 말해야 한다고 생각했다.

나는 시므온을 내 방으로 불렀다. 말하기 두려웠지만, 엄마가 그걸 발견하면 감당하지 못할 거라는 걸 알고 있었다. "방에 들어가면 침대 밑에 있는 물건을 좀 꺼내주세요." 나는 자살을 위해 약을 샀다는 걸 설명해줄 말을 찾으려고 노력했다. 혀가 입천장에 딱 달라붙어 움직이지 않았다.

시므온이 고개를 저었다. "말할 필요 없어, 조시."

"해야 해요." 나는 고집했다. "해야 해요, 왜냐하면…."

"괜찮아. 무슨 말 하려는지 알고 있어. 널 집에 데려오려고 갔던 날 그걸 찾았다. 여기 가져와서 변기에 흘려보냈어."

"엄마도 알아요?"

시므온이 고개를 끄덕였다.

두 분이 내내 그 사실을 알고 있었다는 사실을 알자 기분이 이상했지만 한편으로는 안심도 됐다. 두 분이 완전히 다른 반응을 보였을 수도 있다는 것을 안다. 화내고 펄펄 뛰고 쥐 잡듯이 나를 잡을 수도 있었지만, 엄마와 시므온은 전혀 그러지 않았다. 두 분이 침착해서 정말 다행이었다. 그때 이분들이 내 부모님이라는 게 얼마나 행운인지 새삼 깨달을 수 있었다. 늘 마음이 '통하는' 것도 아니고 엄마는 분명 나를 미치게 만들기도 하지만, 두 분은 결코 나를 이해하고 도와주려는 노력을 멈추지 않았다.

19장

어맨다

피터 피터 포인세티아!

시므온이 약을 발견하는 최악의 사건을 겪고 조시가 집으로 돌아온 지 겨우 몇 주 후, 크리스마스가 왔다. 나는 온 가족을 우리 집에 모이게 했다. 나는 완벽한 크리스마스를 만들려는 욕심에 또 내 식으로 폭주하여 완전히 통제 불능인 상태였다. 뭘 해야 할지 몰랐다. 장을 보러 아스다 슈퍼마켓에 가서 장바구니를 열어놓고 계산대 끝에 서 있었지만, 이런저런 생각에 머릿속이 시끄러워 식료품들을 장바구니에 담지도 않았다. 물건들이 장바구니 옆에 쌓이고 있었지만 멍하니 쳐다보고만 있었다. 혼란스러웠고 뭘 어떻게 해야 할지 몰랐다. 피곤하고 정신이 없고 눈물이 났다. 내 뒤에 서 있던 여자가 달려와 내가 산 물건들을 장바구니에 쑤셔 넣기 시작했다. "됐어요?" 여자가 비꼬듯이 말했다. 민스파이는 우유 밑에 짜부라져 있고 과일들은 맨 위에 올라가 있었다. 그 냉소와 수동

적 공격은 감당할 수가 없었다. 나는 장바구니를 들고 와버렸다. 여자가 어쩔 줄 몰라 하는 계산원에게 고함 지르는 소리가 뒤에서 들려왔다.

조시에게 위로가 가장 필요했던 그때, 내가 손을 내밀면 조시는 독극물이라도 닿는 것처럼 피하곤 했다. 내가 상황을 악화시키고, 나와 접촉하면 근사한 고립상태가 깨지기라도 할 것처럼 말이다. 나만 보면 얼굴을 찌푸리거나 멍하게 쳐다보기만 하니 나도 조시를 보면 불안했고 어찌할 바를 몰랐다. 내가 쓸모없는 사람이 된 것 같았다. 시므온은 그저 괜찮아질 거라고만 말했고, 벤은 집에 오는 걸 피했다. 정말이지 개떡 같은 크리스마스였다!

크리스마스날 즈음에는 항우울제가 효과를 내기 시작했으면, 크리스마스가 조시에게 기분전환이 되었으면 하고 간절하게 바랐다.

아니었다.

지금 생각하면 내 잘못이었다. 크리스마스를 이 감옥 같은 우중충한 분위기에서 벗어날 기회로 생각했던 것 같다. 좁은 집 안에 같이 있으면, 자기가 우울증에 걸리지 않았더라도 질식할 것 같은 우울한 분위기에서 빠져나가기 힘들다. 그때 나는 조시가 필요할 때 곁에 없었던 것을 만회하려 했을 뿐만 아니라 벤에게는 좋은 엄마, 시므온에게는 좋은 아내가 되어보려고 했다.

나는 집을 한껏 축제 분위기로 꾸미기로 했다. 냉장고에는 맛있는 것들을 가득 채웠고, 양말과 속옷, 애프터셰이브를 공들여 예쁘게 포장했다. 그렇게 하면 우리 집에 자리 잡고 앉은 그 괴물 생각을 사람들 머릿속에서 쫓아낼 수 있을 것 같았다. 나는 오른손으로는 버튼을 누르면서 왼손으로는 '딱딱' 하고 신호를 주는 사진사처럼 분주하게 크리스마스를 준비했다.

벤과 부모님, 친척들, 어린 조카들에게 최고의 연말을 만들어주고 싶어서 미소를 지으며 최선을 다했다. 모두들 그런 마법을 누릴 자격이 있었다. 우리 집에 이 불청객 괴물이 있게 된 건 그들의 잘못이 아니었다. 어린아이들은 사탕을 먹고 놀이를 하느라 여념이 없었다. 그건 조시의 잘못도 아니었지만, 조시는 마치 유배라도 당한 것처럼 자기 방에 틀어박혀 확고한 은신처인 침대에서 나오려 하지 않았다.

아주 간혹 가다 방에서 나오긴 했다. 그럴 때면 사람들에게 어떻게 인사하고 어디에 앉아야 하는지 모르겠다는 듯이 그 큰 키로 어색하게 문간을 막고 서 있었다. 제일 좋은 옷을 차려입은 사람들과 달리, 자기만 잠옷이나 속옷 차림이라는 것도 그제야 깨닫는 눈치였다. 머리는 기름지고 입에서는 냄새가 났고 안색은 창백하고 눈은 텅 비어 있었다.

그 모습을 보면 가슴이 찢어졌다.

가족들은 조시를 반가이 맞았다.

"조시다!"

"안녕, 조시!"

"메리 크리스마스!"

"사랑해, 조시!"

"여기 와서 앉아!"

"먹을 것 좀 갖다줄까?"

친척들이 오기 전, 우린 현재 상황을 다 이야기해뒀다. 다들 일그러진 표정으로 괴로워했지만, 이내 "우리가 어떻게 도와주면 돼요?"라고 묻기 시작했다. 그 진심 어린 말과 확고한 애정이 조시를 낫게 할 수 있다면 조시는 재주넘기를 하며 복도를 달려와 노래라도 부를 수 있었을 것이다. 하지만 그들의 말이 총알이었다고 해도 그 총알은 조시를 감싸고 있는 우울증의 갑옷을 뚫지 못하고 튕겨 나왔을 것이다. 그 말들은 조시의 슬픔에 가닿지 못하고 흘러내려 바닥에 고여 우리를 미끄러지게 만들었다.

조시는 기대에 가득 찬 표정으로 자신을 바라보는 사람들을 멍하니 쳐다보기만 했다. 부담스럽고 불안해 보였다. 한두 번은 애들에게 손을 흔들기도 하고 할아버지, 할머니에게 키스도 했지만, 대부분은 부엌에서 물 한 잔을 마시고 다시 계단을 올라가버렸다.

조시의 방문이 굳게 닫히는 소리가 나면 엄마는 울었고 아빠의 눈에도 눈물이 글썽거렸다. 시므온과 나는 어찌할 바 모르겠다는 표정을 교환했고, 벤은 슬며시 자기 방에 들어갔다. 그래도 질문들은 경기장을 질주하는 오토바이들처럼 끊임없이 맹렬하게 돌고 또 돌았다. 어떻게 하면 나아질 수 있을까? 우리가 뭘 해야 하지? 얼마나 더 이렇게 살 수 있을까?

집을 마법 같은 축제 공간으로 만들어보겠다고 나는 별로 좋아하지도 않는 포인세티아를 사 왔고, 크리스마스가 지나자 아주 진저리를 치게 됐다. 그 지긋지긋한 식물 이야기를 하는 건 아들의 문제와 싸우겠답시고 내가 아주 미친 짓들을 했기 때문이다. 존재한다고 믿지도 않는 하나님께 기도했다. 역시 존재한다고 믿지도 않는 다른 신들의 성상과 그림들을 사서 거기다 대고 매일매일 조시를 낫게 할 방법을 알려달라고 기도했다. 인과응보라는 게 진짜 존재하길 바라며 자선단체에 기부도 많이 했다. 아, 그리고 그놈의 포인세티아를 사람처럼 대했다.

그렇다, 제대로 읽은 것이 맞다.

논리 따위는 없다는 것도 안다.

말이 안 된다는 것도.

이 이야기를 하는 건, 그게 조시가 목숨을 끊겠다고 작정하면 내가 할 수 있는 일이 하나도 없다는 공포 때문에 내가 얼마나 무력하고 절박했는지 완벽하게 보여주는 일화이기 때문이다. 이 공포가 하루에도 몇 번이나 나를 덮치는 바람에 나는 텔레비전이나 라디오에서 어떻게 행동하고 미소 짓고 웃어야 하는지 다 잊어버렸다. 내가 가장 사랑하는 사람을 보호하고 지키는 데 내가 전혀 쓸모없다는 사실을 생각하면 애간장이 다 녹는 기분이었다.

나는 포인세티아를—논의 상 편의를 위해 이 포인세티아를 피터라고 부르자. (사실은 정말로 피터라고 불렀다. 이제 와서 농담인 척하면서 적는 이유는 여러분이 내가 미쳐가고 있다고 생각하지 않았으면 해서다—이 우스꽝스러운 문화가 어떻게 작동하는지 보이지 않는가?) 피터는 텔레비전 방의 무미건조한 창턱에 따스한 빨간색을 좀 가미하고 싶어서 샀다. 당연히 조시의 기분을 좋게 해줘야 하지 않을까?

하루는 방에 들어갔더니 조시가 소파에서 잠들어 있었다. 화장실에 가고 토스트를 먹거나 뭔가 마실 때 외에는 늘 그렇듯이 며칠째 붙박이로 거기 누워 있었다. 시므온과 나는 조시를 깨우고 싶지 않아서 텔레비전을 보지 않고 그냥 나왔다. 그건 조시의 병이 우리에게 빼앗은 것들 중 하나였다. 소파에 앉아 차 한 잔 마시며 텔레비전을 보는 소소한 일상 말이다. 가족 생활에 그런 조그만 균

열들이 수두룩하게 생기면서 은근한 불만이 생겨난다. 믿거나 말거나, 조시가 소파에서 잠든 건 그래도 소소하게 축하할 만한 일이었다. 아이의 세상이 침대로 축소된 상황에서는 소파까지 나온 것만 해도 장한 일이었으니까.

그때 피터가 눈에 띄게 축 처져 있는 게 눈에 들어왔다. 아직 크리스마스까지는 일주일 남짓 남은 시점이었다. 나는 피터에게 물을 주고 다정하게 몇 마디 격려의 말을 해줬다.

"자, 피터, 포기하지 마. 넌 예쁘고 화사해. 그리고 크리스마스를 멋지게 만들어줄 거야."

집안일을 하느라 침대보를 벗기고 화장실을 청소한 다음 다시 조시를 들여다보았더니…. 세상에, 이런 기적이 있나, 조시가 앉아 있었다! 앉아 있을 뿐만 아니라 제대로 정신을 차린 표정이었다. 조시가 조금이라도 기분이 나아진 듯 깨어 있는 모습을 보자 하늘에라도 오를 듯이 기뻤다. 늘 그렇듯이, 나는 그런 순간을 잘 이해하면 다음에 조시가 또 잠에 빠지거나 초점 없는 눈으로 속옷만 입은 채 문간에 나타날 때의 상태에 대해 조금의 통찰이라도 얻을 수 있을 것 같아 간절히 물어봤다.

나는 러그에 무릎을 꿇고 앉아 조시에게 미소를 지었다.

"조시, 지금 기분 어때?"

"괜찮아여." 통상적인 반응이었다.

"더 편하게 있을 수 있게 뭘 좀 가져다줄까?"

조시는 고개를 저으며 담요를 턱까지 끌어당겼다.

"음, 조금 있다가 다시 올게. 뭐 필요한 것 있거나 뭔가 이야기하고 싶어지면, 소리를 질러."

"괜찮나여."

텔레비전 방을 나가려고 일어서는데 창턱의 피터 포인세티아가 쌩쌩해진 모습이 눈에 띄었다. 포인세티아는 빛을 향해 잎사귀를 자랑스럽게 구부리고 있었고 진한 빨간색에는 그 어느 때보다 활기가 넘쳤다. 새싹이 줄기에서 자랑스럽게 돋아났다. 조시가 내 시선을 따라왔다.

"식물이 보기 좋네요." 조시가 말을 잘 안 해서 탁해진 목소리로 말했다.

나는 고개를 끄덕였다. 그 순간, 앞서 말했듯이 얼토당토않은 비합리적인 생각이 번득 들었다. 바로 이런 거다. 피터를 건강하게 잘 키우면, 피터가 죽지 않으면, 조시도 안 그럴 것이다. 번쩍이는 금빛 화분에 든 이 화려한 식물이 조시에게 일어날 모든 일을 알려주는 일종의 지표 같았다.

나는 아래층으로 달려 내려가 노트북을 열었다. 우울증에 걸린 아이를 돌볼 방법을 검색했을 때처럼 포인세티아를 건강하게 키우는 법에 대한 글이란 글은 다 읽었다. 물은 얼마나 줘야 하는지, 흙 깊이는 얼마나 되어야 하는지, 햇볕은 어느 정도 쬐어주어야 가장 좋은지에 대해 공부했고, 피터의 컨디션을 최상으로 지키겠다고 결심했다.

그리고 그렇게 했다.

몇 달이고, 몇 달이고, 몇 달이고 계속….

오디오북을 녹음하러 런던 스튜디오에 가서 일하느라 엿새 동안 집을 비웠다가 거의 실수할 뻔한 적이 한 번 있었다. 집에 오자마자 곧장 조시 방으로 달려 올라갔더니 조시는 자고 있었다. 괴롭게도 피터도 축 처져 있었다. 나는 왈칵 울음을 터뜨리며 피터를 안고 부엌 싱크대로 가져가 갈색으로 변해가는 바삭바삭한 조그만 잎들을 조심스레 떼어냈다. 당황스럽게도 건강해 보이는 몇몇 잎도 손을 대자 스르르 떨어졌다. 나는 피터에게 물을 주고, 크리스마스는 지났어도 피터는 여전히 소중하다고, 칙칙한 방을 환하게 해준다고 말해줬다.

"왜 울고 있어?" 시므온이 복도에서 물었다.

"식물이 거의 죽을 뻔했어!" 내가 설명했다.

"그냥 식물이잖아." 시므온이 당혹해하며 나를 쳐다봤다. "피곤해, 여보? 가서 좀 자지 그래?"

"괜찮아." 조시의 다목적 용어를 빌려 썼더니, 효과가 있는 것 같았다. 덕분에 가까스로 소리를 지르지 않을 수 있었다.

그건 그냥 식물이 아니야! 피터라고! 피터는 살려놔야 해. 왜냐하면 피터가 쌩쌩했던 날 조시도 깨서 앉았으니까. 왜 그런지 설명할 수는 없지만 저 둘은 연결되어 있는 것 같고 난 둘 중 누구도 시들거나 늘어지거나 말라빠지게 내버려두지 않을 거야. 나한테 달려 있어. 내가 둘 다 살려놔야만 해!

보라, "괜찮아"가 소리 지르기보다 얼마나 수월한지.

점차 나는 조시에게 피터 돌보는 일을 도와달라고 했고, 조시는 가끔 물을 주고 챙겨줬다. 그걸 보면 너무나 기뻤다! 그런 날이면 좀 더 쉽게 잠을 이룰 수 있었다.

그즈음 시므온은 밤마다 내가 울다 지쳐 잠들 때까지 안아줬고, 잠자는 동안에도 자기가 옆에 있다는 걸 알 수 있도록 손을 잡아줬다. 몇 시간도 채 못 자던 나는 다리미를 켜놓거나 창문을 열어둔 게 갑자기 생각난 것처럼 한밤중에 번쩍 잠이 깨곤 했다. 그러고는 뭔가 잘못된 것 같아서 두근거리는 불안감을 안고 이불을 젖히고는 살금살금 조시의 방으로 갔다. 조시는 고통스럽게 몸을 웅크리고 잠들어 있거나, 푸르스름한 불빛을 얼굴에 받으며 유튜브나 디비디 박스 세트를 연속 시청하고 있었다. 끝도 없이 지루한 밤을 보내기 위해서라면 뭐라도, 뭐든지 봤다. 내가 가도 좀처럼 반응을 보이지 않아서 깨어 있는지 자고 있는지 확인하려면 바싹 다가가서 들여다봐야만 했다. 반면에 조시는 얼른 밤이 가고 새벽이 와서 온종일 누워 자거나, 졸거나, 아무 생각 없이 유튜브와 박스 세트를 보면서 또 얼른 밤이 되었으면 좋겠다고 했다…. 무슨 말인지 알 것이다. 조시에게는 하루하루가 시간을 보내거나 시간을 멈추려는 노력의 악순환이었다.

어느 날 밤에 내가 문간에 서 있는데 조시가 나를 올려다보며 말했다. "더 이상은 못 하겠어요, 엄마."

심장이 쿵 내려앉았다. 포기하고 싶다고, 떠나고 싶다고 하는 줄 알았다. 밀려오는 공포에 시달리며 상처를 달래줄 말을 찾느라 허둥거리고 있는데, 조시가 감미로운 음악 같은 말을 했다.

"이 약을 계속 먹으면서 이런 기분으로 살 수는 없어요. 약을 끊고 싶어요."

"그래, 조시! 뭐든 네 생각이 최고야. 방법을 알아보고 그렇게 하면 어떻게 되는지 지켜보자. 하여간, 맞아, 네 생각이 뭐든…."

나는 곧장 침대로 돌아와 시므온을 깨웠다. 조시가 나와 대화를 했을 뿐만 아니라, 지금과 다르게 앞으로 어떤 일을 할지에 대해 이야기했다. 미래에 대해 생각하고 있다는 것을 보여준 것이다. 그건 엄청난 일이었다. 1년 만에 처음으로 조시가 자기 생각이나 결정에 따르려는 모습을 보인 것이다. 다시 베개에 머리를 뉘고 발치에 도사린 괴물을 바라보자 조금 작아진 듯했고 조금 두려워하는 것처럼 보였다.

"맞아, 이 멍청아! 내가 이길 거야!"

"뭐라고 했어?" 시므온이 잠결에 물었다.

"아무것도 아니야, 여보. 잘 자."

20장

조시

다시 새로운 시작…

"넘어지고 싶으면 넘어져라. 하지만 꼭 일어나야만 한다."

제임스 조이스

불현듯 약을 계속 먹지 않겠다는, 어떤 약이든 먹지 않겠다는 생각이 들었다. 계속 이런 식으로 살고 싶지는 않았다. 내 존재는 의미가 없었다. 깨어 있는 시간보다 잠든 시간이 더 길었고, 깨어 있을 때도 머리가 너무 몽롱해서 나 자신이 존재하는 것 같지도 않았다. 그건 살아 있는 게 아니었다. 가장 단순한 부탁이나 말도 기억하지 못했다. 내 머리는 곤죽이나 다름없었다. 무의미했다. 나는 좀비였고, 이 세상 사람이 아니었고, 엉망진창이었다. 이런 식으로 가다가는 아마도 영원히 끝장이라는 것을 마음 깊은 곳에서 알고 있었고, 그게 세상 그 무엇보다 두려웠다.

돌이켜 보면 그 깨달음이 올바른 방향으로 내디딘 커다란 발걸음이었다. 약 복용이 내게 맞는 방법이었건 아니건, 그 결정이 통제력을 회복하기 위해 거쳐야 했던 첫 번째 단계였다. 손바닥에 놓

272

인 알약과 다음 달 복용분이 든 약봉지를 쳐다보다가 억지로 약을 입에 넣고 삼켜야만 했다. 내 안에서 조그만 목소리가 들려오는 것 같았다. 오랫동안 사라졌던 이성의 목소리가 내게 질문하고 있었다. 이 약을 왜 먹어, 조시? 도움이 된다고 생각해? 내 대답은 이랬다. 왜 여전히 약을 먹고 있는지도 모르겠고, 약은 전혀 효과가 없었다고.

약은 도움을 주기보다 악영향을 더 많이 끼치는 것 같았고, 효과가 있을 것 같았으면 아마 지금쯤은 벌써 나타났어야 했다. 약효가 나타나서 최악의 우울증 증상을 달래줄 짧은 휴식을 가질 수 있으리라고 기대했었다. 다른 사람들이 경험한 효과를 나도 얻고 싶었다. 끝도 없는 슬픔이 조금 무뎌져서 극단적 선택충동이 가라앉기를 희망했다. 내 경우 문제는 약이 다른 것들까지 다 무디게 해서 나를 빈껍데기나 다름없는 존재로 만들어버린 것이었다. 시탈로프람이 반창고였다면 미르타자핀은 봉합이었고, 문제는 그 아래 상처가 전혀 낫지 않았다는 것이다. 약은 내가 찾던 치료법이 아니었다. 그건 가면이었다. 분명 유용한 가면이고, 자신에게 맞는 약과 복용량을 찾은 사람들에게는 우울증과 함께 살아갈 방법일 수 있겠지만, 난 아니었다.

최근 몇 달 동안 항우울제 사용에 대해 알아보면서 알게 된 사실인데, 항우울제는 수백만 명의 사람을 벼랑 끝에서 구해주고 우울증을 완화해주고 제 기능을 하며 살게 해준 치료제다. 약을 먹으면서 일하고 운동하고 가족과의 생활도 즐기며 사는 수많은 환자와 이야기해봤는데, 그들은 그게 다 뇌의 화학작용을 바꿔주는 약 덕분이라고 확신한다.

우울증 환자가 딱 맞는 약과 복용량의 조합을 찾는다는 것은 좀 복불복 같은 일이다. 변화, 그것도 빠른 변화가 절박한 시점에 빠른 치료법이 없을 때면 대형 유조차를 느릿느릿 계속 몰고 가고 있는 느낌이다. 종종 차가 방향을 바꾸고 있는데도 상당히 진행되기 전까진 알아차리지 못한다. 「가디언」지에 의하면, 영국에서는 "2017~2018년 사이 730만 명이 항우울제 처방을 받았고, 그중 440만 명은 지난 2년 동안에도 그런 약을 처방받았다". 그리고 "지난해 항우울제를 처방받은 사람들 중 160만 명은 '새로운' 환자들로, 예전에 그런 약을 처방받아본 적 없는 사람들이었다."[14]

미국 「타임」지는 미국 국립보건통계센터의 자료를 인용하여 보도한다. "12세 이상 인구 중 13퍼센트에 달하는 사람들이 지난달 항우울제를 복용했다. 이는 2005~2008년의 11퍼센트에서 증가한 수치이며 7.7퍼센트의 미국인이 항우울제를 복용했다고 보고된 1999~2002년 이래 65퍼센트 증가한 셈이다."[15]

사람들이 우울증에 빠져들게 되는 과정은 다 다르며 모두에게 맞는 치료법이나 해결책도 없다. 안타깝게도 치료법은 사람마다 다를 수밖에 없다. 약을 먹어서 정상적인 생활이 가능한 사람들이 있다면, 나로서는 그 사람들이 그저 부러울 따름이다.

지난 몇 달이 거의 기억나지 않았다. 싱크대 앞에서 입안에 약을 넣고 서 있던 순간이 어두컴컴한 공간에서 반짝하는 빛처럼 명료하게 떠오른다는 것 자체가 획기적인 발전이었다. 자발적으로 고립생활을 택했던 시절을 생각해보았다. 하지만 약을 먹은 이후 지난 몇 달 동안은 아침부터 손가락 하나 까딱할 힘조차 없는 압도적 피로에 시달렸다. 이런 흐릿한 정신으로는 정상으로 돌아갈, 아니 정상까지는 아니라 해도 적어도 상태를 개선할 정신적 발판을 만들 수 없다는 걸 알고 있었다. 이런 상태로 있는 한 회복 가능성이 거의 없다는 것을 마음 한구석에서는 알고 있었다.

전날 밤 내 결심을 엄마에게 말했다. "이 약을 더 이상 먹고 싶지 않아요. 약이 절 죽이고 있어요." 엄마는 내 결심을 지지해줬지만 걱정하면서 약을 그냥 끊어버릴 수는 없다고 했다. 그냥 끊어버리는 것은 내게 안 좋다는 것이다.

나는 실제로 커다랗게 웃음을 터뜨렸다.

"나한테 안 좋다고요? 다리에서 뛰어내리거나 약을 한 줌 삼키고 싶은 것보다 더요? 이 세상에 있는 것 같지 않은 기분보다 더? 잠만 자면서 인생을 흘려보내는 것보다 더?"

염병할, 그때 내 인생에는 "나한테 안 좋은" 것들이 너무 많아서 좋은 건 어디 있는지조차 알기 힘들었다.

정신과 의사의 조언을 받아 나는 미르타자핀 복용량을 반으로 줄였다. 의사는 일주일 동안 그렇게 하라고 했다. 엄마와 시므온은 내 걱정을 너무 많이 했고, 엄마는 나를 떼어놓을 수 없다고 고집해서 엄마가 런던의 삼촌 집에 가 있는 동안 나도 할 수 없이 같이 가야 했다. 샤워하고 집을 떠나기 위해 나는 용기를 있는 대로 끌어모았다. 바깥에 나오니 기분이 너무 이상했다. 초현실적이었다. 얼굴에 닿는 공기는 차가웠고 하늘은 너무 화창했다. 세상은 낯설었고 너무 시끄러웠다. 나는 소음을 차단하고 메스꺼움을 참으려고 이어폰을 끼고 눈을 감았고, 기차를 타고 가는 내내 그렇게 버텼다. 패딩턴 역에 도착하자 도저히 구토를 참을 수가 없었다. 기차에서 내리자마자 난 휴지통을 찾아 바깥으로 질주했다. 식은땀이 나서 피부가 끈적끈적했다. 나는 속을 몽땅 다 게워냈다. 다리가 후들거려 서 있기조차 힘들었다. 머리가 빙빙 돌고 기절할 것 같았고, 내 방 침대로 돌아가고 싶었다. 엄마는 울기 일보 직전이었고, 우리는 택시에 올라타 창문을 다 내렸다. 엄마는 계속 "거의 다 왔어, 조시, 거의 다 왔어" 하고 말했고, "토하는 거 아니죠?"라고 거듭 묻는 택시 운전사에게 "아니에요. 그리고 어쨌거나 봉지를 준비하고 있어요"라고 안심시켰다.

웃기지만, 머리가 빙빙 돌고 사지가 덜덜 떨리던 와중에도 운전사가 쯧쯧거리며 화내던 소리가 귀에 들어왔다.

나는 폴 삼촌과 스티비 숙모 집에 도착하자마자 침대에 쓰러져 밤낮을 계속 잤다. 두 분이 나와 그동안 밀린 이야기를 나누고 싶어 하는 것은 알았지만, 도저히 그럴 수가 없었다. 나는 금단현상과 싸우느라 정신이 하나도 없었고, 그건 몹시 불쾌한 경험이었다. 어떤 일이 일어날지는 몰랐지만, 약을 먹기 시작했을 때 몸과 정신에 서서히 나타났던 효과를 돌이켜 보면서 약을 끊는 과정도 비슷할 거라고 생각했었다. 그러나 몸의 반응은 거의 견딜 수 없을 지경으로 심했다. 미르타자핀이 먹고 싶어 죽을 지경이었다. 글로 써놓으니 이상하지만, 실제로 그 맛까지 그리웠다. 땀으로 흠뻑 젖은 침대 위에 누워 있으면 방이 빙글빙글 돌았다. 내가 너무 지저분하게 느껴졌고, 샤워실이 바로 옆에 있는 내 방 침대에 있었으면 싶었다. 멀미 비슷한 느낌이었다. 심지어 효과가 있을까 싶어서 멀미약도 먹어봤지만 효과는 없었다.

엄마는 다음 날 아침 일찍 마지못해 일하러 나갔다. 너무 두려웠다. 온몸이 떨리고 메스꺼웠고 눈앞이 아득할 정도로 두통이 심한 독감에 걸린 느낌이었다. 방이 계속해서 빙빙 도는 바람에 엄마에게 전화를 걸어 돌아와 달라고 했다. 엄마는 울먹거리는 목소리로 차편이 없어서 같이 가고 있는 사람들 뜻대로 할 수밖에 없는 상황이라고, 물론 그 사람들은 이런 상황을 이해하지 못한다고 했다. 누군가는 이런 말로 엄마를 안심시켰다고 한다. "아, 괜찮을 거예요. 다 큰 애잖아요!"

하지만 난 다 큰 애 같은 기분이 아니었다. 위기에 처한 어른, 이 세상에서 사라지고 있는 어른 같은 기분이었다. 너무나 두려웠다.

엄마는 두어 시간이 지나서야 돌아왔고, 나는 낯선 방의 침대에 누워 어찌할 바를 몰랐다. 식은땀이 흘렀고 어디가 위고 아래인지조차 구분하지 못했다.

이렇게 복용량을 줄이는 게 능사가 아니라는 점이 분명해졌다. 누가 알았겠나? 그날 밤 집에 돌아오자 나는 알약 4분의 3을 먹었고, 다음 주 내내 그렇게 한 다음 반으로, 그다음에는 4분의 1, 그런 식으로 줄여나갔다. 약이 다 떨어질 때까지 그렇게 했고, 그러고는 더 이상 사지 않았다.

됐다.

나는 약에서 해방됐다.

몇 주가 더 지나자 약의 영향력이 사라지면서 드디어 머리의 몽롱함과 극도의 피로, 비정상적인 식욕이 가라앉았다. 그렇게 되자 놀랍지도 않았지만, 약을 먹기 전과 완전히 똑같은 상태가 됐다. 뭘 기대했던 걸까? 모르겠다. 하지만 다시 원점으로 돌아가자 실망스러웠다. 우울하고 좌절했다. 문제는 이제부터 어떻게 해야할지였다.

가족들은 모두 약을 훌륭히 잘 끊었다고 거듭 칭찬해줬다. 당연하지만, 다들 그게 내가 통제력을 회복하는 첫걸음, 예전의 조시로 돌아가는 첫걸음일 거라고 생각했다. 그건 사실이었다. 단점은 또한 가족들이 단순히 시간이 지났다는 이유만으로 내가 '더 나아지고' 있기를 기대했다는 점이다. 그리고 그 기대와 함께 완전히 새로운 질문들이 연이어 등장했다.

"자, 이제는 뭘 할 거야, 조시?"

"다시 대학에 돌아가고 싶어?"

"직업을 가질 수도 있지 않을까?"

이런 식으로 끝없는 제안과 질문이 계속됐다. 선의로 똘똘 뭉친 가족들과 친구들은 내가 아무것도 하지 않는 걸 견디지 못하고 초조해했다. 마치 자기들도 실망했었고 내가 밝아질 거라고 기대했던 것 같았다. 나는 뭐라고 말해야 할지 몰랐지만, 하여간 예의 바른 말은 나오지 않았다. 내가 다 나았다고 생각한 걸까? 그런 이해력 부족 때문에 그때나 지금이나 너무 화가 난다.

긍정적인 이야기를 하자면, 어쨌거나 약을 끊어냈고 거기서 조그만 승리감을 느꼈으니 그 경험이 도약대가 되어 상태가 좋아지기를 바랐다. 분명 사우샘프턴에서는 일이 제대로 풀리지 않았지만, 바닥을 쳤던 끔찍한 기억이 있는 곳을 벗어나 새로운 곳에서 새 출발을 하면 제 궤도에 오를 수 있지 않을까 하는 생각이 들기 시작했다.

어쩌면 장소가 문제였을지도 몰랐다. 사우샘프턴에서 고립된 생활을 했기 때문에 우울증이 심해졌다고, 그러니 집에서 가까운 곳에 있으면 학위를 딸 수 있을지도 모른다고 생각했다. 과학을 포함

하지 않는 미래는 상상할 수조차 없었고, 그 세계에 들어가는 유일한 길은 학위였다.

한 달여 후 어느 화창한 날, 침대에서 나와 샤워하고 아침을 먹고 엄마와 시므온과 대화를 나눌 수 있었던 날, 나는 브리스틀 대학 생물학과에 지원했다. 대학에서는 내 병력을 알고는 4학년 기숙사생이 가까이에 있을 수 있도록 기숙사에 들어가는 조건으로 입학을 허가했다. 신임투표를 하는 것처럼 느껴졌지만, 그럼에도 공부를 마치고 밝은 미래의 티켓이 되어줄 학위증을 가지고 떠나는 상상을 했다. 모든 게 착착 제자리에 맞아 들어갈 거라고 생각하며, 그런 희망을 품었다.

대학에 들어가기 위해서는 지원신청서를 작성해야 했는데, 갑자기 두려움으로 온몸이 마비되면서 인적사항을 기입할 수가 없었다. 이 서류를 적지 못하면 대학에 들어가지 못할 거라 생각하니 불안해서 속이 울렁거렸다. 돌이켜 보면, 그건 내가 전혀 준비되어 있지 않았고 전혀 '낫지' 않았다는 신호였지만, 나는 그 경고를 무시했고 결국 서류를 다 작성했다.

엄마와 시므온은 이게 새로운 환경이자 새로운 학과에서 다시 출발할 기회라며, 혹시라도 내게 다시 문제가 생길 경우 집이라는 안전망이 가까이 있다고 거듭 말했다. 그건 전에도 들었던 말이다. 완벽한 소리 같지 않은가? 내 마음 구석구석에 여전히 숨어 있는 엿 같은 우울증만 아니라면 그랬을지도 모른다. 하지만 그 사실을 상기시키는 건, 쉽게 포기하거나 물잔이 반 비어 있다고 보는 그런 부정적인 사람이나 하는 짓 같았다. 두 사람은 내가 나아지기를 너무 간절하게 바라고 있었고, 내가 애를 써가며 할아버지 할머니와 대화하고 있으면 얼굴이 환해졌고, 같이 저녁을 먹으려고 식탁에 앉으면 서로 미소를 지었고, 친구를 만나러 나간다고 하면 거의 날아갈 듯 기뻐했다. 그 안도감이 손에 잡힐 것만 같았다.

그래서 나는 눈을 질끈 감고 입을 다물었고 어떻게 앞으로 나아갈 것인지 생각해보려 애썼다.

나는 여전히 아팠다. 내 행동이 조금이라도 밝아졌다거나 희망의 소지를 보였다 해도 그건 사실 일시적인 것에 불과했다. 병이 다시 심해지는 것은 그저 시간문제였다. 나는 '괜찮은' 척 연기하고 있었다. 제일 좋아하는 시간인 새벽 3시에는 여전히 생을 어떻게 끝낼까 하는 생각이 불쑥불쑥 들었다. 억누르려고 했지만 힘들었다. 좌석 아래 시한폭탄이 설치된 롤러코스터를 타고 있는 것만 같았다.

부모님은 이 새로운 출발을 축하하기 위해 새 학기가 시작되기 전에 가족여행을 하자고 결정했고, 2017년 8월 플로리다 여행을 예약해 우리 모두를 진짜 롤러코스터에 태웠다. 나는 우려를 떨칠 수가 없었다.

여행은 그야말로 악몽이었다. 참을 수 없는 더위와 빽빽하게 모인 사람들, 끝도 없는 고함 소리, 그리고 한 지붕 아래에서 가족과 가족의 친구들과 함께 어깨를 맞부딪히며 최고로 즐거운 시간을 보내려는 노력, 이 모든 것이 완벽한 악몽의 구성요소들이었다! 나는 신경이 곤두서 있었고 그게 다른 사람들에게 영향을 미친다는 것을 알고 있었다. 그래서 불안해하며 죄의식을 느꼈고, 그러니 기분이 저조해질 수밖에 없었고, 그 결과 신경이 더 곤두섰다. 상상할 수 있는 최악의 감정적 회전목마에 올라타 있는 기분이었다.

아침마다 오늘은 무슨 일이 일어날지, 어디에 갈지, 무엇을 할지를 이야기하면서 흥분하며 꺅꺅대는 소리가 온 집 안을 깨웠고, 나는 아침마다 억지로 침대에서 나와 그 파티에 동참해야 했다. '진짜' 트랜스포머를 본 어린 사촌의 얼굴이 기쁨으로 환히 빛나던 순간이나 유니버설 스튜디오에서 몇 번 웃음을 터뜨렸을 때처럼 행복한 순간들도 있기는 했다. 하지만 플로리다의 넓고 환한 놀이동산—많은 사람이 최고로 행복한 장소라고 꼽을 상황—에서 행복감을 느끼기가 이렇게 힘들다면, 플로리다처럼 햇살이 가득히 끼지 않는 대학세계로 돌아갔을 때 어떤 일이 기다리고 있을지 우려되지 않을 수가 없었다. 그리고 그 일은 곧 일어났다.

***

플로리다에서 돌아온 지 한 달쯤 후 새로운 기숙사에 들어갔을 때, 나는 강한 기시감을 느꼈다. 엄마가 꼬마전구를 주렁주렁 걸고 책장에 화분을 놓는 걸 보자 짜증이 솟구쳐 올랐다. 하지만 며칠 후 새 친구들과 함께 외출도 했고 심지어 강의도 들었다고 하자 엄마는 너무나 행복해했다. 엄마 얼굴에서 그 미소가 싹 걷히고 우리가 다시 원점으로 돌아가는 것은 시간문제라는 걸 마음 깊은 곳에서 알고 있었다. 물론 나는 아무 말도 하지 않았다. 나도 잘됐으면 하는 마음이 간절했다. 나를 위해, 부모님을 위해, 할아버지 할머니를 위해, 내가 그렇게 바닥을 치는 걸 본 모든 사람을 위해서 말이다. 사우샘프턴에서 있었던 일에 대해 직접 이야기한 적은 없었다. 그런 대화는 너무 힘들었고, 그 일을 다시 끄집어낸다는 건

옛 상처를 다시 열어보는 것이나 마찬가지였다. 하지만 내 상처는 아직 낫지 않았고, 그래서 고통스러웠다.

브리스톨 대학에는 위기 상황에서 도움을 요청할 수 있도록 4학년 학생을 신입생과 함께 기숙사에서 살게 하는 시스템이 있었다. 하지만 그 4학년 학생도 다른 학생들보다 겨우 한두 살 많은 학생일 뿐이었고, 솔직히 말해서 아무리 좋은 사람이라 해도 실제로 위급한 상황에 대처할 훈련은 제대로 되어 있지 않았다. 내가 속한 구역의 4학년 학생은 약간 조용하고 심지어 수줍어하는 성격이었고 공부에 빠져 있거나 아예 자리에 없었다. 대학에서는 이 시스템을 정신건강 안전망으로 생각하는 모양이었지만, 내 생각은 달랐다. 기숙사에는 관리인도 있었지만, 지식도 좀 부족했고 내가 보기에는 전혀 중요하지 않은 일들에 꽂혀 있어서 진짜 심각한 일들은 안중에도 없어 보였다.

이 책을 쓰면서 브리스톨 대학의 높은 극단적 선택률을 언급하지 않을 수는 없다. 그 복잡하고 다양한 원인을 여기서 일일이 설명할 수는 없고 그럴 생각도 없지만, 대학과 학생관리 책임자들이 이 문제에 관심을 가지고 있고 학생들도 마찬가지라는 것을 알고 있다. 대학정신건강헌장과의 협력과 달라지는 인식을 통해 미래의 학생들에게서는 다른 결과가 나오기를 진심으로 바란다.

높은 극단적 선택률 문제를 인지한 학생들은 더 많은 지원을 요구하기 시작했다. 항의를 주도한 학생들은 대학에서 "정신건강 위기가 점증"하고 있다고 말한다. BBC 뉴스에 의하면 "브리스톨에서 도움을 요청한 학생들의 숫자는 2012~2013년에서 2016~2017년에 이르는 지난 5년 동안 1,375명에서 2,827명으로 106퍼센트 증

가 했다".¹⁶

가까이에 가족들이 있으니 좋았다. 또 함께 어울리고 싶은 친구들, 지금도 만나고 있고 평생 친구로 남을 그런 사람들도 만났다. 친구들은 내 정신건강 문제를 알고 있다. 그런 이야기가 여전히 수치스럽게 느껴져서 말하기 어색했지만, 나는 용기를 내어 어느 날 밤 맥주 몇 잔을 마신 다음 털어놓았다. 고맙게도 친구들은 내 고백을 호쾌하게 받아들였고, 나는 친구들에게 말하게 되어 기뻤다. 친구들은 가끔 사라져서 생각을 정리하거나 혼자 있고 싶어 하는 내 마음을 이해해줬고 나를 지켜봐줬다.

이런 새로운 차원의 조력에도 불구하고 불안과 낮은 자존감이라는 악마는 다시 내 귀에 속살거리기 시작했고, 오래지 않아 나는 다시 술을 약 삼아 들이키기 시작했다. 술에 취하면 마음이 편해졌다. 기숙사에 사는 동안, 견딜 수 없는 불안에서 벗어나고 싶을 때마다 나는 술을 마셨다. 돌이켜 보면, 나는 사우샘프턴에서 했던 행동을 고스란히 반복하고 있었지만 너무 두려워서 그런 생각조차 할 수 없었다.

매일 침대에서 일어날 수도 있었고 머리를 기르고 대학을 옮기는 등 나 자신을 바꿔봤지만, 내 머리는 그런 것들을 상관하지 않았다. 이것이 단순한 진실이었다. 나는 여전히 서서히 망가지고 있었다. 대학에서 공부할 두 번째, 어쩌면 마지막 기회가 생겼는데 집중할 능력이 없어서 이 기회도 망쳐버리는 게 아닐까 걱정됐다. 내 생활은 제멋대로 굴러갔고, 머릿속에서 벌어지는 일을 고스란히 반영했다. 나는 술을 마시거나 잠만 잤다.

브리스톨 대학에 간 것을 엄마와 시므온, 가족 모두가 너무나 기뻐했기 때문에 다시 무너지고 있다는 말을 차마 할 수가 없었다. 나도 가족들만큼이나 이번에는 제대로 하고 싶었다. 지난 몇 년 동안의 일은 잊어버리고, 그게 뭐든 소위 '정상'으로 돌아가고 싶었다. 가족들이 나를 지나치게 압박한 것은 아니었지만 계속 부지불식간에 부담을 느끼게 했다. 다들 내가 "정말 자랑스럽다"느니, 내가 다시 일어선 게 "얼마나 대단한 일"인지 모른다느니, "넌 해낼 줄 알았어, 조시!" 같은 말들을 하고 있었다. 그러니 내가 또 떠나고 싶다는 소리를 하면 다들 얼마나 충격을 받겠는가.

학기가 진행될수록, 나는 술을 많이, 아주 많이 마셨다. 보드카 작은 병 하나를 마시고 나가서 사과술이나 맥주를 5,000cc씩 마시고 기절하는 일이 다반사였다. 술에 취해 모든 것을 망각하고 싶었다. 그게 좋았다. 너무나 좋았다. 술로 도피하는 게 최고였다. 추락하고 있는 걸 알았지만, 될 대로 되라 싶었다.

21장

어맨다

기로

> "제비 한 마리가 보인다고, 하루 날씨가 좋다고 해서 여름이 온 건 아니다. 마찬가지로, 행복한 하루나 잠깐의 행복이 사람을 완전히 행복하게 해주지는 않는다."
>
> 아리스토텔레스

시간은 하릴없이 흘러갔다. 조시는 브리스톨 대학에 자리를 잡고 첫해를 보내고 있었고 벤은 이제 리버풀에서 공부하고 있었다. 우리는 내가 처음 글을 쓰기 시작해 첫 소설 『영령기념일』을 출간한 2011년부터 꿈꿔온 집을 찾았다. 아프가니스탄에 볼모로 잡힌 사랑하는 남편을 데려오기 위해 고군분투하는 젊은 아내의 이야기를 쓰고 있었을 때, 우리는 지붕에 물이 새고 군대 지급품 가구들이 놓인 초라한 관사에서 살고 있었다. 내가 작가로 성공하면 바닥이 삐걱대고 문이 흔들리고 진짜 벽난로와 무쇠 히터가 있고 부엌에는 옛날식 판석 바닥이 깔린 다 쓰러져가는 농가를 사는 게 우리의 꿈이었다. 비 오는 날이면, 그런 집을 사서 잠옷과 장화 차림으로 정원을 돌아다니고 벙어리장갑을 낀 손에 차 한 잔을 들고 격자무늬 담요를 깔고 앉아 황혼을 바라보는 꿈을 꾸었다. 그건 오

랫동안 우리의 바람이었고, 그런 생각만으로도 비 오는 날이 조금
은 따뜻해졌다.

갑자기 통장에 돈이 생기면서 그런 조건을 갖춘 집을 만나게 되
었고, 우리는 첫눈에 반해버렸다. 변화가 조시에게는 불안한 일이
될 수도 있다고 생각해서 이사에 대한 의견을 조심스레 물어봤더
니, 조시는 지금 우리 집에 들어올 때마다 우울증의 기억이 떠오른
다고 솔직하게 말했다. 말이 되는 소리였다. 결국 이 집은 조시가
가장 불행했던 장소였으니까. 조시는 새집에 가서 새로 시작하고
싶다고, 감옥 같았던 방에서 다시 자고 싶지 않다고 했다.

그런 생각을 깊게 해보진 않았지만, 정말 맞는 말이었다. 분명
그건 매일 사고 현장에 다시 돌아가는 거나 마찬가지였을 것이다.
그거다, 결정은 끝났다. 우리는 집을 사기로 했고, 통상적인 법적
절차를 끝내고 이사해 꿈의 집을 만들 날을 기다렸다. 너무나 흥분
됐다.

시골로 이사할 준비를 하며 나는 조그만 우리 집 짐을 싸기 시작
했다. 그때쯤 조시는 회복으로 가는 거대한 첫걸음을 떼어서 자는
시간보다 깨어 있는 시간이 더 길었다. 이사하기 전, 심지어 피터
포인세티아도 버렸다! 쓰레기통에 그냥 버렸다. 날아갈 것 같았다.

조시가 집과 훨씬 더 가까운 대학교에서 다시 공부를 시작한 게
뭐라 말할 수 없이 자랑스러웠다. 우리는 조시에게 문제가 있을 경
우 30분이면 달려갈 수 있었고, 조시에게는 우울증 말고도 뭔가에
집중할 기회와 출구, 목적이 생겼다. 다시 공부해서 어떤 결과가
나올지 누가 알겠는가? 조시의 힘과 결의, 독립심이 너무나 자랑
스러웠다. 물론 조시가 위기에서 완전히 벗어난 것은 절대 아니었

지만, 예전에는 괴물이 조시를 꽉 움켜잡고 있었다면 지금은 구석으로 쫓겨나서 오랜만에 처음으로 조시에게 고개를 들 자유를 주고 있었다.

기숙사에 들어가는 것은 집 밖 생활에 다시 적응하고 어느 정도 관리가 되는 상황에서 학교생활로 돌아갈 좋은 기회 같았다. 조시는 금세 좋은 친구들을 사귀었고, 나는 흥분했다. 물론 예전 친구들도 계속 만나고 있었지만, 새 친구들은 조시를 새로운 눈으로 봐주어서 예전 모습을 떨쳐버리게 해줄 수 있었다. 조시는 새 옷들을 샀고, 시므온과 내가 기억하는 한 처음으로 외모에도 관심을 가졌다.

모든 게 괜찮았다. 대단히 좋지는 않아도 괜찮았다. 조시는 많이 좋아졌지만, 여전히 약간은 사람들을 피했다. 시므온과 나는 조시가 어떻게 사는지 걱정스러웠다. 친구들이 있는 것도 좋고 다시 공부를 시작한 것도 좋았지만, 폭음을 했고 집에 오면 며칠 내내 잠만 잤다. 그건 누가 봐도 위험신호였고, 내 아들에게서 보고 싶지 않은 생활방식이었다. 그래도 우린 조시가 일어나서 옷을 입고 사람들 사이에서 사는 것만 해도 너무 좋아서 그런 행동을 정당화했다. 조시가 나가서 돌아다니기만 해도 뭐든 다 줄 수 있을 것 같던 최악의 날들을 생각하면 얼마든지 그럴 수 있었지만, 조시의 생활방식은 파괴적이었고, 지난 경험을 통해 우린 그게 조시가 머릿속에서 벌어지는 일에 대처하는, 아니 대처하지 않는 방식이라는 것을 알고 있었다.

이번에도 조시는 상담사나 치료사 같은 전문가를 만나기를 거부했고, 우리는 또다시 불확실한 어중간한 상태에 빠졌다. 자식이 걱정됐지만, 조시는 성인이니 마음대로 할 수도 없었다. 시므온과 나는 이 상황에서 무엇을 해야 하는지를 놓고 언쟁을 벌였다. 시므온은 조시가 예전의 나쁜 습관으로 다시 돌아가고 있고 정신건강을 돌보지 않는다고 걱정하면서 이러다가는 다시 망가져서 공부를 마치지 못하고 대학을 떠나게 될 수도 있다고 했다. 나는 시므온의 예측에 반대하며 온갖 긍정적인 신호들을 들먹였다. 조시에게는 새 친구들이 있고, 문제가 생길 경우 우리가 바로 옆에 있고, 조시는 브리스톨 대학에 가서 행복해 보인다고 했다. 의견이 다르니 힘들고 정말 괴로웠다.

우린 늘 하던 대로 하기로 했다. 대화의 문을 열어놓고 조시를 계속 확인하고 조시가 최대한 안전할 수 있도록 챙기기로. 나는 시므온의 말을 떠올리며 조시에게 공부하는 건 어떠냐고 물었다. 조시의 대답은 몹시 애매모호했다. 별로 공부를 하지 않는 게 명백했다. 시므온의 말이 옳은 게 아닐까? 처음으로 대학이 조시에게는 안 맞을지도 모른다는 생각이, 어쩌면 조시는 아직 일상으로 돌아가기에는 충분히 '낫지' 않았을지도 모른다는 생각이 들었다. 우리가 실수한 걸까? 조시가 꿈꿀 수 있게 해준 건지, 조시를 악몽 속으로 밀어 넣은 건지 종잡을 수가 없었다. 다시 불면의 밤이 시작됐다. 이번에는 오랜 질문들로 머릿속이 어지러웠다. 조시는 행복해지고 있는 걸까? 조시를 행복하게 해줄 수 있는 조건들은 뭘까?

어느 날 밤—조시가 9월에 학교생활을 시작했으니, 2월이었던 것 같다—조시에게 느닷없이 전화가 왔다. 차를 태워달라는 부탁도, 정기적으로 오던 안부 전화도 아니었고, 그저 기분이 좋지 않다고만 했다. 조시가 연락했다는 게 기뻤지만, 조시는 주저하며 말이 없었다. 모든 경보가 한꺼번에 울리기 시작했다.

우린 조시에게 학교로 가겠다고 말하지 않고 기숙사로 달려가면서 계속 말을 걸었다. 일을 크게 만들어서 기숙사 학생들이나 새 친구들 앞에서 조시를 당황하게 만들고 싶지 않았지만, 혹시나 만약의 경우를 위해 조시 가까이 있고 싶었다. 시므온이 이심전심의 표정으로 나를 바라봤다. 그 순간 우리의 의견은 완전히 일치했다. 오로지 아들 걱정뿐이었다.

"기분이 어때, 조시?" 나는 아무렇지도 않은 어조로 말하려고 애쓰며 물었고, 시므온은 기숙사까지 30분 거리를 달리고 있었다.

"모르겠어요."

"설명해볼 수 있겠어, 조시? 기분이 좋아, 나빠?" 복잡할지도 모르는 머리에 부담을 주지 않으려고 질문을 단순화시켰다. 내 본능은 조시의 상태가 좋지 않다고 말하고 있었다. 심장이 두근거렸다. 전에 조시가 주문한 알약이, 학생 극단적 선택 사건을 보도하는 신문기사 제목이 머릿속에 떠올랐다. 또, 그리고 또….

"어…. 별로예요." 조시가 중얼거렸다.

"그러니까, 안 좋구나. 알았어. 힘드니, 조시?" 나는 입술을 깨물며 조시의 대답을 기다렸다. 대답은 천천히 나왔다.

"대처가 안 되는 것 같아요. 너무 불안해요." 마침내 조시가 대답했다.

"알았어, 좋아. 어, 그냥 그대로 있어. 집에 오고 싶니?"

"그러고 싶진 않은 것 같은데. 아뇨. 아니에요."

"우리가 가고 있어. 그냥 이야기만 하러. 지금 가는 중이야."

"안 돼요! 여기 오지 말아요. 오지 말아요!" 조시의 어조가 갑자기 바뀌면서 화난 목소리로 변했고, 그건 느릿느릿 질질 끄는 반응

만큼이나 무서웠다. 시므온은 이를 악물고 전방을 주시하면서 최대한 빨리 가려고 애쓰고 있었다.

"알았어, 알았어. 진정해. 안 들어갈게. 약속해." 나는 천천히 차분하게 말했다. "하지만 만약을 위해 그냥 바깥에 있을게. 네 기분이 조금 나아지거나 누군가에게 이야기하고 싶어지거나 잠이 들거나 우리랑 집에 가고 싶어지거나, 하여간 어쨌든 간에 그때까지 바깥에서 차에 있을게. 천천히 생각해. 급할 것 하나도 없어, 조시. 우리는 하나도 바쁘지 않아."

"여기 오는 거 싫어요!"

"알았어, 조시. 하지만 혹시 위험한 상황이면…."

"안 위험해요!" 조시는 완강했지만, 내 육감은 그렇지 않다고 말하고 있었다. 호주에서 그 전화를 받았을 때의 기분을 나는 생생하게 기억했다.

뱃속이 불안으로 똘똘 뭉쳤고, 시므온은 한쪽 귀를 쫑긋 세워 대화를 열심히 들으며 차를 몰았다. 손마디가 하얗게 될 정도로 핸들을 꽉 움켜쥐고 있었다.

"극단적 선택을 할 가능성이 있다고 생각하니, 조시? 지금 그런 충동을 느끼니?"

말해버렸다. 조시가 전화한 순간부터 혀끝에 맴돌던 그 끔찍한 말을 해버렸다. 그 말을 하는 것도 끔찍했고, 조시의 머리에 그런 생각을 심어줄까봐 걱정됐다. 잘한 건지 잘못한 건지도 알 수 없었다.

침묵이 이어졌다.

"조시, 말해봐. 오늘 밤 극단적 선택을 할지도 모른다는 생각이 드니?" 내 목소리는 단호하고 위엄이 있었지만, 속에서는 내장이 온통 꼬이고 혈관에 공포심이 흐르는 느낌이었다. 시므온이 손을 뻗어 내 손을 잡았다. 그러자 옳은 일을 했다는 생각이 들었다.

"모르겠어요, 엄마." 조시가 조용히 말했다. 더 이상 분노하지 않았다. "너무 지쳤어요."

"알아, 알아, 조시. 하지만 잠깐만 기다려, 조시. 넌 혼자가 아니야. 혼자가 아니야. 우리가 바로 여기 있어. 우린 늘 여기 있어." 나는 눈물을 참으려고 안간힘을 썼다. 이 상황에서 눈물은 도움이 안된다는 걸 알았다.

우리는 조시를 전화로 붙든 채 아무 말이나 조근조근 떠들어댔고, 조시는 거의 아무 반응도 보이지 않았다.

"오늘 아침은 서리가 많이 내렸어…."

"오늘은 글을 썼는데 말이야…."

"할아버지랑 할머니 만나러 들렀어…."

"점심은 먹었니…."

"시므온은 정원에 있었는데…."

"벤이 리버풀에서…."

정지신호에 걸리고 점점 혼잡해져가는 차들을 헤치며 시간을 때울 수 있는 말이라면 뭐든지 했다. 마침내 다행히도 우리는 조시의 기숙사 앞에 차를 세웠다. 내가 전화를 끊고 시므온이 자기 전화로 전화를 걸었다. 덜 감정적인 대응이 나을 것 같았다. 힘들고 괴로운 결정이었지만, 내가 문제가 아니라 조시가 문제라고, 조시에게 뭐든 필요한 일을 해야 한다고 나는 되뇌었다. 그래도 정말이지 내가 해답을 가진 사람이었으면 싶었다.

"우린 바깥에 있고 아무 데도 안 갈 거야, 조시." 시므온이 말하는 소리가 들렸다. "밤새도록 여기 있어야 된다고 해도 괜찮아."

우린 인생과 미래에 대한 조시의 빈약한 자기 결정권을 빼앗는 것과 조시의 방문을 밀고 들어가 애를 들쳐 안고 집으로 데려오고 싶은 절박한 욕구 사이에서 아슬아슬한 줄타기를 하고 있었다. 시 므온은 계속 조시에게 말을 걸고 있었고, 나는 차에서 나와 유명한 정신건강자선단체에 전화를 걸었다. 위험할 때 도움을 요청할 수 있는 상담 전화번호였다. 너무 정신이 없어서 몇 번을 시도하고서 야 번호를 제대로 확인해서 전화를 걸었다. 전화번호도 몇 번이나 잘못 누르고, 선택 버튼도 잘못 누르고, 실수로 전화를 끊어버리기 까지 했다. 절박한 마음에 속이 울렁거렸다.

드디어 한 남자와 연결이 됐는데, 그 사람은 경찰에 전화하라고 말했다.

나는 설명하려고 애썼다. 목소리가 떨렸다. "이미 민감한 상황이 라 경찰이 오면 자극만 될 것 같아요. 전 그냥 조언을 원해요. 뭘 하 면 될까요? 어째야 좋을지도 모르겠고, 무슨 말을 해야 좋을지 모르 겠어요." 나는 속사포처럼 말했다. "상황이 민감해서 조심스레 대처 해야 해요. 정말로 애한테 가장 도움이 되는 방법을 알고 싶어요."

남자는 아주 사무적인 어조로 말했다. "아드님이 자살 시도를 할 거라면 다른 사람에게 위험이나 해가 가지 않도록 하세요. 그리고 경찰을 부르고요."

나는 전화를 끊었다. 그 남자에게 고래고래 소리 지르고 싶었다. 욕을 퍼부어주고 싶었다!

그 사람 잘못은 아니었다. 당연히 아니었다. 내가 상담 전화에 서 얻고 싶었던 것은 만병통치약이었다. 우리를 이 악몽에서 벗어나게 할 마법의 주문. 조시를 낫게 하고, 시므온과 나를 전화가 오기 전 웃으며 막 저녁을 먹으려 하고 있던 우리 집 부엌으로 다시 되돌려 보내줄 요정의 가루를 어디서 구할 수 있는지 알고 싶었다. 그 요정의 가루만 있으면 이 캄캄한 밤에 잠옷과 장화 차림으로 눈물에 얼룩져 흘러내린 화장을 하고 브리스톨 다운스에 서서 남편이 어린아이에게 말하듯이 전화에다 속삭이고 있는 소리를 듣지 않아도 될 텐데. 얼마나 더 이런 일을 겪어야 하지? 얼마나 더? 다음 순간 창백하고 고통스러워하는 조시의 얼굴이 떠오르면서 내가 쓰레기처럼 느껴졌다. 어떻게 이런 생각을 할 수 있어? 이런 게 조건 없는 사랑이라는 거야. 힘들어도 누군가를 사랑하는 것.

차로 돌아오자 시므온이 내 손을 잡았다.

"이 일도 지나가, 조시. 다 괜찮아질 거야. 다 괜찮아져…."

"전 그냥… 너무 힘들어요." 조시는 이제 말이 없어졌다.

이거다. 신호가 왔다. "가! 가! 가!"

우리는 직접 해결하기로 결심했다. 조시는 법의 시각에서는 성인일지 몰라도 우리에겐 아이였다. 우리는 가슴이 시키는 대로 말하고 본능이 시키는 대로 행동하기로 했다.

시므온이 전화기를 움켜쥐었다. 울컥하면서 목소리가 갈라졌다.

"널 집으로 데려갈 거야, 조시." 시므온은 단호하게 말했고, 나는 소리 죽여 울었다.

"못해요…. 싫어요." 약하고 미적지근한 반응이 돌아왔다.

"조시! 잘 들어. 우린 너를 사랑해. 오늘 밤 너는 결정 못 내려. 우리가 널 안전하게 지킬 거고 집에 데려갈 거야. 자, 나올래, 아니면 우리가 들어갈까?" 시므온은 내가 도저히 흉내 낼 수 없는 단호한 태도를 고수했다. 어조는 위엄이 있지만 상냥했다. 그 순간, 다른 의견은 없었다. 우리는 최고의 팀이 되어 함께 움직였다. 시므온이 있어서 더할 나위 없이 감사했다.

전화기 반대편에서는 침묵이 이어지다가 마침내 조시가 말했다.

"지금 나갈게요." 조시가 속삭였다.

몇 분 뒤 조시가 보였다. 조시는 잠옷 차림으로 고개를 앞으로 쑥 빼서 숙인 채 천천히 걸어왔다. 나는 깊은 안도감을 느꼈고, 시므온은 전화기를 놓고 마치 숨을 참고 있었던 것처럼 긴 숨을 내쉬었다. 우리는 조시를 감싸 차에 태우면서 아무 말도 하지 않았고, 거의 침묵 속에서 집으로 달렸다.

호흡이 정상으로 돌아온 나는 창밖을 내다보며 조용히 울었다. 조시는 뒷자리에서 고개를 한쪽으로 떨군 채 잠들어 있었고, 시므온은 복잡한 도로를 뚫고 집으로 달렸다. 조시가 아기였을 때 외출이나 외식을 하고 돌아오는 길에 차 안에서 잠들었던 때가 생각났다. 나는 클리프턴의 조그만 지하층 아파트 가까운 곳에 차를 세우고 아이를 조심조심 안아 올려 어깨에 머리를 누이고 조그만 발을 내 허리 양쪽으로 내렸다. 가끔은 집에 들어가도 아이를 침대에 눕히고 싶지 않았다. 나를 완전히 믿고 몸을 맡긴 채 자고 있는 아이의 무게를 느끼는 게 너무 기분이 좋았다. 가끔 잠든 조시를 안고 창가에 놓인 커다란 안락의자에 앉아 유리창 너머로 밤하늘을 보고 있으면 내가 세상에서 가장 운 좋은 여자 같았다. 돈도 별로 없었다. 나는 혼자였고, 가끔은 외로웠고, 힘들게 일하고 있었지만, 어두워지는 하늘에 걸린 구름 사이로 살짝 고개를 내민 달을 보며 아이를 품에 안고 있을 때면 세상 모든 걸 다 가진 기분이었다. 정

말로 다 가졌었다. 그 순간, 그때로 다시 돌아가고 싶었다. 왜인지
는 모르겠다. 조시의 병에 대한 끝없는 걱정에서 한숨 돌리고 싶어
서? 다시 기회가 주어진다면 다르게 해볼 수 있으리라고 믿고 있
어서? 무엇을? 잘 모르겠다. 일을 줄이고, 조시와 더 많이 놀아주
고, 신경도 더 쓰고….

시므온이 집 앞에 차를 대고 조용히 조시를 깨우자 조시는 아무
말 없이 집에 들어가 계단을 올라갔다. 마치 에베레스트라도 오르
듯이 한 번에 한 계단씩, 그때마다 숨을 돌리며 다음 계단을 오를
준비를 했다. 보기조차 고통스러웠다.

그날 밤 우리는 밤새 조시를 지켜볼 수 있도록 예전처럼 침실 문
을 열어놓고 잤다. 음, 사실 잔 게 아니라 경계심에 잠을 이루지 못
하고 서로 손을 맞잡은 채 가만히 누워 있었다. 해가 뜨는 걸 보니
기뻤다. 우리가 해냈다. 또 하룻밤, 하룻낮 동안 조시를 붙들어둔
것이다. 하지만 안도하면서도 쓸쓸한 마음이 들었다. 이건 커다란
패배였다. 아마도 그때 시므온과 나는 대학이 조시에게는 너무 큰
부담이라는 걸 알았던 것 같다. 그건 조시가 감당할 수 없는 일이
었다. 조시는 준비가 되어 있지 않았다. 아무리 새 친구를 사귀고
환경을 바꾸어봐도 어쩔 수 없었다. 조시가 브리스톨 대학에 갈 때
나는 이런 말로 격려했다. "이게 너한테 필요한 새로운 출발일지
도 몰라! 넌 할 수 있어, 조시! 근사한 경험이 될 거야!"

그러자 문득 최악의 생각이 떠올랐다. 내가 거기 가라고 밀어붙
인 걸까? 그놈의 상자를 들어보라고 하는 가식적인 바보천치가 바
로 나였나? 그냥 아주 조그만 거 하나만…. 한번 해봐…. 조시가 원
하는 건 자신의 도피처인 침대에 기어들어가는 것뿐인데? 생각만

해도 괴로웠다. 우리를 기쁘게 해주려고 학교에 들어갔나? 내가 조시를 실망시켰나? 새 학기가 시작되기 전, 브리스톨에서의 새로운 모험에 필요할 온갖 것들을 차에 가득 싣고 조시를 데려갔을 때 함께 했던 점심 식사 생각이 났다. 조시는 식사하고 나서 화장실에 가더니 먹은 것을 다 토했다. 식은땀으로 끈끈한 손과 명백한 불안이 선명하게 기억난다.

나는 복도를 살금살금 걸어가 또다시 침대 한가운데 몸을 웅크리고 누운 아들을 쳐다보며 울었다.

조시는 일주일 동안 방에 있었다. 끔찍한 한 주였다. 시므온과 나는 지쳐서 말다툼했고, 나는 강하지 못했다. 신작 소설을 홍보하느라 라디오 인터뷰를 하고 텔레비전 패널 쇼에 출연하는 사이, 울고 또 울었다. 지치고 좌절했다. 여기서 어디로 가야 할까? 시므온과 이 문제를 놓고 고심하고 또 고심했지만 해결책은 전혀 나오지 않았다. 시므온은 인내심을 잃기 시작했고 나는 기운을 잃어갔다. 모두에게 나쁜 조합이었다.

그러던 어느 날 조시가 아래층에 내려오더니 다시 대학으로 돌아가고 싶다고 말했다. 우린 두려웠고 조심스러웠다. 침실에서 나오겠다는 열의는 격려해주고 싶었지만, 얼마나 빨리, 얼마나 많이 추락할지 경계하는 마음도 그 못지않게 컸다. 침실에서 학교생활로 다시 돌아가는 게 너무 커다란 도약 같아서 우린 걱정이 됐다.

돌아가는 차 안에서 조시는 내 최신작은 어떻게 되어가고 있냐며 물어보더니, 농가로 이사 가면 정말 좋을 것 같다, 이사 날짜는 언제냐며 상냥하게 대화를 이어갔다. 지난 금요일 밤의 끔찍한 일은 아예 없었던 것처럼 말이다. 하지만 나는 늘 그렇듯이 걱정하기보다는 조시의 '정상' 상태에서 위안을 얻었고, 이게 전환점이 되기를 바랐다. 시므온과 나는 희망찬 미소를 의미심장하게 교환했고, 나는 가슴이 부풀어 올랐다. 같은 자리에서 불빛이 깜박이고 있는 회전목마를 타고 끝없이 돌며 사는 것 같았지만, 나는 그걸 멈출 방법을 몰랐다. 조시가 거기 딱 붙어 있는 한은 내리고 싶어도 내릴 수도 없었다.

제대로 된 방향으로 가고 있다고 생각했던 전환점도 너무 많았고 가짜 새벽도 너무 많았다. 그런 순간들은 가슴이 벅찼다. 하지만 안도의 한숨을 내쉬며 우리 집 바닥에 널린 온갖 신들에게 감사 인사를 드리자마자 다음 모퉁이가 나타나고 눈앞에는 또다시 벼랑이 보이는 것이 현실이었다. 조시가 손끝으로 매달려 있는 벼랑이.

집은 조용했고, 우리는 둘이서 저녁을 먹었다. 둘만 남아 지난주를 돌이켜 보는 게 좋았다. 우린 약간 들떠 있었고, 말도 안 되는 이야기를 하며 많이 웃었다. 아마도 안도했던 것 같다. 쓰고 있는 책 이야기도 하고 시므온의 일 이야기도 했다. 이런 소소하고 정상적인 순간들은 우리 생활을 지배하고 있는 불안에서 한숨 돌릴 수 있는 휴가였다. 우리는 소파에 바싹 붙어 앉아 실없는 텔레비전 프로그램들을 봤고, 언제나처럼 지쳐서 베개에 머리를 대자마자 잠들었다. 꽤 행복했다.

새벽 3시에 전화가 울렸다.

깨어보니 시므온이 침대 가장자리에 앉아 있었고 전화 대화 끝부분이 들렸다.

"갑니다! 지금 가요" 시므온이 바닥에서 청바지와 차 열쇠를 더

듬더듬 찾으면서 턱 밑에 전화기를 끼고 불안정한 목소리로 말하고 있었다.

"무슨 일이야? 뭐래?" 내가 전등 불을 켰다.

"조시야." 시므온이 간신히 말하자 심장이 덜컹했다. "조시가 응급실에 있어. 그게… 사고가 있었어."

"무슨 사고?" 나는 감히 물어보지조차 못했다. 목소리는 작았고 숨도 쉴 수가 없었다. 차? 추락? 부상? 머릿속이 핑핑 돌았다….

"손목을 다쳤어." 시므온이 고개를 끄덕였다. 시선이 얽히는 순간, 나는 사고가 아니라는 걸 알았다. 시므온은 긴장하고 피곤하고 화가 나 보였다.

"같이 가."

"아니, 맨디. 여기 있어. 최대한 빨리 다녀올게. 약속해."

그렇게 시므온은 계단을 달려 내려가 차갑고 어두운 밤 속으로 사라졌고, 나는 겨우 몇 분 전에 시므온이 곤히 잠들어 있었던 따뜻한 빈자리를 바라봤다. 잠을 잘 수도, 울 수도 없었고, 아무것도 할 수가 없었다. 나는 완전히 마비됐다. 조시가 미칠 듯이 걱정됐다. 한밤중에 어둠 속으로 차를 몰고 가며 시므온은 무슨 생각을 할까? 나랑 결혼해서 4인 가족을 만든 걸 후회하고 있을까? 이런 일을 과연 누가 받아들일 수 있을까?

나는 아래층으로 내려가 잠옷 차림으로 다리에는 담요를 덮은 채 창가에 앉아 어둠 속을 물끄러미 바라보며 자동차 전조등 불빛이 길을 비추기를 기다렸다. 아들과 남편이 집에 돌아오기를 기다렸다.

세 시간 후 새벽 동이 트기 시작할 무렵 차가 섰다. 나는 현관으로 달려나가 시므온과 함께 조시를 안으로 데려왔다.

조시는 죽은 사람처럼 창백했고 눈이 움푹 꺼져 있었다. 손에서부터 손목을 거쳐 팔목까지 하얀 붕대가 단단히 매어져 있었다. 보기만 해도 끔찍했다. 피가 배어 나와 생긴 선홍색 얼룩이 보였다. 속이 울렁거렸다.

"무슨 일이야?" 나는 고개를 저었다. 우리 품에서 겨우 몇 시간 떨어져 있었는데 이게 무슨 일이란 말인가!

"그게…. 떨어져서…."

"유리였어." 시므온이 말을 마무리했다.

"유리에? 도대체 어쩌다가…. 조시…. 그게 무슨…." 나는 말문이 막혔다.

시므온이 내게 살짝 고개를 저었다.

"이야기는 내일 하자." 목소리가 심각했다.

나는 괴로움을 감추려고 억지 미소를 지었다. "차를 끓여올게." 그게 응급상황이 생기면 내가 하는 일이다. 주전자를 올리고 차를 끓인다. 해결책은 아닐지 몰라도 생각을 정리하려면 뭔가 정신을 쏟을 만한 다른 일이 필요했다.

주전자에 물을 받아 불에 올리고 혼란스러운 생각을 정리하려고 애썼다. 무슨 짓을 한 거지? 어떻게 한 거야? 피곤해서 속이 울렁거렸다. 그 순간 누군가 넘어지는 것처럼 '쿵' 하는 소리가 들렸다. 사실 정확히 누군가가 넘어지는 소리였다.

조시…. 나는 거실로 달려갔고, 거기서 절대 잊을 수 없는 광경을 봤다.

쓰러진 사람은 조시가 아니었다. 시므온이었다.

내 기둥이자 바위, 기반, 밤마다 내 손을 잡아주는 강인한 군인이 카펫 위에 몸을 웅크리고 머리를 감싸 쥔 채 온몸을 들썩이며 흐느끼고 있었다.

조시는 조금 전 내가 일어났던 의자에 앉아 있었다.

나는 무릎을 꿇고 털썩 주저앉아 남편을 감싸 안았다. 아무 말도 하지 않았다. 꼭 안아주는 것 외엔 아무런 생각도 할 수 없었다. 나도 울었다. 우리가 울 이유는 많았다. 남편이 그렇게 괴로워하는 모습을 보는 것도 힘들었지만, 여기가 기로라는 느낌이 들었기 때문이다. 시므온은 할 만큼 했다. 우린 할 만큼 했다. 우리 가족의 미래는 어떻게 되는 걸까?

우리는 바닥에 앉아 슬픔을 토해냈다. 서로에게 기대 흐느꼈다. 우린 문자 그대로 끝까지 갔다. 우린 거의 무너져 있었고, 이 일이 끝장을 보게 만든 마지막 결정타였다.

"시므온!" 나는 흐느꼈다. "시므온, 제발⋯." 내가 무슨 애원을 하고 있는지도 몰랐고, 다른 할 말도 없었다. 영원 같은 시간이 지나고서야 울음이 잦아들었다. 우린 창가 의자에 앉은 조시를 마주 보고 벽에 기대앉았다. 조시는 일그러진 얼굴을 하고 멀쩡한 손으로 붕대 맨 손목을 쥔 채 우리를 물끄러미 바라봤다. 시므온과 나는 손을 잡고 눈물을 닦은 다음 길게 숨을 내쉬었다. 우리는 지난 몇 년 동안 조시는 자기 문제에 대처하는 것만으로도 힘들 테니 우리 스스로 괴로워하고 지친 모습을 보이지 않으려고 최선을 다했다. 하지만 이젠 돌이킬 수 없었다. 우린 여기서 속을 다 드러내 보였고, 조시는 목격자였다.

"더 이상은 못 하겠어, 조시." 나는 우리 둘을 대변해서 말했다. "네가 아픈 거 알아. 하지만 너도 노력해야 해. 우리가 너를 도와줄 수 있도록 네가 우리를 도와줘야 해."

조시가 고개를 끄덕였다.

복잡한 감정이 들었다. 물론 피곤했다. 하지만 우리가 처한 상황에 화가 났고, 그러면서도 조시가 나을 수 있도록 돕고 싶은 마음이 간절했다. "우리가 제안한 걸 넌 몽땅 다 거부했어! 식생활 바꾸기, 영양제 먹기, 건강 챙기기, 약, 산책, 신선한 공기, 애완동물, 치료사, 재활원, 병원, 뭐든지 다! 우린 이제 아이디어도 다 떨어졌어! 아무 생각도 없고 너무 지쳤다고."

조시가 붕대를 감은 손목을 가슴에 갖다 대고 다시 고개를 끄덕였다. 그 모습을 보자 가슴이 찢어졌다. 어린애 같았다. 그러자 다시 눈물이 났다. 시므온이 내 손을 꼭 잡았고, 나는 창문 밖 가로등을 보며 생각했다. 자리에서 일어나 문밖으로 나가 문을 닫고 사라져버리고 싶다고…. 이기적이라는 걸 알았지만, 정말 어찌할 바를 몰랐다.

"더 이상은 못 하겠어, 조시. 모든 게 엉망진창이야. 어떻게 해야 네가 더 이상 너 자신을 해치지 않게 되는지도 모르겠고, 우리가 뭘 하건 결국 넌 극단적 선택을 해버릴 것만 같아. 그냥 그 피치 못할 결과를 미루고 있을 뿐이라는 느낌이 들어. 벼랑 끝에서 사는 기분이야. 늘 숨을 죽인 채 언제 네가 벼랑에서 굴러떨어질까 기다리고 있는 것 같아."

조시가 갑자기 어떤 소리를 냈다.

상처 입은 짐승이 내는 것 같은 낮고 느린 소리였다.

조시가 울부짖으며 말했다. "몰랐어요…. 두 분은 내게 제일 소중한…. 몰랐어요…." 순식간에 눈물이 흘러나왔다. 웃기게도, 기이하게도, 나는 행복했다! 조시가 울고 있었다. 실체가 있는 진짜 감정이었다! 지난 몇 달 동안 늘 목석처럼 표정 없는 얼굴을 하고 있던 아이, 배터리가 나간 로봇처럼 불안정하게 흔들거리며 살아가던 아이가 눈물을 흘린 것이다. 조시가 소리 내어 우는 걸 보자, 조시가, 생기 넘치고 똑똑한 우리 아이가 여전히 저 안 어디인가에 있다는 것을 알 수 있었고, 그건 정말로, 진짜로 전환점 같았다. 나는 몸을 내밀어 조시의 손을 잡았고, 우리 셋은 그렇게 각자 행운을 바라며 한데 모여 앉았다.

"네가 우릴 도와줘야 해, 조시." 이번에는 시므온이 말했다.

"그럴게요." 조시가 고개를 끄덕였다. "그럴게요. 죄송해요."

"죄송하다는 말은 하지 마. 절대 죄송해할 필요 없어. 우린 너를 사랑해. 정말이야, 조시. 아픈 건 네 잘못이 아니지만, 우린 달라져야만 해. 네가 여러 가지 시도를 해보고 마음을 열지 않으면, 우리 모두 무너지고 말 거야."

"네, 맞아요, 그러고 싶어요. 나도 낫고 싶어요." 조시가 가까스로 말했다.

우리 셋은 어떻게 앞으로 나아갈 것인지 조용히 의견들을 내놓으며 한참을 그렇게 앉아 있었다. 하지만 우리가 일어나 침실로 올라갔을 때에는 이게 새로운 날이라는 것을 알 수 있었다.

완전히 새로운 날.

시므온과 나는 이불을 덮고 누웠고, 나는 누워서 물끄러미 그를 바라봤다. 눈이 부어 있었다. 그런 식으로 우는 게 익숙하지 않은 사람이라 호흡이 불규칙했다. 그런 모습을 보자 시므온도 사람이라는, 응원이 필요한 사람이라는 생각이 새삼 들었다. 겨우 일상을 유지하고 책을 쓰고 텔레비전에 나오고 라디오에 출연하고 조시를 돌보고 집에서 벌어지는 갑작스러운 일들을 감당하며 내 싸움에만 골몰하느라 아빠이기도 한 이 남자, 내 남편도 괴로워하고 있다는 사실을 잊어버렸다. 나는 시므온의 말에 더 귀를 기울이겠다고 결심하며 그 손을 잡았다. 계속해서 그렇게 하겠다고 맹세했다. 힘든 하루를 보내고 왔을 때 그게 얼마나 큰 위안이 되는지 잘 알고 있으니까.

"사랑해, 시므온."

"그리고 언제까지나 사랑할거야."

나는 그를 믿었다.

22장

조시

색채의 귀환

"가서 네가 더 이상 여기 없다면 겪지 않아도 될 일들을 다 목록으로 만들어봤어. 이런 것들이더라. 병, 고생, 상실, 실연, 노화… 하지만 네가 경험하지 못할 일들도 생각해봤어. 아이를 갖는 축복을 알고, 늙어서 괴짜가 될 권리를 얻고, 샴페인을 마시고 제대로 취해보고, 초원에서, 개울가에서 자보고, 사랑하는 사람 품에서 잠을 깨고, 부두에서 금방 잡은 바닷가재를 먹고, 별것 아닌 일에 너무 웃어서 행복감에 머리가 빙빙 도는 듯한 느낌을 맛보고… 아, 얘야, 이 목록에는 끝이 없어, 영원히 계속되거든…."

어맨다 프라우즈

부끄러운 말이지만, 응급실에 갔던 그 날은 술에 취해 의식을 잃은 수많은 밤들 중 하나였다. 친구들과 나가서 술을 마시고 기숙사로 돌아왔다. 의식을 잃을 정도로 취한 경험은 전에도 꽤 많았지만, 그날 밤의 결과는 외투 차림으로 케밥을 손에 쥔 채 친구 방바닥에서 정신을 차리는 것보다 훨씬 심각했다. 나는 공용 부엌에서 혼자 비틀거리다 정신이 들었고 유리창에 팔을 처넣고 아래로 내리는 바람에 손목을 심하게 뻤다. 아주 심한 상처였다. 바닥에 피가 흥건하게 고였다. 팔을 다쳤는데도 술 때문에 마비되어 최악의 아픔은 느끼지도 못했다. 계속 피를 흘리고 싶다는 마음이 반쯤은 들었다. 해결책 같았다.

나는 내 방에 가서 누워 그냥 순리대로 내버려둘까, 도움을 요청할까 고민하며 복도를 맴돌았다. 그런 생각을 하고 있는데, 같은 복도에 사는 친구 알렉스가 나타나 상황을 수습했다. 내 꼴을 보고 겁에 질려 경악하는 친구의 표정을 보자 상황이 얼마나 심각한지 알 수 있었다. 나는 너무 멍해서 무슨 일이 벌어지고 있는지 잘 이해하지도 못했고 사고 자체도 자세히 기억나지 않지만, 공포에 질려 주위에 모여든 사람들은 기억난다. 불려온 직원이 내 상처를 보고 거의 정신을 잃을 뻔했다는 이야기도 나중에 들었다.

나는 우버를 타고 응급실에 갔다. 다들 구급차를 기다리기보다 우버를 타야 더 빨리 갈 수 있다는 데 동의했다. 알렉스가 내 옆에 앉아 내 팔을 타월로 감싸고 같이 갔다. 병원에 도착하자 나는 신속하게 옮겨졌다. 의사가 상처에서 유리 조각들을 제거하고 상처를 봉합한 다음 손목과 팔에 붕대를 감았다. 집에 전화를 걸어 시므온에게 말했을 즈음에는 술이 약간 깬 상태였다. 나를 데리러 병원에 온 시므온은 차분했고 차에서는 말이 없었다. 그날 밤 일을 자세하게 이야기하고 싶지 않았기 때문에 고마웠다. 그 이야기는 하고 싶지 않았다. 인정하고 싶지도, 생각하고 싶지도 않았다. 하지만 그 순간 우리는 집에 도착했다….

쓰기 힘든 이야기지만, 부모님은 히스테리 상태에 빠졌다.

히스테리 상태.

이 일로 내 상태가 좋아지지도 않았고, 당신들이 바랐던 것처럼 치료되지도 않았고, 내가 행복하지도 않다는 것을 깨달은 것 같았다. 난 엉망진창이었다. 새로울 게 뭐가 있나?

응급실에 가기 전 몇 주 동안 오랜 우울증이 나를 다시 자꾸만 바닥으로 끌어내렸다. 나는 강의도, 공부도, 사교생활도 다 작파하고 또다시 침대에, 사람들에게 비판받지 않을 수 있는 유일하고 안전한 장소에 처박혔다.

팔과 손목에 붕대를 칭칭 감고 집에 돌아온 그 날 밤 이후 상황은 달라졌다. 시므온이 괴로워하는 모습, 정말로 괴로워하는 모습은 처음 봤다. 시므온은 그야말로 무너졌다. 나 때문에 그렇게 무너지는 모습을 보는 게 정말로 힘들었다. 그 일은 생각하고 싶지도 않다. 시므온이 나를 위해 해준 수많은 일들, 지저분한 내 침실 바닥에서 내 옆을 지켜줬던 날들이 떠올랐다. 시므온이 그렇게 어쩔 줄 몰라 하는 모습을 보자, 어떻게 해서라도 이 안개를 헤치고 나갈 방법을 찾아야겠다는 결심이 섰다. 시므온을 실망시키고 싶지 않았다. 엄마를 실망시키고 싶지 않았다. 엄마의 말이 가슴에 와닿았다. 이젠 나를 어떻게 도와줘야 할지, 어떤 조언을 해줘야 할지 아이디어도 다 바닥났다는 말을 들으니, 내 우울증이 나뿐만 아니라 모두에게 영향을 미치고 있다는 걸 깨닫게 되었다. 엄마는 술이 해결책이 아니라고도 외쳤다. 그 말이 옳았다. 내가 주도권을 잡고, 적어도 전에 거부했던 몇몇 일을 시도해봐야 했다. 내가 변하지 않으면 모두 끝장이었다. 돌이켜 보면, 내 병이 다른 사람들에게 미치는 영향을 깨달은 게 사실 회복 과정의 일부였던 것이 분명하다. 전에는 아예 알아차리지도 못하거나 우울증에 빠져 허우적대느라 상관하지도 않았는데 말이다. 이제는 나에 대한 부모님의 관심이 압력이 아니라 우려로 느껴진다.

우리 세 사람은 사방이 환해질 때까지 거실에 앉아 있었다. 엄마가 차를 끓여서 가져왔던 것도 같고, 다 같이 2층으로 올라갔을 때는 분위기가 가벼워졌다. 마치 뭔가 변화가 있었고, 우리가 앞으로 나아가고 있는 것만 같았다.

지금도 내 손에는 저 아래쪽에서부터 손목 중간까지 주름진 상처가 나 있다. 추운 날이면 상처가 욱신거리고 때로는 간지럽다. 엄마는 그 상처를 보는 것조차 싫어하지만, 나는 그렇지 않다. 그 상처는 그때 내가 얼마나 약했는지, 여기까지 얼마나 먼 길을 왔는지 잊지 않게 해준다. 나아질 수 있고 나아질 거라는 결의와 믿음을 가지고 계단을 올라가던 그 날 밤의 기억도.

그즈음 시골 농가로 이사할 날짜가 정해졌다. 새집은 넓고 환하고 평화로웠다. 우리 모두의 안식처였다 주위를 산책하고 있으면 정말로 오랜만에 숨이 쉬어지면서 자유로운 느낌이 들었다. 이사간 지 일주일 정도 되었을까, 시므온과 방목장에 있는데 시므온이 느닷없이 말했다. "맨디랑 생각해봤는데, 대학에 돌아가지 않아도 된다면 어떨 것 같아? 영원히 말이야. 다시는 강의도 안 들어도 되고, 마감도 없고, 숙제나 시험도 없다면? 생각해봐, 조시. 학교를 떠나서 너만의 길을 가는 거야…. 그러면 어떨 것 같아?"

나는 세번강과 맞닿은 들판을 내려다봤다. 가벼움이라고밖에 묘사할 수 없는 복합적인 감정이 몰려왔다. 오랜 시간 질질 끌고 다니던 밧줄에서 무거운 추가 떨어져 나간 느낌이었다.

나는 시므온을 바라보며 미소 지었다. 그때 우리 모두 그게 해답이라는 걸 알았다. 대학을 떠날 것이다. 대학을 떠나는 거다! 뭔가, 뭐든지 하겠지만, 내 생각대로 하는 거다. 그런 미래가 두렵기도 했지만, 대학 친구들은 응원해줬다. 다들 내가 계속 있을까봐 걱정됐다고 말했다. 나는 2학년이 시작되던 시점에 한 친구에게 전화를 걸어 처음으로 내 결심을 말했다. 떠난다고 말하는 게 엄청난 일 같았지만, 친구는 내 예상과는 달리 전혀 놀라지 않았고 오래전에 그만뒀어야 했다고 말했다. 대학 친구들은 아직도 주말마다 거의 만나다시피 하며 나와 꽤 친하게 지낸다. 나는 집에 있고 친구들은 대학에 있다는 차이가 아무런 걸림돌도 되지 않는다.

그래서 결정했다. 정말로 간단했다. 이메일이 한두 번 오간 후, 나는 학창 시절 내내 열심히 입학하려고 준비했던 대학을 떠났다. 단 몇 초 만에 이루어진 일이었다. 그 기분은…. 여름방학을 맞아 학교에서 나올 때나 긴 주말을 앞둔 즐거운 금요일 밤 같은 느낌이었다. 마침내 자유였다. 두려움에 떨지 않으면서도 미래에 대해 생각할 수 있게 됐다. 사실 지금 나는 대안적 생활방식을 열렬히 옹호하고 싶다. 모든 사람이 대학에 다녀야 하는 건 아니다! 그게 목표일 필요도 없다. 다른 길들도 있다.

대학 때문에 우울증이 생긴 것은 아니다. 자연히 생긴 일이다. 하지만 내 경우 우울증은 대학생활의 압력 때문에 촉발되고 악화됐다. 부러진 팔로 해머던지기 선수가 되려고 했던 사람처럼. 그건 안 될 일이다. 불가능하다. 부러졌으니까. 망가졌으니까.

이제는 내가 대학이라는 환경에 적합하지 않는 사람이라는 것을 안다. 2019년 5월 「가디언」지에 의하면 "브리스톨 대학에서는 2016년 9월 이후 열두 명의 학생이 극단적 선택을 했거나 극단적 선택으로 추정되는 죽음을 맞았다".[17]

글을 쓰는 지금은 안타깝게도 열세 명이다. 나 같은 학생 열세 명이 삶의 무게를 견디지 못했다는 말이다. 그 속박에서 벗어나 과거를 뒤로하고 새로 출발할 수 있어서 정말 다행이다.

하지만 아무리 자유로워진다 해도, 결정은 시작에 불과했다. 나는 새로운 길에 서 있었고 온 세상이 기회로 가득 차 보였지만, 그

것과는 별개로 나뿐만 아니라 내 주위 모든 사람의 사고방식이 전적으로 바뀌어야 했다. 평생 '똑똑한 조시'는 세상에 자신의 명석함을 보여줄 학위를 딸 거라는 믿음을 주입당해왔다. 열심히 공부해서 학위를 받고 세상을 헤치고 나가 위대한 업적을 이룰 거라고. 하지만 이게 지금 내 자리다. 새로 찾은 이 자유가 무엇이며 이걸 어떻게 써야 할지 조금도 모르는 채 처음부터 새로 시작하고 있다. 세 살 이후 학교를 떠나보는 것은 처음이었다. 그건 자유낙하와 약간 비슷했다. 무섭지만 기분이 정말 상쾌했다. 할아버지, 할머니에게 이 이야기를 얼른 하고 싶었다. 실망시켜드린다는 생각이 조금 들었지만, 두 분은 열렬히 나를 응원해주셨다.

"우린 네가 행복하기만 하면 된다, 조시. 우린 그거면 돼."

순식간에 마음이 놓였다. 그래도 처음 만나는 사람들이나 지인들에게는 말하기 힘들었다. 그들은 이렇게 묻곤 했다. "아, 너 브리스틀 대학에 다니지? 잘 지내?" 그러면 나는 화제를 바꾸고 대화를 피하곤 했다. 세상에 알릴 준비가 덜 됐고 그게 실패라고 생각하는 것처럼 말이다.

하지만 지금은 아니다. 이제는 당당히 말한다. "나한텐 안 맞아서 관뒀어요. 뭔가 다른 걸 해보려고요. 사실 정신건강에 정말 안 좋았어요." 흥미롭게도 이런 말을 하기 무섭게 사람들은 종종 자기 딸/아들/형제/친구/이웃/사촌/파트너도 대학을 그만뒀고 정신건강 문제도 있었다는 이야기를 한다. 그리고 이렇게 이야기를 끝맺는다. "그건 제일 잘한 일이었어요."

안타깝게도 내가 먼저 이야기를 꺼내지 않았다면 이런 개인적인 이야기, 이런 흔한 일에 대한 통찰은 거의 듣지 못했을 것이다.

그렇게 새로운 결심을 한 나는 다시 집으로 돌아갔고, 상황은 조금씩 좋아지기 시작했다. 가장 먼저 일어난 중요한 변화는 식생활을 바꾸어 몸무게를 30킬로그램 이상 뺀 것이다. 그렇다, 체중 감소가 신체에 미친 영향은 아주 컸다. 외모도, 기분도 나아졌고, 늘어진 내 몸과 정신에 아무런 도움도 되지 않는 기름지고 중독적인 쓰레기 같은 음식 대신 좋은 연료를 몸에 넣어주는 게 나 같은 사람에게는 좋다는 것을 이해하게 됐다. 술도 거의 마시지 않는다. 마셔봤자 크리켓 시합이나 바비큐 파티에서 맥주 한 잔을 하거나 축하 자리에서 뭔가 한 잔 마시는 정도다. 의식을 잃을 때까지 퍼마신다는 건 생각만 해도 역겹다.

하룻밤 사이에 기력이 회복됐다거나, 밤에는 침대 옆 전등 불을 끌 기운도 마음도 없이 침대에 기어들어갔는데 다음 날 아침에는 운동선수 같은 에너지와 의욕에 불타 계단 기둥과 하이파이브를 하고 재주넘기를 하며 복도를 내달렸다고 말할 수 있으면 좋겠지만, 아니, 그런 식은 아니었다.

변화는 천천히 기지개를 켜는 것처럼, 서서히 잠에서 깨는 것처럼 일어났다. 사실 너무 서서히 벌어져 처음에는 거의 알아차리지도 못했다. 하지만 어느 날 문득 집중이 좀 더 잘되고, 긴 대화만 아니면 사람들 말을 듣고 기억할 수도 있다는 것을 깨달았다. 그런 일이 계속됐다. 눈을 게슴츠레 뜨고 몽롱하게 세상을 바라보던 과거와는 달리 눈도 더 크게 떠지는 것 같았다. 변화가 느껴지자, 더 긍정적인 변화를 찾고 더 노력해볼 자신감이 생겼다. 모든 게 제대로 된 방향으로 나아가고 있는 것 같았다.

신체적 부상에 비유하자면, 어느 날 문득 상처가 예전만큼 아프지 않고, 매일 매 순간을 상처 생각에만 빠져 있지도 않고, 그 고통 때문에 밤새 깨어 있지 않다는 것을 깨닫게 되는 것과 비슷하다. 정상적인 기능이 살금살금 돌아오면서 마침내 부상 생각이 완전히 사라지는 날이 온다. 아직 거기까지 간 것은 아니다. 하지만 가까워지고 있다. 내 머릿속 어딘가에 자리 잡은 병을 무시할 수 있는 날이 올지는 모르겠지만, 분명 조금은 나아졌다. 편해졌다. 병을 품고 살아갈 수 있고, 병도 나와 함께 살 수 있다.

에, 다른 일도 생겼다. 이 또한 아주 시시히 생긴 일이있다. 처음 병에 걸렸을 때 세상을 바라보는 방식에 벌어졌던 변화와 정반대의 일이 벌어진 것이다. 천천히, 아주 천천히 색채가 다시 나타나기 시작했다. 더 이상 세상이 검은색과 흰색, 회색으로만 이루어져 있지 않았다. 푸른 바다와 하늘, 분홍색, 빨간색, 황금색, 오렌지색 꽃들이 보였고, 들판에 나가면 초록색 잔디가 보였다. 내 미래? 그것조차 꽤 장밋빛으로 보였다. 구체적인 계획이 있어서가 아니라, 무의미가 끝도 없이 영원히 펼쳐져 있지 않는 것만으로도 충분했다. 그것만으로도 인생, 이 찬란한 인생을 다른 방식으로 바라볼 수 있었다. 나는 병의 손아귀와 아직 백지상태의 미래 사이에 있었고, 그게 흥미진진했다.

이 책을 쓰면서 엄마는 처음으로 2016년 11월 그날 내가 샀던—아마도 마지막 구매가 될—약에 대해 자세히 물었다. 그 이야기는 그때까지 우리 둘 다 피해왔고, 그 이유도 이해한다. 나로서는 생각하기 힘든 일이었고, 엄마로서는 상상하기조차 힘든 일이었다. 우리는 그 대화의 복사본을 여기다 쓰기로 했다.

바로 이거다.

토씨 하나 바꾸지 않았다.

"네가 그런 물건을 가지고 있었다는 걸 생각하기 힘들어."

"왜 울어요?"

"생각만 해도 참을 수가 없으니까."

"제발, 그건 3년 전 일이라고요, 엄마!"

"나한텐 안 그래, 조시. 나한텐 오늘이야. 매일 밤 자려고 눈을 감으면 그 생각이 나. 어쩔 수가 없어."

"할 말이 없어요."

"아무 말 안 해도 돼. 그냥 내가 그렇다고."

(어색한 침묵…)

"자, 뭐든 물어봐요. 100퍼센트 진실을 말해줄게요. 약속해요."

"뭐든?"

"네, 뭐든지요."

"어릴 때 나랑 아빠가 나간 사이에 깨진 전등 말이야, 넌 도둑이 깨고 도망갔다고 했잖아. 누가 깬 거니?"

"벤이요. 벤이 그랬어요. 가라테 동작을 하다가 발로 찼어요."

(우리 둘 다 웃음을 터뜨렸다.)

"가엾은 벤, 여기 없으니 변명도 못 하고! 좋아, 어… 그때, 그날에 대해 묻고 싶어, 네가…."

"해요. 하지만 울진 말아요. 엄마가 울면 정말로, 정말로 화가 나니까."

"좋아. 노력은 해보겠지만 장담은 못 해. 가장 먼저, 왜 약을 받자마자 먹지 않았는지 묻고 싶어. 아, 물론 네가 그렇게 하지 않은 건 정말로 고마워. 알지? 진짜로!"

"알아요. 어…. 왜 안 그랬는지는 모르겠어요. 아마 너무 오랜만에 처음으로 주도권을 쥐고 있다고 느껴봐서 그랬던 것 같기도 하고. 긍정적인 느낌이었어요. 선택권이 있다는 게. 맞아요, 사실 내가 주도권을 가지고 있다는 느낌이었어요. 이젠 시간의 문제라고 생각했고, 그러다 보니 누가 날 발견할까 그런 생각을 하고 있더라고요. 아파트 공용 공간을 청소하는 착한 아주머니가 아니라 우편 배달부였으면 좋겠다고 생각했어요. 그분이 인생 경험이 좀 더 많이 보였거든요. 세상에, 끔찍하네요. 누가 발견하든 그게 무슨 상관이라고. 어쨌거나 착한 청소부보다는 우편배달부였으면 싶었어요. 날 발견하면 그 아주머니가 많이 괴로워할 것 같다고 생각했던 거겠죠."

"너… 나나 우리한테 작별 인사할 생각은 했니? 우리 생각을 조금이라도 했어?"

(긴 침묵…)

"그렇다고 대답하기를 바라는 거 알아요."

"딱히 그렇진 않아, 조시. 난 그냥 상상해보려고 애쓰는 거야. 미안해."

"그렇게 계속 울리고 하면 이런 이야기 못 해요. 너무 힘들다고요."

"너무 힘들어! 세상에, 너무 힘들다고!"

"알았어요. 그러니까, 아니에요." (조시가 고개를 젓는다.) "엄마나 시므온, 할머니, 할아버지, 아무도 생각 안 했어요…."

"청소부랑 우편배달부만 빼고."

"네. 그렇게 말하니까 이상하네요. 그 사람들 이름도 모르는데."

"오해는 하지 마. 네가 내 생각을 많이 차지하고 있나 알고 싶은 게 아니야. 나에 관한 질문이 아니라고. 뭐가 너를 닻처럼 여기 묶어뒀던 건지 알고 싶어서 그래. 세상에, 복도 청소를 해주신 착한 아주머니가 너무 고맙구나. 의식하지는 못했어도 네가 여기 있기로 한 이유 중에 그분도 조금은 있었을 수도 있으니까."

"조금은요, 네. 어쩌면. 괴상한 소리 같네요."

"H 생각은 했니?"

"나중에 했던 것 같아요." (H는 아빠와 아빠의 파트너 에마 사이에서 태어난 어린 여동생 해나다.) "집에 와서 조금 상태가 나아졌을 때요. H가 나나 뭔가를 필요로 한다면 도와줄 수 있도록 잘 살고 있어야 한다고 생각하곤 했죠. 하지만 엄마, 솔직히 말해서 H 생각을 했다 하더라도 너무 정신이 없어서 아무 차이도 없었을 거예요. 다른 결정을 하도록 영향을 주지도 못했을 거고요."

(엄마는 고개를 끄덕인다.)

"운명이 개입하지 않았고 그 약들을 가지고 혼자 있었다면 어떻게 됐을 것 같니? 다음 날, 아니면 그다음 날, 그 약을 먹었을 것 같아?"

"그건 대답 못 할 것 같아요. 모르겠어요."

"이제 와서 생각해볼 때, 널 사랑하는 우리들―아주 많은 사람들―생각을 할 때 말이야, 그때 성공했다면 그게 이기적인 행동이었을 거라고 생각하니? 그렇게 큰 상처를 남기는 게? 우리에게 도울 기회조차 주지 않고 가는 게? 작별 인사도 없이?"

"어떤 사람들은 그렇게 생각하겠지만, 이기적인 행동은 아니었을거예요. 이기적이라는 건, 내가 제정신인 상태에서 의식적으로 결정했을 거라는 뜻이잖아요. 내 행동이 다른 사람들에게 미칠 결과는 아랑곳없이 극단적 선택을 저지르는 것 말이에요. 그런 건 아니었어요, 절대로. 난 제정신이 아니었거든요. 똑바로 생각할 수 없었다고요. 고통스러우면서도 멍하니 아무 느낌이 없었어요. 그런 몽롱한 상태에서는 무슨 짓을 저지르는지도 모르면서 일을 저질렀을 거예요. 말이 되나 모르겠네. 그러니까, 술에 너무 취해서 무슨 행동을 하고도 아무것도 기억하지 못하는 것처럼 말이죠. 바로 그런 거예요. 나만 술에 안 취해 있었다는 것만 빼고. 왜 고개를 저어요?"

"너무 끔찍해서. 그냥 너무 끔찍해서."

"맙소사, 엄마, 왜 또 울어요?"

"널 거의 잃을 뻔했다는 생각을 하는 것조차 힘들어서 우는 거야. 널 사랑해, 조시."

"울지 마요! 약속했잖아요."

"약속 안 했어. 노력해보겠다고만 했지."

"그럼 더 애써봐요! 젠장, 제발!"

***

사실 이 대화는 중요한 질문을 던진다. 분명 여러분 중에는 내가 심각하게 극단적 선택을 고려했다면 당장 저질렀을 거라고 생각하는 사람들이 있을 것이다, 그렇지 않나? 그런 분들에게는 그게 바로 이 책의 핵심이라고 말하고 싶다. 그러니까, 난 그날은 죽고 싶었지만, 그다음 날은 딱히 그렇지 않았다. 그게 이 책의 메시지다. 아무리 기분이 안 좋아도, 아무리 우울하고 슬프고 망가져 있더라도, 내일은 새로운 날이다. 기분이 달라질 수도 있다. 그러니 제발 포기하지 말기를, 조금만 더 버티길 바란다…. 하루를 더 생각해봐라. 그리고 또 하루 더, 그리고 또 하루 더…. 제발 그러기를 바란다.

23장

어맨다

가장 힘든 대화

"내게 용기란 삶에 내려앉는 흐릿한 회색 안개를 헤치고 나가는 것이었다. 사람들과 상황을 이겨내는 것뿐만 아니라 황량한 삶을 이겨내는 것, 삶의 가치와 일시적인 것의 가치에 대한 일종의 고집……. 내가 생각하는 용기는 나 자신이 끝까지 회복될 수 있다는 믿음이다. 기쁨과 희망, 자발성이 되돌아오리라는 믿음. 그리고 그럴 때까지 입은 다 물고 턱을 치켜들고 눈을 크게 뜨고 버텨야 한다."

F. 스콧 피츠제럴드

정신건강을 위해선 조시가 대학을 떠나는 게 최선이었다. 시므온과 나는 그 문제에 대해 상의했고, 자퇴 이야기를 꺼내자 조시는 선물이라도 받은 표정이었다고 시므온은 말했다. 아들은 곧바로 반응하며 고민도 하지 않았다. 달리 계획은 없었지만, 악화되는 정신건강에 비하면 그건 중요하지 않았다. 모두 빠르게 정리됐다. 결정을 내린 뒤 급히 편지를 썼다. 아니면 적어도 그렇게 느껴졌다. 사실 조시가 대학입학시험 공부를 시작한 날 혹은 시작하려고 한 날, 어느 정도 그러기를 결정했던 셈이었다. 믿기 힘들겠지만, 그렇게 정한 날 오후부터 조시의 어깨가 덜 뻣뻣해지고 걸음걸이도 빠릿빠릿해진 것이 보였다. 원치 않는 곳에 '도착'하는 걸 미루려는 듯 발을 질질 끌지도 않았다.

좋은 날이었다. 정말 좋은 날!

대학에 처음 입학해서 힘들어하는 어린 학생들에게 상황이 나아질 것이며, 쉬워질 것이고, 적응하게 될 거라고 조언하는 걸 나 역시 들어봤고, 많은 경우 옳은 말임을 알고 있다. 하지만 조시에게는 해당되지 않았다. 아이가 감당하기 너무나 힘든 일이었다.

중퇴

포기

끝

사람들이 조시의 결정을 가리킬 때 쓰는 말이다. 다른 길을 선택하고 싶지만 그럴 수 없는 사람들에게 이건 굉장히 해로운 말이다. 그래서 나는 말을 조심한다. 수강 철회한 학생 이야기를 하면서 '포기'라는 말을 사용하는 걸 몹시 혐오한다. '대학 중퇴자'라는 말은 실패라는 부정적인 암시를 담고 있어서, 자기 길이 아니면 방향을 바꿀 권리가 있는 사람에게 스트레스와 나쁜 감정을 더할 뿐이다. 조시를 포함한 많은 사람의 경우, 이건 매우 용감한 일이다. 흐름을 거스르는 것. 특히 어렵게 얻은 자리에 대한 기대나 가정에 맞서는 것. 열심히 이루려 노력했던 미래에 도전하는 것. '마음을 바꿨다'거나 '인생 계획을 변경했다' '학업을 떠났다' '다른 길을 골랐다'라는 표현이 더 좋다. 모두 훨씬 더 희망적이니까!

전공을 바꾸기보다 삶을 끝내는 편이 더 쉽다고 생각하는 학생들이 있다니, 싫다. 우리 사회의 참으로 무서운 폐단이다. 영국만 그런 것이 아니다. 미국의 '대학 학위 검색' 웹사이트에 실린 "캠퍼스의 위기"라는 기사에 따르면 "4년제 대학생의 6퍼센트가 지난해 극단적 선택 시도를 '심각하게 고려했다'. 그중 거의 절반이 아무에게도 말하지 않았다".[18]

학생들이 신체건강과 정신건강에 도움이 되는 결정을 내리기 어려워하는 것은 비판에 대한 두려움 때문이다. 게다가 빚이 있는 학생은 더욱 그렇다. 특히 영국의 경우 대학을 떠나기로 마음을 바꾼다 해도 대출은 없어지지 않는다. '중퇴자'라는 낙인도 쓸데없이 적대적이고 잔인하다. 직장을 바꾸거나 이사를 하거나 자신에게 더 나은 결정을 내릴 때마다 '중퇴자'라거나 '포기자'라는 꼬리표가 붙게 되는 걸 당신은 상상할 수 있는가? 너무하다! 정신건강에 해로운 것도 당연하다!

나는 이런 말까지 들었다. "참 아깝네요…. 똑똑한 아이였는데." "정말 슬픈 일이네요."

내 아들이 괴로움을 견디다 못해 실제로 극단적 선택에 성공했을지도 모를 그 환경에서 계속 지냈다면, 그거야말로 "참 아깝고…" "정말 슬픈 일"이라는 아이러니를 지적하지 않으려고 이를 악물고 꾹 참아야 한다.

그렇다. 그래서 좋은 날, 정말 좋은 날이었다. 조시가 그날 저녁 웃으며 거실에 나왔으니 더욱 그랬다! 몇 년 동안 보지 못한, '치아를 드러내는' 제대로 된 미소였다. 조시는 불안을 느끼면 조여들곤 하던 배에 손을 얹더니 말했다. "약간 신나요."

신나요! 세상에, 조시의 어휘에서 정말 오랫동안 자취를 감췄던 말이다. 조시가 쓸 필요가 없으니—우울과 반대되는 감정과 느낌인—**기쁨, 자신감, 낙관, 희망, 긍정, 의욕, 에너지, 행복** 같은 단어들이 사라졌었다. 큰 돌파구처럼 느껴졌다. 물론 첫걸음에 불과했지만 몇 년째 아이가 내딛길 바란 첫걸음이었다. 아이가 곧 달리길 기대하지는 않았지만 오랫동안 기다려 맞이한 날이었고 우리는 축하했다.

　오랫동안 조시가 네모난 마음을 동그란 구멍에 밀어 넣으려고 애썼다는 걸 깨달았다. 사랑하는 우리 모두가 아무리 위로와 격려, 지지로 감싸줘도 불가능하고 불쾌하며 고통스러운 일이었을 것이다. 돌아보면, 우리가 최선이라고 생각하는 방식, 내가 최선이라고 생각하는 방식으로 아들을 지지하고 도움으로써, 결정을 내리는 과정에서 실제로는 아이 생각을 방해했을 수도 있었음을 깨달았다. 모든 걸 긍정적으로만 바꿔놓으려 했으니까.

　넌 할 수 있어, 조시!

　우리가 모든 방면에서 다 도와주마!

　넌 엄청 똑똑해!

　이런 말 때문에 아이가 '이건 제게 안 맞아요'라는 선언을 미처 하지 못하고 정신건강과 행복을 찾는 선택을 미뤘다고 생각한다.

　날마다 좋은 의도로 가한 온갖 사소한 압박도 마찬가지다. 조시도 감당하기 어려웠다고 했다. 가령 이런 질문들. 좀 어떠니? 기분은 좀 나아졌니? 그 일은 언제 할 수 있을 거 같니? 대답이 궁금할 뿐만 아니라, 아이가 집중하는 데 도움이 될 거라 여겨서 던진 질문들. 하지만 지금 생각하면 우울증을 가중시키고 뭐라고 응답해야 할지 모르는 환자를 더욱 바닥으로 끌어내리는 질문이었다.

　그래서 조시는 방향을 바꾸기로 결정하고 집으로 왔다. 환하게 웃으면서 뛰어다니진 않았지만, 기분은 확실히 나아졌다. 설탕이나 지방이 많이 든 음식을 특히 삼가고 대신 적당량의 단백질과 많은 채소를 먹기 시작했다. 당분이 든 탄산음료를 물로 바꾸기도 해서 탄산수를 주로 마셨다. 조시는 우리 생활에 정말로 관심을 가진 것처럼 질문도 하고, 고개를 끄덕이거나 젓거나 멍한 시선을 보내거나 짧은 신음 소리를 내는 것 이상으로, 말로 대답하기도 하면서 더 활발히 의사소통을 했다. 샤워, 차 끓이기, 세탁 등, 대다수가 당연하다고 여기는 일이지만 도저히 감당하지 못하던 일상 활동에도 참여하기 시작했다. 생활과 행동의 면면이 발전하는 것 같았다.

조시가 두 달 동안 집에 있었을 때 나는 연휴를 보내러 부모님과 마요르카에 갔다. 첫날 밤, 저녁을 먹고 있는데 시므온에게서 전화가 왔다.

"맨디, 난데, 조시가 응급실에 있어…."

시므온은 바로 본론으로 들어갔다. 머리가 빙빙 돌면서 시므온이 첫 문장을 마치기도 전에 쓰러질 것만 같았다. 의자에서 떨어지지 않기 위해 따뜻한 바닥에 발을 꾹 짚었다. 시므온이 말했다. "친구들과 미식축구를 한 모양이야. 머리를 부딪쳤는데, 경미한 뇌진탕 같대."

내가 너무 크게 웃음을 터뜨리는 바람에 다른 손님들과 부모님이 나를 쳐다봤다. 시므온도 웃었다. 우리는 또다시 서로 다른 나라에서 전화기를 붙잡고 있었지만, 이번에는 다른 종류의 순간을 함께했다. 아들이 다쳤을지도 모른다는 소식은 보통 축하할 일이 아니지만, 내겐 행복의 순간이었다. 조시가 응급실에 간 이유가 더 무서운 일 때문이 아니어서였기도 했지만, 친구들과 밖에서 시간을 보냈다는 사실을 알고 나는 안도했다….

"바보라고 말해줘!" 내가 웃었다.

"그럴게. 그리고 사랑해." 시므온은 분명 미소 짓고 있었다.

"나도 사랑해."

그래서 이제 조시와, 우리 가족에게 엉킨 문제가 풀어지기 시작한 지 4년 가까이 지났다. 우리는 많은 일을 겪었지만, 아직 견디고 있다.

조시는 고쳐지지 않았다.

조시는 낫지 않았다.

하지만 살아 있고 그걸로 됐다.

조시가 싸움에서 질 수도 있다는 두려움은 조금 사라졌다. 나는 잠도 더 잘 자고 초조함도 덜 느끼게 되었다. 그러나 두려움이 완전히 사라진 건 아니다. 말실수를 할까봐, 사소한 실수로 아이가 쓰러지고, 뛰어내리고, 약을 삼키고, 칼을 들게 될까봐 무섭다.

최악일 때는 양쪽에 깊은 구렁이 있는 칼날 위에서 사는 느낌이었다. 게다가 칼에는 불이 붙어 있고, 나는 맨발이며, 총알이 빗발치고, 숨을 쉴 수도 없고, 하늘에는 성난 용이 빙빙 돌며 날고 있으며, 도와달라는 말을 들어줄 사람이 아무도 없었다⋯. 그렇다. 정말 그런 느낌이었다. 하지만 지금은? 비슷하긴 하지만 나는 신발을 신고 있고, 총알이 없다는 것도 알고 있고, 용은 길들였고, 목소리를 낼 수 있게 됐다. 도움을 청할 수 있다. 아주 큰 소리로!

그리고 도움을 청할 의지도 있다.

조시를 돌보며 아이의 병을 설명해야 했던 경험 덕분에 같은 고통을 겪는 사람들과 그 보호자들을 이해하게 됐다. 아주 작은 이해가 온 세상을 변화시킨다는 것도 안다. 사람들의 부정적이고 불신에 찬 반응이 이미 머릿속 혼란의 바다에서 파도를 타며 자신에 대한 의심을 감당해야 하는 사람들에게 가장 힘든 일이라는 사실은 참 모순이다. 이런 일이 누구에게나 일어날 수 있다는 것을 기억해야 한다. 사랑하는 사람에게도, 자신에게도 일어날 수 있는 일이다. 우리 모두 이를 생각해야 한다.

일찍 세상을 뜬 젊은이들의, 익숙하지만 가슴 아픈 이야기를 읽을 때면 온몸이 떨린다. 극단적 선택이 유일한, 최선의 선택지라고 느꼈다면 얼마나 괴로웠을까 싶고, 그 부모, 형제자매, 친구들과 가까운 이들이 떠오르면서 젊은이들이 죽었을 때 그 사람들이 무엇을 하고 있었는지 궁금해진다. 내가 그랬듯이 조그만 신생아를 품에 안고 아이가 자라서 어떤 사람이 될지 소망과 바람과 꿈을 속삭이던 부모들이 떠오른다….

멀리서나마 그 사람들을 위로해주고 싶다.

우울증으로 고통받던 사람이 사망한 시각에, 가까운 이들이 무엇을 하고 있었는지 궁금해지는 까닭은 내게도 '그날'과 '그 순간'이었던 때가 있었기 때문이다.

아들의 우울증에 대해 책을 쓰겠다고 밝힌 후로 대화 상대를 원하는 학생들로부터 많은 메시지를 받았다. 하나하나의 이야기가 다 가슴 아팠다. 학생들은 부담, 스트레스, 적막감, 탈진상태를 느낀다고 털어놓았고, 부모들이 종종 대학생활이 파티나 다름없다는 말만 믿고 자녀의 고통을 이해하지 못하고있다고 호소했다. 혹은 부모의 기대와 감정적, 재정적 지원을 의식해서 부모를 실망시키지 않으려고 했다. 빠르게 끊임없이 변화하는 세상에 대해서도 이야기했는데, 한 학생은 자신이 처한 상황을 다음과 같이 설명했다.

"사교 모임에서나 학교에서나 만나는 모든 사람이 성적표를 비교하는 느낌이에요. 그 성과를 보면서 둘이서 한 자리를 놓고 경쟁

한다면 어떻게 싸워 이길지 생각하는 거죠….”

이런 상황이 말할 수 없이 슬프다. 나는 50대인데 내 세대에선 학위만 있으면, 꼭 원하는 직장은 아니더라도, 일자리 하나는 구할 수 있었다. 지금은? 이력서마다 환상적인 성적과 악기 연주, 4개 국어 능통, 한발 자전거를 타고 사슬톱 저글링하기 등의 과외 활동이 적혀 있다. 그럴 뿐만 아니라 SNS에서도 완벽한 모습을 보여야 한다. 세상에! 다들 그렇게 스트레스를 받는 것도 당연하지 않은가!

또 한 학생은 이렇게 말했다. “제가 여기 있는데도 존재하지 않는 것 같아요. 억지로 하고 있기는 하지만 제가 원하는 일이 아니에요. 아버지에게 얘기해도, 제가 운이 좋다고만 해요. 언니는 간호사인데 적은 임금을 받고 오랜 시간 동안 일해요. 아버지는 이해하지 못해요. 다음에 뭘 해야 할지 모르겠어요….”

나는 그 학생이 있는 곳까지 차를 몰고 가서 거기서 꺼내주고 싶었다.

우린 우울증이라는 가시투성이 거미줄을 이해하고, 풀어내고, 정리해야 한다. 극단적 선택에까지 이르게 되는 게 어떤 느낌인지 알아야 한다. 국민으로서, 부모로서, 양육자로서, 교육자로서 한 걸음 물러나 아이들을 위해 우리가 진정으로 원하는 것이 무엇인지 물어봐야 한다. 이 경쟁적이며 가차 없고 비판적인 세상에서 아이들을 성공으로 몰아붙이다 보면 행복을, 그보다 더한 것을 희생할 수 있기 때문이다….

우리가 솔직히 터놓은 기록이 병에 걸려 극단적 선택을 생각하는 젊은이들에게 메시지를 보내길 바란다. 그리고 그들을 사랑하는 이들에게 방향을 제시하기를 바란다. 나는 실수를 많이 저질렀다. 눈가리개를 하고 있었다. 하지만 해결을 향해 직진하는 게 늘 최선은 아니라는 것을 배웠다. 때때로 해결책이 없을 때도 있다. 그러면 아무것도 하지 않는 것이 나을 수도 있다. 그저 귀 기울여 듣고 침착해지면 될 때도 있다. 가장 어려운 대화를 좀 더 쉽게 할 필요가 있다는 것도 배웠다. 그런 이야기에 당황하거나 어색해하지 않아야 하며, '극단적 선택을 하고 싶니? 오늘 그러고 싶은 마음이 들 것 같니?'라고 질문할 용기를 가져야 한다. 직접적이고 '네' 혹은 '아니오'로 대답할 수 있는 질문을. 즉각적인 도움과 개입을 가능하게 만드는 질문을. 그건 발전이나 선택에 관한 질문도 아니고, 복잡한 머릿속에 많은 생각을 요구하는 질문도 아니다. 그것 또한 부담처럼 느껴질 수 있으니까. '기분이 어떠니?'는 자기 자신에게도 기분을 설명할 수 없는 환자가 대답하기는 어려운 질문이다.

'극단적 선택을 하고 싶은 기분이니?' 쓰기도 쉽고 읽기도 쉽지만 사랑하는 사람이 괴로워하고 있을 때 소리 내어 묻기는 너무나 힘든 바로 이 질문. 전에는 나도 그게 두려웠다. 하지만 누군가에게, 누구에게라도 말을 해야 즉각적인 개입이 가능해진다. 충동이 가장 맹렬하게 드는 암울한 순간을 환자가 이겨내도록 하는 것이 핵심이다. 조시가 말하듯이,

"상황은 좋아질 수 있고, 보통 정말로 좋아진다."

한두 시간만 늦었어도, 혹은 조금만 다른 결정을 내렸어도 조시가 여기 없을 수도 있다는 것을 시므온과 나는 너무나 잘 알고 있고, 그렇기에 이 굉장한 두 번째 기회를 절대 낭비하지 않을 작정이다. 그렇다. 조시는 하루하루 나아지고 강해지고 있지만 당분간 우리는 아들을 가까이 둘 생각이다. 농장의 아이 방은 필요하면 언

제나 은둔할 수 있는 안전한 장소가 되어줄 것이다. 세상이 힘겹게 느껴질 때면 사랑하는 개 두 마리와 평화롭게 있을 장소가 되어줄 것이다. 아직도 그런 날이 찾아온다. 조시는 이제 자신의 우울증 상태를 아주 잘 알고 있어서 신호나 도화선이 될 만한 것들을 찾고, 우리도 그렇게 한다. 서두르지 않고 좋은 날, 또는 아주 좋은 날을 즐겼다고 해서 죄책감을 가지지 않는 것도 매우 중요하다. 조시의 우울증이 나를 항상 에워싸지 않아도 된다.

이 끔찍한 여정에서 긍정적인 점을 찾는다면, 몇 가지를 꼽을 수 있다. 나는 조시와 아주 가까워졌다. 마치 조시를 속속들이 알게 된 것 같다. 조시가 너무나 소중하다. 우리는 조시의 상태가 심각할 때 지켜봤고 그 애도 우리의 그런 모습을 봤으며, 그로 인해 깊은 유대감이 형성됐고 우리 모두 더 가까워졌다. 가족으로서 우린 무엇이 중요한지 아주 잘 이해하고 있고, 행복은 편안한 수면과 따뜻한 목욕, 차 한 잔과 같이 작은 것에 있음을 알고 있다.

시므온과 나는 지난 몇 년 동안 한 팀으로서 조시를 지지하면서 견고한 관계가 됐다. 쉬운 일이 아니었다. 조시를 사랑하고 걱정하느라 너무나 지친 나머지 우리가 해낼 수 있을까 의심한 적도 있었다. 우릴 망가뜨리지 못하는 일이 우리를 더 강하게 만든다는 말이 있다. 우리도 그렇게 된 것 같다. 가장 암울한 시기에 나를 지지해준 파트너로서, 수많은 밤을 잠 못 이루며 그 누구도 요구하지 못할 엄청난 관심을 보여준 조시의 아버지로서, 시므온은 더없이 소중한 사람이다.

이런 조력은 계속될 테지만, 이제 조시가 우리에게 다가와주고 우울증의 안개가 걷히니 전혀 힘들게 느껴지지 않는다. 우린 조시가 너무나 자랑스럽다. 두 아들 모두 너무나 자랑스럽다.

사람들은 아직도 우리 아들의 병을 제대로 이해하지 못하고 이렇게 묻곤 한다.

"왜 제대로 된 직장을 얻지 못하죠?"

"또 자고 있어요?"

"기운 내라고, 친구. 바다에선 더 심한 일도 벌어져!"

좋든 싫든 실제로 정신질환을 가지고 살면 이런 말을 늘 듣는다. 공감까진 아니더라도 이해라도 할 수 있도록 사람들이 조시의 머릿속에 들어가 하루, 아니 한 시간이라도 보낼 수 있었으면 좋겠다.

인간 대 인간으로서 우리가 바랄 건 그 정도가 아닐까? 이해 말이다.

시간은 참 이상하다. 나이가 들면 시간은 확실히 더 빨리 흐른다. 가끔 거울을 보며 지나온 세월이 남은 세월보다 많다고 생각하지만, 조시를 낳은 것은 겨우 1년 전 일 같다. 아이가 작은 손에 공룡을 쥐고 기저귀를 축 늘어뜨리고 잇몸을 드러내고 웃으면서 방으로 뒤뚱뒤뚱 들어올 것만 같다. 문 여는 소리가 들리고 거울에 어른이 된 아들의 모습이 비친다. 그 시절 어린 아기가 어른이 된 모습을 볼 수 있었다면, 내 아들이라는 걸 알아봤을 것이다. 하지만 지난 몇 년 동안 우울증이 극도로 심했을 때 조시의 모습을 돌이켜보면, 마음속 깊은 곳에서 정수가 사라지고 행복이 달아난 사람의 멍한 시선이 보인다…. 그렇다. 그 사람은 누군지 알아볼 수 없었을 것이다. 그건 불가능하고 그 무엇보다도 무서운 일이었을 것이다.

아이가 어렸을 때 자신감이 떨어지는 암울한 순간에는 조시가 다치거나 아프면 어떻게 감당할까 하는 생각을 했었다. 그럴 때 머릿속에 떠오르는 것은 병원 침대에 누워 전선과 튜브를 붙이고 잠들어 있는 아들과 의자에 앉아 최선을 다해 아들의 기운을 북돋워주려는 내 모습이었다. 누군가 20년 뒤 그 아이에게서 사라지는 것은 반짝이는 눈빛, 의욕, 에너지, 살고자 하는 의지라고 말해줬다면, 나는 말문이 막혔을 것이다. 그리고 아이가 우울증에 처음 걸렸을 때, 머릿속에 떠오르던 것과 같은 질문을 했을 것이다.

인정한다. 나는 자주 시간을 되돌려 다른 선택을 하기를 바랐고, 지금도 내가 뭔가 바꿀 수 있었다면 조시가 이렇게 되지 않았을 거라고 어느 정도는 믿고 있다. 그러다가 이런 생각이 든다. 무엇을 바꿔야 하나? 그러면 다시 혼란스러워진다. 나는 물론 똑같이 할 것이다. 뭔가 고쳐야 한다는 걸 모른 채 엄마로서 최선을 다하고 있다고 믿으면서.

조시는 친절했고 늘 친절한 행동을 했다. 어릴 때는 종류를 막론하고 부정을 저지르는 걸 두고 보지 못했고, 교사나 훨씬 크고 나이 많은 아이처럼 권위 있는 존재가 부당한 일을 저지르더라도 맞서서 자기 생각을 말했다.

이제 식탁 맞은편의 조시에게 이런 질문을 던지는 내가 보인다.

"대체 왜 끼어들었니, 조시?"

"그건 부당하니까요, 엄마! 부당해요."

조시는 지난 몇 년 동안 내게 필요했던 교훈을 아주 일찌감치 가르쳐줬다. 쉬운 것보다는 옳은 일을 할 필요가 있다는 교훈을.

아마 그건 조시도 자신이 어찌할 수 없는 일 때문에 자주 부당한 처사에 희생됐기 때문이 아닐까. 난독증이 있어서, 공을 잡거나 빨리 달리지 못해서, 수업 하는 사람들이 중요하게 여기는 일들을 하지 못해서 말이다. 조시는 자신의 삶 속에서는 부당하다고 느끼는 일들을 제대로 말하지 못했지만 타인을 위해서는 곧바로 나섰던 것 같다. 이런 기초는 일찍이 마련됐다. 나는 초등교육 수준에서 정신건강에 관한 대화와 취약 아동의 선별이 시작돼야 한다고 믿는다. 우울증의 심화를 막고 도움의 손길을 주는 것은 가족과 사회뿐만 아니라 개인에게도 좋을 일이다. "8명 중 1명의 아동이 진단 가능한 정신질환을 갖고 있다. 대략 한 교실에서 3명의 아동에 해당하는 수치다."[19] 놀라운 통계다.

나는 조시와 매우 다른 사람이다. 어깨에 앉으려는 우울증 기미는 털어버리고 행복하게 지내는 그런 사람이다. 나의 낙관적이고 쾌활한 성격은 타고난 것 같다. 이른 아침 하루를 시작하며 미소를 짓고 그날 일어날 수 있는 일을 준비하는 나와 마주치는 친구들과 가족들이 보기에는 심할 정도로 말이다. 그렇다. 그런 때 삶에 대한 내 열정은 짜증을 불러일으킨다. 내 명랑한 성격 때문에 조시의 상태를 이해하기 어려웠을 뿐만 아니라 아이를 원하지 않는 비교 대상으로 만들고 눈에 띄지 않는 것을 확대시킨 게 아닐까 싶다. 나는 진심으로 긍정적인 사고방식을 가지려고 노력한다. 마치 균형을 맞춰야 하는 것처럼, 조시가 우울하거나 기운이 없으면 내가 의욕적으로 명랑하게 행동해 가족 안에서 평형상태를 이루려고 애쓴다. 그런 건 늘 가능하지도 않고, 아무리 밝은 생각과 순간도 아이의 기분을 망치처럼 내리치는 경우가 많다. 조시는 대부분 이런 상황을 알아차리지 못하지만, 그 애에게도 이 상황이 편할 리 없다.

플로리다에 갔을 때도 그랬다. 휴가는 환상적이었지만, 조시에 겐 그렇지 않았다. 노력한 건 나도 안다. 조시도 함께하려고, 열의를 보이려고 노력했다. 하지만 눈 밑에 다크서클을 드리운 채 시끄 러운 저녁 식사 자리에서 아무 말도 하지 않는 조시에겐 그 자리가 힘겨운 게 분명했고 마음이 아팠다.

조시에게 즐거운 휴가를 선사하는 줄 알았는데 2주간의 금고형을 선고한 기분이었다. 힘들었다. 우리 모두 기운이 빠졌다.

디즈니랜드에 간 날이었다. 나는 조시 뒤에서 걸어가면서 축 늘 어진 어깨, 걷기 싫어 점점 무거워지는 발걸음을 지켜봤고 아이가 오로지 자고 싶어 한다는 걸 알 수 있었다. 모두가 웃으며 최고의 시간을 보내는 디즈니랜드에서 아들이 그렇게 기운 없이 내성적 으로 구는 걸 보고 있으니 기괴하고 괴로웠다. 그 행복의 바다에서 유일하게 슬픈 얼굴이 조시 같아서 마음속으로 눈물을 흘렸다.

심한 날이면 조시는 극심한 피로와 우울을 느끼고, 그게 사방에 서 기쁨을 앗아가 버려 우린 그 분위기에 짓눌려 허우적거린다. 그 런 날은 힘들다. 하지만 다행히 그런 날은 줄어들고 있고, 조시의 왼손 손목에 난 흉터만 보면 우리가 얼마나 멀리까지 왔는지 기억 할 수 있다.

1년 전쯤 조시와 함께 차를 타고 브리스톨을 가로질러 달리고 있는데, 거의 20년 전, 아이가 어릴 때 어린이집에 가던 일이 기억 났다. 달라진 것이 있다면, 턱수염을 기른 조시가 운전하고 나는 옆자리에 앉아 있다는 것 뿐이었다.

"조시, 네가 어릴 때 다운스에서 잔디를 깎고 싶다고 했던 게 생 각나." 내가 웃었다.

"나도 기억나요!"

"왜 그러고 싶었는지 기억나니?" 내가 물었다.

내가 제시한 장래의 가능성을 조시가 무시했을 때, 얼마나 실망했는지 생각났다.

"조시! 넌 원하는 거라면 뭐든지 될 수 있어! 넌 똑똑하잖니! 뭐든지 다 될 수 있어! 극작가라거나 우주를 탐험하는 우주비행사라거나! 생각해봐. 산을 오르거나 외과의사가 되거나 음악을 하고 싶지 않니?"

이제 다 자란 아들이 창밖에 있는, 트레일러가 달린 트랙터 스타일의 제초기를 몰며 웃고 있는 새까만 얼굴의 남자들을 바라봤다.

"행복해 보였으니까요."

"지금은?"

조시는 어깨를 으쓱했다. "지금도 그런 일 하고 싶은 것 같아요."

"그럼 할 수 있지. 원하는 건 뭐든지 할 수 있어."

"생각해봤는데요…."

"뭘 말이니, 조시?"

"사람들에게 우울증 이야기를 하고 싶어요. 우울증과 함께 사는 게 어떤 건지 설명해보고 싶어요."

"그래, 그건 용감한 일이 될 거야. 그런데 네가 우울증에 걸린 애라고 영영 낙인찍히게 될까봐 그게 걱정이네."

"엄마, 사람들에게 말하건 말건, 난 우울증에 걸린 애예요."

"그렇구나. 무슨 생각을 하고 있니?"

"책을 쓸 수 있을 것 같아요."

"음, 난독증이 있으니 힘든 일이 될 거야. 함께 쓰는 게 어떨까?

따지고 보면 우리가 함께 겪은 이야기니까."

"아뇨. 우선, 이건 내 이야기고, 둘째, 뭐든지 엄마랑은 절대, 결코, 무슨 일이 있어도, 같이 못 해요. 엄마는 날 확 돌아버리게 만들 테니까!"

"사실, 조시, 그건 내 이야기이기도 해. 내가 결국 널 키웠잖니."

"아뇨, 엄마! 절대 안 돼요. 포기하세요."

24장

조시

행복을 향한 끝없는 여정

"지혜는 우리가 날아오를 때보다 웅크릴 때 종종 더 가깝다."

윌리엄 워즈워스

우울증은 나를 극단적 선택 직전까지 몰고 갔고 이 땅에서 사라지고 싶게 만들었다. 이 말을 쉽게 쓰지만, 그 함축적인 의미를 잘 알고 있다. 신체와 정신 모두 제대로 치료받는 것은 로또 비슷하게 느껴진다. 전체적으로 국민의료보험 예산의 1퍼센트 미만이 아동과 청소년의 정신건강 서비스에 사용된다.[20]

미국에서는 "2020년까지 정신건강 서비스의 총지출이 2,380억 달러에 달할 것으로 예상된다…. 우울증은 가장 흔하고 잘 알려진 정신질환 중 하나다. 미국 성인의 약 8퍼센트가 우울증을 겪는 것으로 추산된다."[21]

운이 좋아서 국민의료보험의 범위 안에서 진료와 정신건강 지원을 받고 크게 나아지는 사람들도 있지만, 다른 사람들은 그렇지 못하다. 생각이 혼란스럽고, 확신과 정해진 일정, 마음을 진정시키는 차분한 음성, 질병과 함께 살아갈 전략이 그 어느 때보다 간절할 때 말이다. 가족의 사랑과 개입을 늘 원한 건 아니지만, 사랑하는 가족의 지지 없이 이런 시기를 겪는 것이 얼마나 끔찍할지 상상조차 할 수 없다. 하지만 중독자, 노숙자, 외로운 사람들, 도움을 구할 수 없는 사람들 등 고통받는 숱한 사람들이 철저히 혼자라고 느끼고 있다. 낙인이 찍힌 채로 스스로를 없애버리기 직전 상태에 혼자 놓여 있다.

젊은이의 생명을 앗아가며 여전히 확산되고 있는 극단적 선택 전염병에 대해 많이 생각한다. 흉기 피습, 권총 소지, 그 밖에 미디어에서 집중 보도하는 위험들이 넘치는 세상에서 부모들이 아이들에게 이런 경고를 한다.

낯선 사람과 이야기하면 안 돼!

모르는 사람 차에 타지 마!

공공장소에서 네가 마실 음료수는 계속 손에 들고 있어!

해가 진 뒤에 혼자 집에 걸어갈 때는 조심해야 해!

마약을 해선 안 돼!

하지만 역설적이게도 믿을 수도 없고 달갑지도 않은 진실은, 당신을 살해할 가능성이 가장 높은 사람은 바로 당신이라는 사실이다. 특히 당신이 젊은 남자라면.

***

2018년 영국 건강 통계에 따르면, 10~49세 남성의 사인에서 가장 높은 비율을 차지하는 것은 극단적 선택이나 부상, 확실치 않은

의도의 중독이었다.[22] 이 상황을 종식해야 한다. 정신건강 UK에서
는 더 많은 통계를 찾을 수 있다.[23] "사실 영국에서 극단적 선택은
20~34세 젊은이들의 가장 주된 사인이며, 남성의 경우 훨씬 높아
서 여성과 비교할 때 3배 정도 더 많다."[24] 또, "남자들이 극단적 선
택으로 죽을 가능성이 높은 한 가지 이유는 여성들과 달리 도움을
구하거나 우울증이나 극단적 선택 충동에 대해 이야기하지 않기
때문이다. 최근 통계에 따르면 2005~2015년 극단적 선택으로 사
망한 사람 중 27퍼센트만이 사망하기 전 1년 동안 정신건강 서비
스에 접촉한 이력이 있었다."[25]

왜 그렇게 엄청난 수의 젊은 남성들이 극단적 선택을 하는지에
관해서는 질문도 대답도 간단하지 않다. 하지만 내가 생각하는 몇
가지 요인을 여기 정리해보겠다.

학생들 대다수는 주변에서 자신을 원치 않는다는 것을 느낀다
고 나는 자신 있게 말할 수 있다. 내 경험상 영국의 대학 문화는 인
간미가 없다. 돈은 받되 개인에 대해서는 알려고도, 투자하려고도
하지 않는 대학생 소시지 공장 같다. 학생들과 교수들이 교정에 모
여 지적인 토론을 하고 의견을 교환하는 영화 속 이상과는 거리가
멀다. 사실 대학은 배움의 장이기보다는 사업체에 가깝다. 교수진
은 시간에 쫓기고 성과 압박에 시달리고, 학생들은 강의와 이따금
개별 교습 모임에 참석할 때 외에는 교수와 거의 대면하지 못한다.
그래서 관계 형성이 힘들고, 대학 내 학생들이 소속감을 느낄 공동
체가 생겨나지 못한다. 고등학교를 갓 졸업한 신입생에게 이런 상
황은 충격적일 수 있다. 집에서 나와 사는 경험이 처음인 신입생들
에게는 더욱 충격적이다. 지지해주는 버팀목이 동시에 사라지는

느낌이 들 수도 있다.

2017년, 대학생 루시아 빌리거스는 이렇게 말했다. "종종 나는 어찌할 바를 몰랐다. 대학 공부, 스스로를 돌보는 일에 대한 부담, 사회적 책무, 전반적인 생활 스트레스가 쌓이면서 태산이 가슴을 짓누르고 있는 것처럼 앞이 보이지 않았다."26

그게 어떤 기분인지 너무나 잘 안다. 「가디언」지의 기사 "당신은 혼자가 아니다"는 대학생들이 전하는 정신건강에 관한 이야기를 자세히 실었다. "신입생은 이때기 '내 인생에서 가장 멋진 시기'라는 소리를 끊임없이 듣는다. 그때가 인생 최악의 시기라고 느껴지면, 죄책감과 함께 이런 부정적인 생각은 숨겨야 한다는 압박감을 느끼게 된다." 그래서 "나는 대학에서 첫 몇 주 동안 기숙사 방에 숨어 엉엉 울었다. 집이 그리웠고 대학에 있고 싶은 건지 도무지 알 수 없었다."27

많은 사람이 느끼는 감정이다. 대학 생활은 물론 근사하고 인생에서 가장 멋진 시기일 수 있다. 하지만 2인조 짝 시스템이 없다면 외톨이가 되는 시기일 수도 있다. 신입생 주간—참석은 선택인 오리엔테이션—에서는 가끔 소속감의 중요성이나 힘들 때 이용할 전화 상담 서비스에 대해서 잠시 이야기하기도 한다. 내 경험상 우울증에 걸린 사람들은 아무런 소용이 없다 싶으면 익명의 상담 서비스에 전화하기는커녕 도움을 요청하기조차 힘들다. 이런 서비스가 매일 24시간 운영되는 것도 아닌 데다가, 당연히 많은 학생은 주중 9~5시 이외의 시각에 위기에 처한다. 또한 전문가가 아닌 자원봉사자 학생들이 운영하는 경우가 많아서 정신건강이 위태로운 사람에게서 경고 신호를 찾아내는 훈련이 얼마나 잘되어 있을지도 의문스럽다.

재정은 또 하나의 요인이다. 지금은 그 어느 때보다도 학비가 많이 든다. 물가가 비싼 도시에 사는 학생들이 고생할 뿐만 아니라, 등록금 등 대학에 다니기 위해 지불해야 하는 갖가지 비용이 있다. 「파이낸셜 타임스」에 따르면, 2019년 1월 "영국의 3년제 대학 졸업생은 평균 5만 파운드 이상의 대출을 받았고 높은 이자율을 감당해야 한다."[28] DLHE(Destination of Leavers from Higher Education)에서 나온 데이터에 따르면, 영국 외 거주자를 제외한 대학 졸업생 초봉 평균은 2만 2,399파운드이다.[29]

미국의 NACE(National Association of Colleges and Employers)는 2018년 졸업생 평균 초봉을 약 5만 4달러로 계산한다.[30] 2019년 2월 25일 자 「포브스」에 따르면, 대학생 4,470만 명이 학자금 대출을 받았다. 미국 대학생 대출 총액은 1조 5,000억 달러에 달한다. 즉, 학생당 3만 3,557달러의 빚을 가진 셈이다.[31]

이 어마어마한 부채는 청년의 어깨에 큰 부담이 된다. 특히 아이를 대학에 보내기 위해 가족들이 희생한 경우는 더욱 그렇다. 이것은 양날의 검이다. 거액의 빚은 큰 걱정거리지만, 학위 취득 여부와 상관없이 빚을 지게 된다는 사실 때문에 자퇴는 더욱 힘들어진다. 아무 소득도 없이 거액의 빚을 진 셈이 되니까. 적어도 그렇게 느끼게 되니까.

SNS는 우리 시대의 저주다. 자아를 발견해야 할 때, 10대와 20대는 외모와 생활방식, 인스타그램에 올릴 만한 음식에 대해 엄청난 압박을 받는다! 이건 물론 터무니없는 상황이다. 그런 완벽한 삶에 도달한다는 것은 거의 불가능하다. 대부분의 사람들은 모든 것을 가진 듯 보이는 사람들과는 외모도 생각도 다르다. 하지만 우울증이나 자기의심에 시달리고 있다면, 게다가 이렇게 완벽하지만 도달할 수 없는 기준이 매일 매 순간 손안에 투척되는 상황이라면, 학생들이 자존감이 낮아지고 좌절감을 느끼는 게 당연하지 않을까?

"SNS가 삶에 미치는 여섯 가지 부정적 영향"이라는 「인디펜던트」지 기사는 이렇게 보도한다. "…SNS 의존은 정신건강에 해로운 영향을 줄 수 있다. 2018년 3월 1,000명을 대상으로 한 설문조사 결과, Z세대(1990년대 중반~2000년대 중반 출생)의 3분의 1 이상이 SNS를 영영 끊을 작정이라고 응답했고, 41퍼센트는 SNS 플랫폼으로 인해 불안과 슬픔, 우울을 느낀다고 했다."[32]

또한 대학 생활에 대한 비현실적인 기대도 있다. 우리는 유명세/인기/'좋아요'를 통화처럼 사용하며, 다음 경쟁 그다음, 그다음으로 넘어가는 것이 목표인 리얼리티 쇼와 경쟁을 보고 자란 세대다. 사실 조금이라도 인기를 얻는 것은 굉장히 어려운데도 많은 사람이 그게 목표라고 생각한다. 대학은 평생 가장 멋진 시기라며 찬양받는다. 친구가 많지도 않고 사교 모임에 초대받지 못하는 사람들, 외로움에 사무치는 사람들이 다른 사람들은 모두 파티에 가 있다고, 자신은 초대받지 못한 사람들 중 한 명이라고 생각하면 더욱 힘들어진다.

우리는 또한 말은 많이 하고 소통은 적게 하는 세대다. 우리는 끊임없이 연결되어 있어야 하고 업데이트해야 하고 접속해야 하고 스크린을 보고 있지만, 대면 상황에는 능숙하지 못하다. 키보드 앞에 앉아 있는 익명의 사용자일 때는 원하는 건 뭐든지 할 수 있지만, 슬픔이나 두려움, 극단적 선택 욕구에 대해 털어놓으면 당연히 남에게 좋은 인상을 주지 못한다. 그런 상호작용은 충족감이 덜할 뿐만 아니라, 대면 상황이 되어도 가면을 벗기 힘들어진다. 그렇게 할 만한 경험이나 자신감이 없을 때는 마음을 열기가 힘들다.

친절하거나 상냥하게 행동할 여유가 없을 때, 삶은 경주처럼 느껴질 수 있다. 넘치는 경쟁 속에서 최고 중 최고가 되고, 대학에 합격하고, 1등을 하고, 취직하고, 다른 지원자들을 모두 이기고, 운이 좋으면 내 집 마련의 사다리를 오르고, 돈을 벌고, 완벽한 교제를 하고, 여행을 하고, 더 많은 돈을 벌어 승자가 되고, 그 와중에 기부금을 내어 박애주의를 증명하는 것도 잊지 말고, 흥미롭고 이국적인 배경 앞에서 셀카로 미모도 포착해야 하니 더욱 그렇다!

친구들이 한 과목이나 교과목 단위에서 낙제하거나, 학점을 포기하거나 예상보다 좋은 점수를 받지 못했을 때, 괴로워하는 모습을 봐왔다. 그건 물론 세상의 종말은 아니지만, 그렇게 느낄 수는 있다. 모든 사람이 지원 번호와 학점으로 전락하는 대학 문화에서는 실패를 인정하기가 매우 힘들다. "실패는 선택지가 아니다!"라는 구호를 참 자주 듣지만, 내 생각에 실패는 선택지가 되어야 한다. 실패를 받아들이는 것을 실수하며 배우는 방법으로 장려해야 한다. 그래야 불안이나 우울증에서 벗어난 다재다능한 시민을 키워낼 수 있다. 시도도 안 하는 것보다는 시도하고 실패하는 편이 낫다는 생각이 훌륭하다. 과학계에서는 '실패' 혹은 '계획 변경'이란, 안 되는 것을 배우고 되는 것을 알아내는 데 한 걸음 더 다가가는 방법이다. 그게 마음에 든다.

대학 생활의 거의 모든 면에서 우리는 이기려고 한다. 완벽해지려고 한다. 그렇다면 이기지 못할 거라는 느낌이 들 때, 10위권에도 들지 못할 거라는 느낌이 들 때, 경주를 중단하는 게 더 쉬워 보이는 게 놀라운 일일까?

또한 평균에 대한 뚜렷한 혐오도 있다. 다들 훌륭해질 수 있다는 말을 듣는다. 제대로 된 브랜드를 입고, 제대로 된 차를 타고, 제대로 된 장치로 제대로 된 음악을 듣고, 제대로 된 클럽에 가고, 제대로 된 상대를 만나고, 제대로 된 액수의 돈을 벌면 된다고. 그러니 이런 이상에 부합하지 않으면 곤두박질치는 것도 놀랍지 않다. 성공의 구성요소를 새로 정해야 한다. 지금은 어떤 척도도 진실도 없는 것 같다. 실패해도 괜찮고 평균이 돼도 괜찮다는 걸 알았더라면 나는 훨씬 더 잘 살 수 있었을 것이다. 하지만 SNS에 진실을 적는 사람은 아무도 없다. 사실상 사람들은 자신의 현실적 생활을 남들의 하이라이트 모음과 비교하고 있는 셈이다.

마지막으로, 극단적 선택이 증가하는 이유는 많은 청년이 극단적 선택을 할수록 앞으로 더 많은 청년이 극단적 선택을 할 것이기 때문이라고 생각한다. 2016~2019년 13명의 학생이 극단적 선택한 것으로 추정되는 브리스톨 대학교에 다녔던 사람으로서, 이는 더욱 가슴 아픈 일이다.[33] 많은 수의 학생이 극단적 선택으로 사망하여 이런 행동이 정상으로 간주된다면, 젊고 취약한 이들에게는 심각한 위험이 될 수 있다. 이런 집단 사고 정서가 염려스럽다. 정신건강 서비스와 기숙사 상담 감축에 반대하는 브리스톨 대학생 시위를 나는 관심을 가지고 지켜봤다. 이 시위 행진을 조직하는 것을 도운 루스 데이는 이런 서비스가 "여전히 턱없이 부족"하다며, 이 행진은 이런 서비스가 여전히 "접근하기 힘들다"고 생각하는 학내 단체들이 모여 조직한 것이라고 설명한다. "일단 받게 되면 훌륭한 서비스이지만, 문제가 있는 사람들이 너무 많아서 길게는 5주나 기다려야 한다. 그 학생들이 처음에는 극단적 선택 충동을 느끼지 않을 수도 있지만 나중에라도 느끼게 될 위험은 존재한다."[34]

개인적으로 지옥을 드나든 경험은 6년 정도 이어졌다. 지금도 우울증이 사라진 것은 아니고 앞으로도 그러지 못하리라는 걸 받아들이기는 하지만, 지금은 내 앞에 길이 보인다. 아니, 구부러진 길이 보인다고 하는 편이 더 정확하겠다. 하지만 그 너머에 무엇이 있는지는 보이지 않는다. 전에는 무의미하게 영원히 쭉 뻗어 있는 길만 보였으니, 믿거나 말거나 이건 긍정적인 일이다. 지금 나타난 이 구부러진 길은 기회를 제시한다. 그리고 그 모퉁이를 돌면 뭔가 다른 새로운 감정, 달라진 상태라는 조그만 가능성이 기다리고 있다. 지금으로선 그걸로 충분하다. 병이 가장 심했을 때는 내일조차 보이지 않았는데, 지금은 그 구부러진 길이 보이니까.

내게 우울증과 함께 산다는 것은 다른 장기적인 건강문제를 받아들이는 것과 똑같다. 병을 관리하고 내 앞에 무슨 일이 벌어지든 한발 먼저 대비하기 위해 최선을 다하겠지만, 이 병은 궁극적으로는 사라지지 않을 것 같다!

다음에 말할 내용은 마음에 들지도, 자랑스럽지도 않지만, 중요한 문제다.

내겐 중요하다.

그리고 사실이다.

내겐 고백할 것이, 끔찍한 고백 거리가 있다. 바로 이것이다. 우울증에 걸리기 전까지는 우울증에 걸렸다는 사람의 말을 믿지 않았다.

우울증이 진짜라고 생각하지 않았다.

자. 이제 고백했다.

난 우울증과 약간 지쳤다고 느끼는 감정이 대충 똑같다고 생각했다. 같은 상태를 누구는 우울증이라고, 다른 누군가는 실망이라고 부른다고 생각했고, '너무 게을러서… 아무것도 못 한다'는 뜻이라고 생각하기도 했다.

내게 우울증이란 용어는 포괄적인 변명이나 다름없었다. 사실 많은 사람이 이런 생각을 갖고 있다고 들었다.

죄송하다고 말하고 싶다. 내 이해 부족을 사과한다. 내 가정이 사실이었다면 얼마나 좋았을까. 내 삶을 앗아갈 뻔했던 이 병이 진짜이기보다는 변명이라고 생각하는 편이 훨씬 더 나을 테니까.

따라서 내가 '우울증'이라는 단어를 쓸 때 예전의 나처럼 생각하는 사람들이 많다는 것을 확실히 알고 있다.

"그냥 적응해."

"참 나약하구나."

"뭐가 그렇게 우울하니?"

"남자답게 굴어!–" 이 말이 너무 싫다. 내게 이 말은 남자들은 입을 꾹 다물어야 하고 여자들은 감정적인 존재라고 했던 과거의 건강하지 못한 남성성을 나타내는 말이다. 다행히 지금은 시대가 변했다. 그렇지만 우리 대다수에겐 아직도 갈 길이 멀고 멀다. 남자들이 '남자답게' 구는 데 관심을 덜 가지고 감정에 솔직해진다면, 감정을 드러내면 남자답지 못하다고 생각하거나 조롱받을까봐 두려워하는 대신 솔직하게 터놓고 손을 뻗는다면, 젊은 남성의 우울증과 극단적 선택 비율은 증가하지 않을 것이다.

심지어 우울증을 잘 막고 있는 날에도 나는 이 병과 연관된 수치심에서 영원히 벗어나지 못한 채 살아간다. 내가 일으킨 것도 아니고 내가 막을 수 있었던 일도 아니라는 걸 알지만, 내 정신상태가 부끄럽다. 이 수치심은 늘 가지고 살아야 할 것이다. 그건 대체로 정신질환에 대한 사회 전반의 태도 때문이다. 아무리 많은 사람이 괜찮다고, 모르겠다고 해도 내가, 그리고 그들이 늘 감지하는 악취처럼 말이다. 끔찍한 일이다.

나는 이 책에 가장 내밀한 감정을 적어 여러분 앞에 내놓고 있다. 정말이지, 버스 티켓을 사거나 커피숍에서 주문하는 것조차 힘든 사람에게 이건 쉽지 않은 일이었다. 그래도 나는 '나도 울어요' '나도 괴로워요' '도움이 좀 필요해요'라고 말하기 시작하는 남성들의 운동에 동참하고 싶다. 그러니 친구들과 팀원들의 안부를 묻고, 내성적인 사람들을 초대하고, 소중한 사람들을 눈여겨보라. 정신건강을 주제로 한 대화를 계속해야 한다.

내가 좋아하는 말이 있다. '세상이 변화하는 것을 보고 싶으면 스스로 변화를 보여라.' 정말 내 마음을 울리는 말이다. 나는 느끼는 바에 대해, 감정에 대해, 내 병에 대해 솔직하기 위해 최선을 다한다. 많은 것을 바꿔야 한다는 한 가지는 분명하기 때문이다.

내가 바꾸어 나가야 한다.

우울증에 대한 일반적 시각을 알고 있었기 때문에 나는 고립됐다. 환자가 아닌 사람들이 굳이 대놓고 말하지 않아도 그들의 생각을 알고 있었다. 그걸 알기에 더 외로웠고, 안 그래도 힘든 상황에 부당하고 불필요한 부담까지 더해졌다. 우울증은 존재하지 않는다거나 떨칠 수 있는 거라고, 나가서 하룻밤 잘 놀거나 '정신을 똑바로 차리면' 고칠 수 있다고 믿는 사람에게 이렇게 말하고 싶다.

우울증은 사람을 쓰러뜨리는 홍수처럼 닥친다. 오는지도 몰랐다. 예상도 못 했고, 내가 단단한 땅 위에 서 있는 줄 알았다. 파도가 덮칠 때마다 간신히 일어났지만, 전보다 더 큰 파도가 덮쳐와 나는 다시 쓰러졌다. 사람을 기진맥진하게 만드는 가차 없는 파도였다. 누구나 처음 두어 번은 이겨낼 수 있지만, 덮쳐오는 횟수를 세는 것도 지칠 지경이 되면 다시 일어날 수 있는 사람은 드물다.

그런 일이 내게 일어날 수 있다면 여러분에게도 일어날 수 있다. 그럴 때 작은 친절과 이해는 아주 큰 도움이 된다. 하지만 어떻게 보면 여러분이 우울증을 이해하지 못하는 것이 기쁘기도 하다. 그렇다면 여러분은 우울증을 겪어보지 못했을 테고, 여러분 혹은 다른 누구도 그것이 얼마나 끔찍하고 외로운 느낌인지 모르길 바라기 때문이다.

사실 나는 침대에 누워 약을 먹고 많이 자고 다양한 의사와 치료사들과 이야기하며 거의 3년을 보냈다. 상담할 때마다 전보다 더 심한 환멸과 짜증을 느꼈다. 많은 의사와 치료사들은 신경도 안 썼다. 신경 쓸 시간도 없었다. 지난번과 똑같은 느낌이라고 하면 답답해서 한숨을 내쉬는 게 느껴졌다. 그럼 뭘 바란 걸까? 방방 뛰며 색종이 가루라도 뿌리는 걸? 이건 우울증이지 빌어먹을 감기가 아닌데! 그들이 할 수 있었던 일, 그리고 한 일이라고는 나를 대기자 명단에 넣고 다음 진료 예약을 하고 처방전을 써준 것뿐이었다. 그것으로는 효과가 없었다. 내게 치료사들은 좀 복불복이었고, 몇 번밖에 못 만난 정신과 의사는 효과가 있었다. 그래도 나는 운이 좋았다.

화가 나느냐고? 그렇다. 화가 난다. 내 가족, 할아버지 할머니, 엄마와 시므온은 내가 해체되지 않도록 꼭 잡아준 테이프였지만, 개인적인 희생이 따르지 않은 건 아니었다. 엄마와 시므온 같은 안전망을 갖지 못한 수백만의 사람들은 어떻게 할까? 그 사람들의 공공보건의가 내 경우처럼 엉망이면 어떻게 될까? 그럼 무슨 희망이 있을까? 오늘, 지금 당장, 그 사람들이 어떤 기분일지 상상할 수 있다. 그 사람들이 그런 기분에 빠져 있는 게 싫다. 그 사람들에게, 여러분에게, 버티라고 말하고 싶다. 제발, 버티라고.

우울증에 대한 대화를 장려하고, 고통받는 이들에게 작은 희망을 주고 싶다. 우울증에도 불구하고 나는 잘, 아주 잘 살고 있으니까! 만나는 사람들 대부분이 내 이야기를 듣기 전까지는 자신의 이야기, 자신의 고통을 나누려 하지 않는 것이 슬프다. 내가 대화를 시작하고 그런 화제를 꺼내지 않았다면, 아무도 이런 개인적인 이야기나 이런 흔한 일에 대한 통찰을 내놓지 않았을 것이다. 낙인이 그 정도로 강력하다.

벼랑에서 나를 돌려세운 건 중요한 변화를 만든 몇 가지 단순한 일이다. 삶이 너무 힘들다고 느껴진다면, 여러분과 그 몇 가지를 나누고 싶다.

- 너무 미리 생각하려 하지 마라.
- 심호흡을 하라. 심호흡을 하고 계속 숨을 쉬어라.
- 당황하지 말고, 1분에 하나씩, 한 시간에 하나씩 일을 처리해라. 살아내는 매시간이 성취다.
- 자신과 타인을 비교하지 마라. 당신의 정신건강을 지키고 살아

남는 것보다 더 중요한 사람, 중요한 것은 없다. 지금 당장 살아 있는 것이 가장 중요하다.

- 물을 마셔라.
- 음식을 먹어라.
- 몸을 씻어라.
- 몸을 따뜻이 해라.

그리고 우울증 환자의 양육자/보호자/친구들은 신체적 질병과 마찬가지로, 큰 차이를 만드는 것은 단순한 것들임을 기억하기 바란다.

- 환자가 충분한 물이나 차를 마시게 하라.
- 함께 바람을 쐬러 나가거나 창문을 열어라.
- 조용히 함께 앉아서 가능하다면 정신을 딴 데 돌릴 만한 것들을 줘라. 살아 있을 이유, 앞으로 기대할 만한 일을 말해주고, 그들을 사랑하는 사람, 그들의 삶에 가져다준 변화를 상기시켜줘라.
- 미래에 대해, 행사나 기념일처럼 구체적인 것들에 대해 부드럽게 이야기하라.
- 희망과 긍정의 메시지를 전하라.
- 손을 잡아줘라.

이건 사실 다른 환자들과도 모두 함께할 수 있는 간단한 일이다. 정신적 병이건 육체적 병이건 병에 걸리면 기본적인 욕구를 충족시키고 작은 한 걸음을 떼는 것이 전환점이 된다. 침대에서 벗어나지 못할 때는 깨끗한 침구에 눕는 것이 최고다. 샤워를 하면 자신과 주위에 대한 감정이 달라진다. 이런 사소한 친절과 이해가 우울증 환자에겐 크나큰 도움이 된다.

기억하라. 환자이든, 보호자이든 당신은 혼자가 아니다. 바로 이 순간에도 똑같은 경험을 하는 사람들이 수백만은 된다. 우울증은 온갖 직업을 가진 사람들에게 다 영향을 미친다. 레이디 가가, 휴 로리, 기네스 팰트로, 브래드 피트, J. K. 롤링, 에미넘, 스티븐 프라이, 앨러스터 캠벨, 에이브러햄 링컨, 지그문트 프로이트, 윈스턴 처칠, 프란츠 카프카, 마크 트웨인, 찰스 디킨스, 드웨인 '더 록' 존슨, 이언 소프, 존 커원 경, 댄 카실로—모두가 우울증을 겪었거나 현재 겪고 있는 사람들이다.

이 책을 버스나 기차, 지하철이나 비행기 안에서, 교실이나 커피숍, 대기실이나 해변에서 읽고 있다면, 잠시 고개를 들고 주위를 둘러보라. 누가 환자처럼 보이는가? 그런 사람이 있나? 없나? 알기 어렵다. 가장 큰 소리로 웃고 있는 사람이 가장 심각한 환자일 수도 있다. 이름 모를 사람이 남긴 이 말을 정말 좋아한다. "도움이 필요한 사람은 종종 도움을 필요로 하지 않는 사람처럼 보인다." 모든 걸 대변하는 말이라고 생각한다.

우울증은 차별하지 않는다. 인종, 종교, 피부색이나 성을 가리지 않는다. 재산 정도나 정치 성향, 생활방식을 가리지 않는다. 우울증은 누구든 사로잡을 수 있고, 그러고 나면 떨치기가 매우 힘들다.

우울증에 면역을 가진 사람은 없다.

우울증에 걸리면 뇌에 안개가 낀 것처럼 모든 논리적인 제안을 적으로 삼게 된다. 그래서 명징한 사고를 하는 사람들이 하는 제안을 종종 가장 이해하기 어려워진다.

이제 내겐 상황이 달라졌다.

이 병을 늘 통제할 수는 없을지 몰라도 내 것으로 삼았다.

묻는 사람에겐 어색해하거나 부끄러워하지 않고 말할 수 있다. 우울증은 무슨 인식표나 나를 정의하는 특징이 아니라 내 일부다. 언젠가는 길고 성공적인 인생에 각주 하나에 불과해질지도 모른다. 하지만 질병에서 살아남은 사람들처럼 나도 우울증에서 살아남았다. 가장 큰 차이는 나 같은 사람들은 대부분 그 이야기를 하지 않는 편이 낫다고 여긴다는 것이다. 전보다는 자유롭게 논의하지만, 여전히 낙인이 따라다니기 때문이다.

그 금기를 부수고 낙인을 제거해야 한다!

회복이 순식간에, 빠르게 진행됐다고 말할 수 있으면 좋겠지만 그렇지 않았다. 사실 너무나 느린 과정이었다. 정신적인 고통은 하룻밤에 사라지지 않았고 눈이 번쩍 뜨이는 순간도 없었다. 아주 서서히 변하다가 어느 날 어둠이 걷히고 있는 게 느껴졌고, 그러자 전처럼 기분이 울적하지 않다는 것을 이해하게 됐다.

우울증이 절정이었을 때와 마찬가지로 지금도 생생한 한 가지는 죄책감이다. 아무리 내 병을 정당화하려고 애써도, 죄책감을 느낄 필요 없다고 다른 사람들이 말해줘도, 죄책감은 여전히 사라지지 않는 상처다. 시간이 지나면 혹시나 사라질까?

관절이 여전히 아프고 편두통이 자주 온다. 이런 통증을 지난 2년 동안 겪었지만 원인은 모른다. 편두통이 오면 앞을 볼 수 없고 머릿속에 식칼이 든 느낌이다. 소리나 빛에 조금만 노출돼도 구토를 한다. 이런 상태가 24시간이나 계속되기도 한다. 편두통이 시작되려고 할 때는 미리 느낌이 와서 짜증이 난다. 알아도 아무것도 할 수 없다. 편두통을 겪는 건 놀랍지 않다. 그렇지 않은가? 그건 내 뇌가 지니는 또 하나의 측면이고, 머릿속이 엉망이라는 걸 느끼는 방법이니까!

몇몇 불안 증세는 여전하다. 새롭거나 낯선 상황, 낯선 사람과 만나는 일, 일대일로 하는 일 등에서는 극심한 스트레스를 받는다. 이메일과 우편을 여는 것은 지금도 너무나 싫다. 이유를 설명할 수 없지만, 그 안에서 기다리는 것은 분명 나쁜 소식일 수밖에 없다는 느낌이 들고 그래서 무슨 수를 써서라도 피하고 싶다. 논리적인 반응이 아니란 건 나도 안다.

이제는 누워서만 지내지 않는다고 말하게 되어 기쁘다. 침대에 누워서 천장만 보며, 1초, 1분, 1시간, 하루를 세며 인생이 더 빨리 흘러가거나 멈추길 바라지 않는다. 이제는 거의 사회에 복귀했다. 운전을 하고, 기분 좋은 자유를 느낀다. 일도 하고 전보다 신체도 건강하다. 나는 프렌치 불도그 '도티'와 '보'와 함께 산다. 녀석들은 나를 괴롭힐 새롭고 창의적인 방법을 찾아내는 범죄 천재다. 나는 에너지도 있고 의욕도 있다. 다음에 어떤 일이 벌어질까 궁금하다. 회복으로 가는 길은 길고 구불구불하다. 사실 거기에는 목적지도, 끝도 없을 거라고 생각하지만 그 길을 따라가는 과정에서 운동도 하고, 체격도 좋아지고, 체중도 줄고, 야외 활동도 하고, 음악에 열중하고, 강아지들을 사랑하게 됐다. 삶은 이제 성가신 일이기보다는 모험처럼 느껴진다. 얼마 전까지만 해도 텅 빈 껍데기 안에서 아무것도 느끼지 못한 채, 무심하게 삶에 매달려 있었다는 걸 생각하면 이런 것에 흥분을 느끼는 건 엄청난 일이다.

내 미래에 무슨 일이 있을지 알 수 없다. 누군들 알겠는가?

하지만 사실은, 내가 아직 여기 있다는 것이다. 터널을 지나 밖으로 나온 것이 기쁘다. 나는 삶을 변화시켰고 이 땅에서 사라지지 않았다.

내 목숨을 끊지 않았다.

사실 나는 기억하는 한 처음으로 단단한 땅을 밟고 서 있고, 여기에 계속 있고 싶다.

그래서 지금 책을 쓰고 있다. 나, 조사이어 하틀리가 이런 일을 할 줄 누가 알았을까?

사실, 난 알았다! 나는 내가 이런 일을 할 수 있다고 생각했다…. 얘기가 딴 데로 샜다.

우울증의 증상이 바로 이런 거다.

감사의 글

우울증과 극단적 선택이라는 힘든 이야기를 함께해준 여러 멋진 분들의 비전과 지지, 격려가 없었다면 『두 세계 사이의 아이』는 탄생할 수 없었을 겁니다.

리틀 A와 아마존 퍼블리싱 팀 여러분께 특별히 감사드립니다. 우리 편집자, 빅토리아 '피피' 피피-와이팅과 티파니 '티즈블로섬' 마틴께. 두 사람의 잔인하고 용감한 편집 덕분에 이 책이 모양새를 갖췄어요! 그리고 도미닉, 오언, 로라, 새나, 베카, 해티와 함께 일해준 모든 분께—누군지 아시죠. 신뢰의 도약을 해준 것에 감사드립니다! 아마존 패밀리 리틀 A의 일원으로 지낸 것이 참 좋았습니다. 차 한 잔을 하면서 난제와 맞붙고 가장 필요할 때 목소리를 내준 가족이었으니까요. www.apub.com

우리 이야기에서 가능성을 보고 "이건 책이 되겠어요!"라고 말해준 PFD의 탁월한 에이전트 캐럴라인 미셸, 언제나 고마워요! www.pfd.co.uk

탁월한 홍보를 해준 ED.PR 여러분께. #yourock #edpr www.edpr.co.uk

저자 사진과 각종 촬영을 맡아준, 뛰어난 재능의 소유자 폴 스미스에게 감사드립니다. www.paulwardsmith.com

우리 모두에게 힘겨웠던 문제를 탐색하는 일을, 오랜 상처를 또 건드리는 것을 허락하고 지지해준 우리 가족 모두에게 감사드립니다. 고통스러울 때도 있었지만, 여러분의 솔직함과 헌신이 소중한 도움이 됐어요. 모두 사랑해요.

조시의 멋진 친구들, 알렉스, 올리, 올리 앤 올리, 제임스, 재스퍼, 찰리 브라보, 롭, 루이스, 벤, 톰. 우정이 가장 필요할 시기에 여러분의 우정이 정말 큰 도움이 됐어요. 정말 고마워요.

오더블Audible에 진심으로 감사드립니다. 이 책에 생명을 부여해준 것뿐만 아니라, 앉아서 이야기를 듣는 것 말고는 아무것도 할 수 없던 조시에게 큰 도움을 준 것도 고마워요. 다양한 자료 덕분에 조시가 외롭지 않을 수 있었어요. 조시와 내가 진심으로 감사를 표합니다. www.audible.com

P 박사님—훌륭한 P 박사님! 오래전 조시가 어깨 펴고 걸을 수 있게 해준 선생님. 당신이 조시와 우리 가족에게 어떤 일을 해주셨는지 잘 모르실 거예요. P 박사님, 진심으로 감사드립니다.

해나 바나나—당신은 최고예요. 계속해서 당신 자신이 되어주세요. 계속해서 멋진 모습으로. 눈부신 미래가 펼쳐지는 걸 어서 보고 싶네요.

마이크와 엠—언제나 사랑과 감사를 보냅니다. 조시

https://www.thecalmzone.ent/—불행한 삶에 저항하는 캠페인—우울증을 겪는 이들과 그들을 돌보는 이들을 위한 멋진 자료로 가득합니다.

그리고 조시의 친구들에게 이 말을 꼭 전하고 싶어요. 여러분은 내 천사, 영웅이에요. 여러분 모두 이루 말할 수 없이 사랑해요. 어떤 도움을 줬는지 잘 모를 테지만, 여러분은 조시의 생명을 구했어요. 지금도, 앞으로도 엄마로서 늘 감사할게요.

(네, 전 또 울고 있군요….)

저자 소개

Photo ©2019 Paul Smith of Paul Smith Photography at www.paulwardsmith. com

조사이어(조시) 하틀리는 웨스트 컨트리 외딴 농가에서 살고 있다. 브리스톨과 가까운 곳이라 그곳 공연도 즐길 수 있다. 동물을 사랑하며, 프렌치 불도그 두 마리의 집사이다. 음악 축제에 가거나 친구들과 럭비 시합 보는 걸 좋아하고, 야외 활동을 즐기며, 가까운 데본에서 종종 서핑을 하고 해변에서 석양을 바라본다. 사우샘프턴 대학교와 브리스톨 대학교를 잠시 다니다 극단적 선택 시도를 한 후, 지난 몇 년 동안 자신을 놓아주지 않았던 정신질환과 우울증에 대해 책을 쓰기로 했다. 『두 세계 사이의 아이』는 상황은 나아질 수 있고, 종종 나아진다는 메시지를 전한다. 이 회고록에는 가공하지 않은 솔직함과 희망이 가득하다. 조시가 아직 여기 있고, 다음에 무슨 일이 일어날지 기대하고 있다는 게 이 책이 옳다는 증거다. 그는 삶이 던지는 기회를 뭐든지 잡을 준비가 됐다. 3년 전만 해도 잿빛의 세상에서 살면서 사라지고 싶어 하던 사람에겐 대단한 변화다.

Photo ©2012 Paul Smith of Paul Smith Photography at www.paulwardsmith. com

어맨다 프라우즈는 자신의 삶이 저서에 등 장하는 인물들과 비슷하다고 생각한다. 2011년 데뷔작 『영령기념일』을 자비 출판한 뒤, 25권의 장편소설, 6권의 중편소설과 아 들 조사이어 하틀리와 공동 집필한 첫 논픽 션 『두 세계 사이의 아이』를 발표했다. 어맨 다의 책은 10여 개 국어로 번역되었고 전 세 계에서 베스트셀러 1위에 올랐다. 어맨다는 힘과 용기, 사랑이 시험당하는 평범한 여성 과 그 가족의 이야기를 쓴다. 영국에서 가장 왕성히 활동하는 여성 현대 소설 작가로, 충 성스러운 팬들을 이끌며 더욱 정진하고 있다. 「데일리 메일」에서 "가정 드라마의 여왕"으로 선정됐을 때를 인생 최고의 순간 중 하 나로 꼽는다. 어맨다는 텔레비전과 라디오에 자주 출연하지만, 그 녀의 첫사랑은 언제나 글쓰기였다. www.amandaprowse.com과 트 위터나 인스타그램 @MrsAmandaProwse, 페이스북 www.facebook. com/AmandaProwseAuthor에서 만나볼 수 있다.

1 CALM, 'Grow a Pair' (7 May 2019) Viewed 5 Jan 2020. https://www.thecalmzone.net/2019/05/seat – and – calm – grow – a – pair/

2 ITV, 'Britain Get Talking' (5 Oct 2019) Viewed 5 Jan 2020. https://www.itv.com/presscentre/press – releases/britain – get – talking – itv – announces – new – mental – wellness – campaign – help – families – get

3 MIND, 'Time to Change' Viewed 5 Jan 2020. https://www.mind.org.uk/news – campaigns/campaigns/time – to – change/

4 Mental Health America, *Mental Health Month*. Viewed 5 Jan 2020. https://www.mhanational.org/mental – health – month

5 CALM, 'CALM's view on the new ONS suicide stats' (3 Sept 2019) Viewed 5 Jan 2020. https://www.thecalmzone.net/2019/09/calms – view – on – the – new – ons – suicide – stats/

6 Matthews – King, A, 'One in eight children in England have a mental health disorder, NHS report reveals', *Independent* (22 Nov 2018) Viewed 5 Jan 2020. https://www.independent.co.uk/news/health/mental – health – children – nhs – england – depression – anxiety – report – young – people – a8646211.html

7 Science Daily, 'More than 1 in 20 US children and teens have anxiety or depression' (24 April 2018) Viewed 5 Jan 2020. https://www.sciencedaily.com/releases/2018/04/180424184119.htm

8 Ghanean H, Ceniti A K & Kennedy S H, 'Fatigue in Patients with Major Depressive Disorder: Prevalence, Burden and Pharmacological Approaches to Management', *CNS Drugs* (30 Jan 2018) Viewed 10 Jan 2020. https://link.springer.com/article/10.1007/s40263 – 018 – 0490 – z

9 The University Mental Health Charter. Viewed 19 Feb 2020. https://www.studentminds.org.uk/charter.html

10 BBC, 'Bristol University student "received no support" before death' (1 May 2019) Viewed 5 Jan 2020. https://www.bbc.co.uk/news/uk-england-bristol-48122130

11 Lightfoot L, 'A student's death: did her university do enough to help Natasha Abrahart', *Guardian* (22 Jan 2019) Viewed 5 Jan 2020. https://www.theguardian.com/education/2019/jan/22/student-death-did-university-do-enough-help-natasha-abrahart-bristol

12 Campbell D, 'Delays in NHS mental health treatment "ruining lives"', *Guardian* (9 Oct 2018) Viewed 5 Jan 2020. https://www.theguardian.com/society/2018/oct/09/mental-health-patients-waiting-nhs-treatment-delays

13 The Priory Group, 2019, 'How can Christmas affect your mental health?' Viewed 5 Jan 2020. https://www.priorygroup.com/blog/how-can-christmas-affect-your-mental-health

14 Duncan P & Davis N, 'Four million people in England are long-term users of antidepressants', *Guardian* (10 Aug 2018) Viewed 5 Jan 2020. https://www.theguardian.com/society/2018/aug/10/four-million-people-in-england-are-long-term-users-of-antidepressants

15 Sifferlin A, '13% of Americans Take Antidepressants', *Time* (15 Aug 2017) Viewed 5 Jan 2020. https://time.com/4900248/antidepressants-depression-more-common/

16 BBC, 'Bristol University students tell of mental health experiences' (29 Oct 2018) Viewed 5 Jan 2020. https://www.bbc.co.uk/news/uk-england-bristol-45976340

17 Morris S, 'Neglect by mental health trust led to Bristol student's suicide', *Guardian* (16 May 2019) Viewed 5 Jan 2020. https://www.theguardian.com/education/2019/may/16/neglect-by-mental-health-trust-led-to-bristol-students-suicide

18 College Degree Search, 'Crisis on Campus' Viewed 5 Jan 2020. http://www.collegedegreesearch.net/student-suicides/

19 The Grange Academy, 'World Mental Health Day' Viewed 5 Jan 2020. https://www.thegrangeacademy.co.uk/about_us/school_news/wordmentalhealthday/

20 Mind.org, 'Charity reveals "shocking" spend of less than 1 percent on public mental health' (8 Dec 2016) Viewed 19 Feb 2020. https://www.mind.org.uk/news‑campaigns/news/charity‑reveals‑shocking‑spend‑of‑less‑than‑1‑per‑cent‑on‑public‑mental‑health/

21 Brenner E, 'The Crisis of Youth Mental Health', *Stanford Social and Innovation Review* (Spring 2019) Viewed 5 Jan 2020. https://ssir.org/articles/entry/the_crisis_of_youth_mental_health#
메모: 이것은 미국에서 어린이 정신건강 관리에 들어가는 비율이나. 수치를 확정하기는 어렵지만, 「스탠퍼드 소셜 이노베이션 리뷰」에서 내놓은 유용한 통계를 보면 미국이 영국보다 많은 자금을 투입하기는 하나 전체 비용은 실제 필요에 통탄스러울 정도로 미치지 못한다는 것을 알 수 있다.

22 ONS, 'Suicides in the UK: 2018 registrations' Viewed 5 Jan 2020. https://www.ons.gov.uk/peoplepopulationandcommunity/birthsdeathsandmarriages/deaths/bulletins/suicidesintheunitedkingdom/2018registrations

23 Mental Health UK, 'Suicide—Thousands of people in the UK end their lives by suicide each year' (11 Sept 2019) Viewed 5 Jan 2020. https://www.mentalhealth.org.uk/a‑to‑z/s/suicide

24 Samaritans.org

25 https://www.mentalhealthatwork.org.uk/

26 Villegas, L, 'How to cope with feeling stressed and overwhelmed at uni', *The Student Newspaper* (15 Nov 2017) Viewed 5 Jan 2020. https://studentnewspaper.org/how‑to‑cope‑with‑feeling‑stressed‑and‑overwhelmed‑at‑uni/

27 Page L et al, 'You are not alone: student stories of mental health', *Guardian* (4 April 2014) Viewed 5 Jan 2020. https://www.theguardian.com/education/2014/apr/04/students‑share‑stories‑of‑mental‑health‑universities

28 Binham, C, 'UK reviews impact of student debt on financial stability' *Financial Times* (16 Jan 2019) Viewed 5 Jan 2020. https://www.ft.com/content/b189980a–19a5–11e9–9e64–d150b3105d21

29 HESA, 'Destinations of Leavers from Higher Education 2016/17' (19 July 2018) Viewed 5 Jan 2020. https://www.hesa.ac.uk/news/19–07–2018/DLHE–publication–201617

30 Hess A, 'College grads expect to earn $60,000 in their first job—here's how much they actually make', CNBC (17 Feb 2019) Viewed 20 Jan 2020. https://www.cnbc.com/2019/02/15/college–grads–expect–to–earn–60000–in–their–first–job––––few–do.html

31 Friedman Z, 'Student Loan Debt Statistics In 2019: A $1.5 Trillion Crisis', *Forbes* (25 Feb 2019) Viewed 5 Jan 2020. https://www.forbes.com/sites/zackfriedman/2019/02/25/student–loan–debt–statistics–2019/#2ebb40ae133f

32 Barr S, 'Six Ways Social Media Negatively Affects Your Mental Health', *Independent* (10 Oct 2019) Viewed 5 Jan 2020. https://www.independent.co.uk/life–style/health–and–families/social–media–mental–health–negative–effects–depression–anxiety–addiction–memory–a8307196.html

33 Stubley P, 'Chemistry student dies suddenly in 13th suspected suicide at Bristol University in three years', *Independent* (10 Aug 2019) Viewed 5 Jan 2020. https://www.independent.co.uk/news/uk/home–news/student–death–suicide–bristol–university–maria–stancliffe–cook–a9051606.html

34 BBC 'Bristol students protest at mental health "crisis"' (21 Nov 2018) Viewed 5 Jan 2020. https://www.bbc.co.uk/news/uk–england–bristol–46293109

두 세계 사이의 아이

펴낸날	초판 1쇄 2023년 6월 27일

지은이	어맨다 프라우즈, 조사이어 하틀리
옮긴이	권진아
펴낸이	심만수
펴낸곳	(주)살림출판사
출판등록	1989년 11월 1일 제9-210호

주소	경기도 파주시 광인사길 30
전화	031-955-1350　팩스　031-624-1356
홈페이지	http://www.sallimbooks.com
이메일	book@sallimbooks.com

ISBN	978-89-522-4798-8　03180